WITHDRAWN

WITHDRAWN

FOR REFERENCE
Do Not Take From This Room

Enciclopedia Ilustrada de Ciencia y Naturaleza

Geografía

TIME LIFE
ALEXANDRIA, VIRGINIA

ÍNDICE

1 Cartografía de la superficie terrestre   4
¿Cómo se hacen los mapas?   6
¿Qué hacen los topógrafos?   8
¿Cómo se marca la posición en los mapas?   10
¿Cuáles son los tipos básicos de mapas?   12
¿Quién hizo los primeros mapas?   14
¿Qué es una proyección de Mercator?   16
¿Cómo se hacen las cartas náuticas?   18
¿Por qué se crearon las zonas horarias?   20
¿Cómo se hacen los mapas por computadora?   22

2 Las colosales canteras de la Tierra   24
¿Qué origina los ríos?   26
¿Cómo se forman las llanuras?   28
¿Qué es un abanico aluvial?   30
¿Qué fuerzas configuran un delta?   32
¿Por qué el río Amarillo cambia de curso?   34
¿Pueden los ríos fluir contracorriente?   36
¿Qué son los estuarios?   38
¿Por qué es importante el Rin?   40
¿Cómo se forman los glaciares?   42
¿Qué formas de relieve crean los glaciares?   44
¿Son iguales todas las morrenas?   46
¿Cómo se formaron los Grandes Lagos?   48
¿Cambiaron la Tierra los períodos glaciares?   50
¿Qué hay debajo de la Antártida?   52

3 El agua subterránea y los lagos   54
¿Qué hace que fluya el agua subterránea?   56
¿Cómo modela el agua subterránea el terreno?   58
¿Cómo se forman las cuevas de piedra caliza?   60
¿De dónde obtiene el agua un oasis?   62
¿Qué provoca que el suelo se hunda?   64
¿Por qué hay tantos lagos en Finlandia?   66

4 Océanos en acción   68
¿Está el océano en movimiento?   70
¿Podrían llegar a fundirse los casquetes glaciares?   72
¿Cómo se forman los bancos de arena?   74

¿Cómo configura el mar la costa?	76
¿Cómo es el fondo del océano?	78
¿Cómo se forman los arrecifes coralinos?	80
¿Por qué no se desbordan los océanos?	82

5 Moldeando la faz de un planeta — 84

¿Cómo se forman las montañas?	86
¿Cómo se originan las terrazas?	88
¿Puede el mar invadir la tierra?	90
¿Qué es una cuesta?	92
¿Cómo se formó el Gran Cañón?	94
¿Cómo se formaron los Apalaches?	96
¿Por qué los ríos cruzan el Himalaya?	98

6 El clima, una fuerza de cambio — 100

¿Qué causa los corrimientos de tierras?	102
¿Puede el viento crear un desierto?	104
¿Por qué los desiertos cambian de tamaño?	106
¿Cómo se forman las dunas?	108
¿Qué es el Monument Valley?	110
¿Cómo se relacionan clima, vegetación y suelo?	112
¿Cómo afecta el terreno al clima?	114
¿Pueden cambiar el clima las corrientes marinas?	116

7 El ritmo y el precio del progreso — 118

¿Qué es la explosión demográfica?	120
¿Dónde se producen los cereales?	122
¿Qué países exportan madera?	124
¿Dónde se realizan las mayores capturas pesqueras?	126
¿Qué es una ciudad planificada?	128
¿Cómo se cultiva la tierra?	130
¿Se puede "ganar" terreno al mar?	132
¿Qué es la Tennessee Valley Authority?	134
¿Dónde se cultiva la uva y la aceituna?	136
¿Pueden cultivarse las tierras áridas?	138
¿Qué es el Altiplano?	140
¿Puede una región tener varios climas?	142
¿Qué ocurre cuando hay poco terreno para edificar?	144

Glosario	145

1 Cartografía de la superficie terrestre

Desde tiempos remotos, los seres humanos han intentado fijar su posición sobre la superficie terrestre poniendo en un mapa las tierras, ríos, montañas y mares que constituyen su superficie. Los primeros mapas sirvieron de guías prácticas para la vida diaria. En una época muy temprana, hacia 1300 a.C., por ejemplo, los egipcios dibujaron mapas para restablecer las líneas de propiedad después de que los límites fueran borrados por la inundación anual del Nilo.

Gradualmente, se fue desarrollando la cartografía —el arte y la ciencia de hacer mapas—, a fin de reflejar las nuevas tierras que iban siendo descubiertas por los exploradores. En el siglo VI a.C. los cartógrafos griegos y de otros países trazaban mapas del mundo conocido, o de lo que creían que era el mundo entero. A medida que los mapas aumentaban, se iban haciendo más extensos y complejos, la cartografía se fue convirtiendo en la semilla de una disciplina mucho más amplia, la ciencia geográfica. El significado literal de geografía —"descripción de la Tierra"— explica por qué los geógrafos modernos se interesan por todo, desde el clima, el suelo, la topografía, las plantas, los recursos naturales, hasta la demografía, la política, la contaminación y la planificación de las ciudades del mañana.

Hoy en día, los mapas continúan siendo una herramienta esencial en el oficio de geógrafo. Desde los mapas del tiempo continentales televisados a las guías de bolsillo con los planos de las calles de una ciudad, los mapas se difunden en la sociedad moderna. En este capítulo se investigan las diferentes clases de mapas, concentrándose en cómo nos pueden ayudar a entender el planeta en que vivimos.

Satélites a 845 kilómetros de altitud captaron las imágenes que se utilizaron para montar el mosaico de Oriente Medio. En el centro, el río Nilo se esparce en forma de abanico en un delta triangular, antes de desembocar en el Mediterráneo; a la derecha, la península del Sinaí divide el golfo de Suez del golfo de Aqaba, más pequeño.

¿Cómo se hacen los mapas?

La cartografía es un proceso en tres fases. En la primera etapa, que se llama planimetría o topografía, los cartógrafos señalan una serie de sitios clave con las cotas de referencia: puntos de altitud conocida, que permiten medir las otras elevaciones. También se especifican los puntos de triangulación, que ayudan a establecer la distancia entre dos puntos. La fotografía aérea se utiliza para explorar el área, y se lleva a cabo un levantamiento topográfico de campo para identificar los límites municipales y nombres de lugares.

En la segunda etapa, de recopilación y redacción, los cartógrafos utilizan computadoras para dibujar los mapas basándose en la información obtenida en la primera etapa. Finalmente, en la tercera etapa, el mapa se reproduce en la imprenta o por otros medios para su distribución. Este paso del proceso es conocido como reproducción.

La fotografía aérea es un primer paso clave en cartografía. Se toma una secuencia fotográfica, para que las imágenes sobrepuestas muestren la misma zona del suelo desde posiciones diferentes a lo largo de la línea de vuelo. Cuando las fotografías encajadas son examinadas a través del estereoscopio, aparecen en perspectiva tridimensional *(derecha);* esto le sirve al cartógrafo para trazar un mapa topográfico.

El proceso cartográfico

Dos topógrafos utilizan un aparato electrónico de medición a distancia para verificar los datos cartográficos obtenidos de las fotografías aéreas. El topógrafo de la izquierda lee las medidas; su compañero las anota a mano.

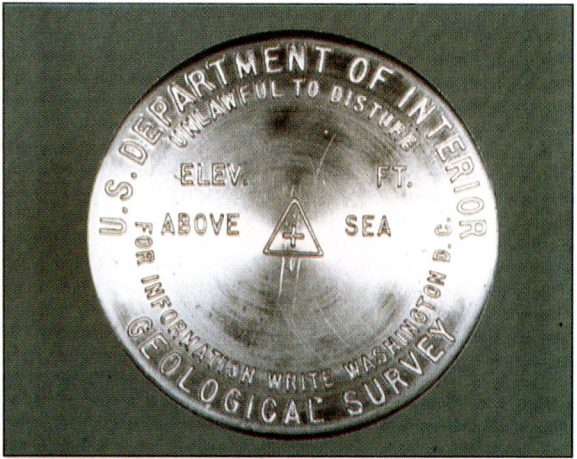

Las cotas de referencia —placas planas de metal fijadas en piedra o asfalto— se colocan en determinados puntos del terreno topografiado. Los topógrafos las usan para verificar la exactitud de los mapas del terreno circundante.

Trabajando sobre una mesa de luz, un cartógrafo utiliza una herramienta especial, llamada punta de trazar, para determinar los cursos de los ríos y sus afluentes sobre un mapa que está siendo preparado para su impresión. Las lupas sujetas a las gafas permiten al cartógrafo ver los más pequeños detalles del trabajo en curso.

A partir de películas fotográficas se confeccionan planchas que se pasan por una máquina offset *(arriba)* para reproducir mapas completos, como el de la derecha, que muestran la extensión de una erupción volcánica.

7

¿Qué hacen los topógrafos?

Aunque las mediciones aéreas son la espina dorsal de los mapas modernos, los topógrafos todavía necesitan tocar tierra para determinar el lugar y los límites de la zona de la que se tiene que trazar el mapa. Durante este proceso, llamado levantamiento de campo, los topógrafos miden las distancias, las elevaciones y las direcciones, los tres componentes básicos de un mapa preciso.

La manera más simple de medir la distancia en el terreno es con una cinta métrica de acero. Pero las mediciones con cinta métrica pueden variar dependiendo del tiempo; por ejemplo, en los días soleados, los cambios de temperatura contraen y dilatan la cinta, alterando las medidas. El telémetro láser *(abajo)* es un instrumento más seguro. Además, tiene la ventaja de poder medir largas distancias por encima de extensiones de terrenos difíciles.

Los topógrafos utilizan un proceso conocido como nivelación para determinar la altitud, o la altura sobre el nivel del mar, de un punto determinado. En la nivelación, una distancia vertical conocida es utilizada como base para calcular otras altitudes cercanas.

Dos de los métodos utilizados por los topógrafos para medir la dirección son la observación angular y la observación de ángulo aumentado.

Telémetro láser

Una forma muy precisa de medir distancias es cronometrar cuánto tarda en volver un rayo de luz transmitido desde un reflector alejado. En un telémetro láser *(abajo)*, la unidad de medición la componen un transmisor y un receptor. El reflector está formado por muchas lentes prismáticas.

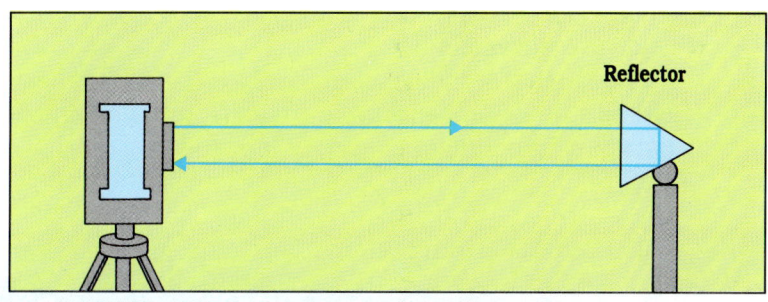

● Medición de distancias con láser

Para medir distancias con un sistema láser, los topógrafos colocan la unidad de medición en un punto conocido *(en la página anterior)*. A continuación, colocan el reflector *(derecha)* en el punto en el que se tiene que determinar la distancia. Entonces el transmisor emite un rayo de luz visible o infrarrojo al reflector, el cual lo refleja de nuevo. Al medir la duración de la ida y vuelta del rayo, la unidad de medición calcula la distancia respecto al reflector.

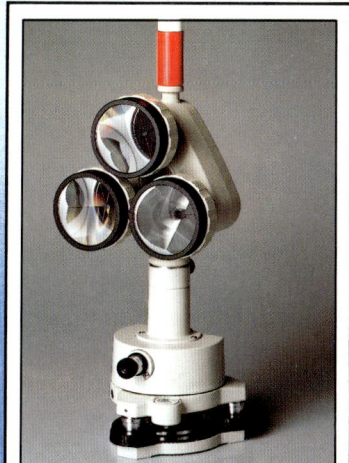

Topógrafos espaciales

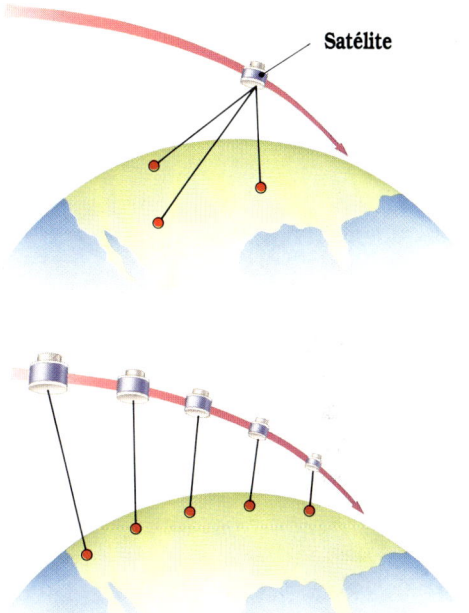

Al fijar la posición de un satélite, los topógrafos pueden utilizarlo como punto de referencia para medir distancias en la Tierra. En el esquema superior, la situación del satélite está determinada por los rayos láser emitidos simultáneamente desde tres puntos conocidos. En el inferior, los rayos individuales son enviados desde el satélite hacia diferentes puntos de la superficie terrestre.

Cómo usan los topógrafos un nivel

Para determinar la altitud del punto B, el nivel del topógrafo —un telescopio giratorio que puede avistar a lo largo de una línea horizontal— se coloca entre el punto B y el punto A, de altitud conocida. En los dos puntos se colocan verticalmente los postes graduados, y se miden sus elevaciones respecto al plano del nivel. Luego se añade la diferencia (a-b) a la altitud conocida de A para obtener la altitud correcta de B.

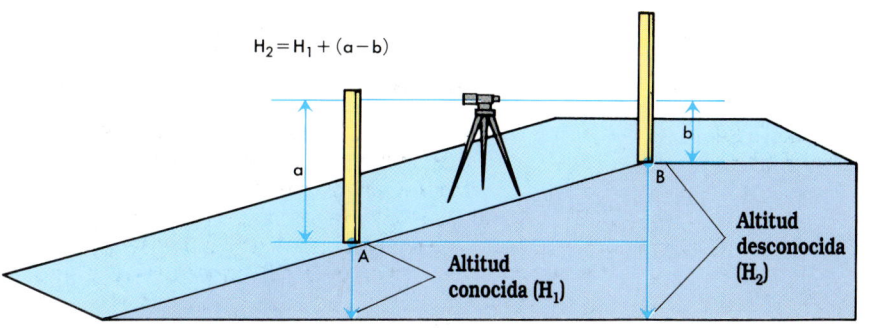

$H_2 = H_1 + (a - b)$

¿Cómo se marca la posición en los mapas?

La mayoría de mapas utilizan una cuadrícula para mostrar la posición sobre la superficie de la Tierra de lagos, ríos y ciudades. Una cuadrícula se marca con líneas horizontales de latitud y líneas verticales de longitud.

Cuando una cuadrícula plana se transfiere a un globo, las líneas de latitud aparecen como círculos paralelos al ecuador: una línea imaginaria trazada alrededor de la superficie de la Tierra a medio camino entre el polo Norte y el polo Sur. La latitud de un punto se expresa como el grado del ángulo formado en el centro de la Tierra por dos líneas, una trazada desde el ecuador y la otra trazada desde ese punto. Así, cualquier lugar en el ecuador tiene una latitud 0°, mientras que los polos están a 90° Norte y Sur, respectivamente.

La longitud se indica sobre el globo con los meridianos: círculos de igual medida que pasan a través de ambos polos. Al igual que la latitud, la longitud se expresa en grados. El círculo longitudinal correspondiente al ecuador es el meridiano principal, una línea imaginaria que pasa por Greenwich, Gran Bretaña.

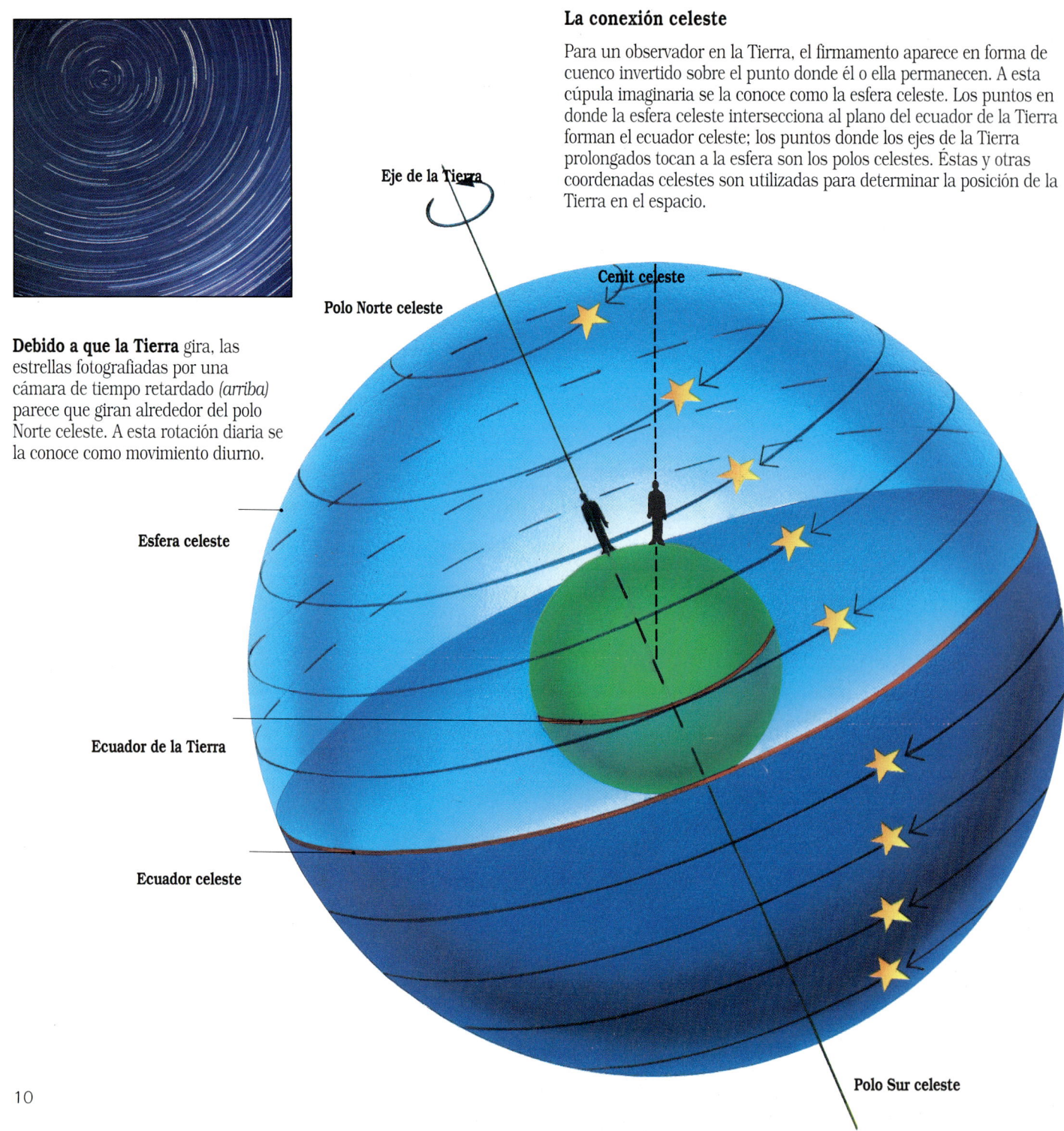

Debido a que la Tierra gira, las estrellas fotografiadas por una cámara de tiempo retardado *(arriba)* parece que giran alrededor del polo Norte celeste. A esta rotación diaria se la conoce como movimiento diurno.

La conexión celeste

Para un observador en la Tierra, el firmamento aparece en forma de cuenco invertido sobre el punto donde él o ella permanecen. A esta cúpula imaginaria se la conoce como la esfera celeste. Los puntos en donde la esfera celeste intersecciona al plano del ecuador de la Tierra forman el ecuador celeste; los puntos donde los ejes de la Tierra prolongados tocan a la esfera son los polos celestes. Éstas y otras coordenadas celestes son utilizadas para determinar la posición de la Tierra en el espacio.

Determinación de la longitud

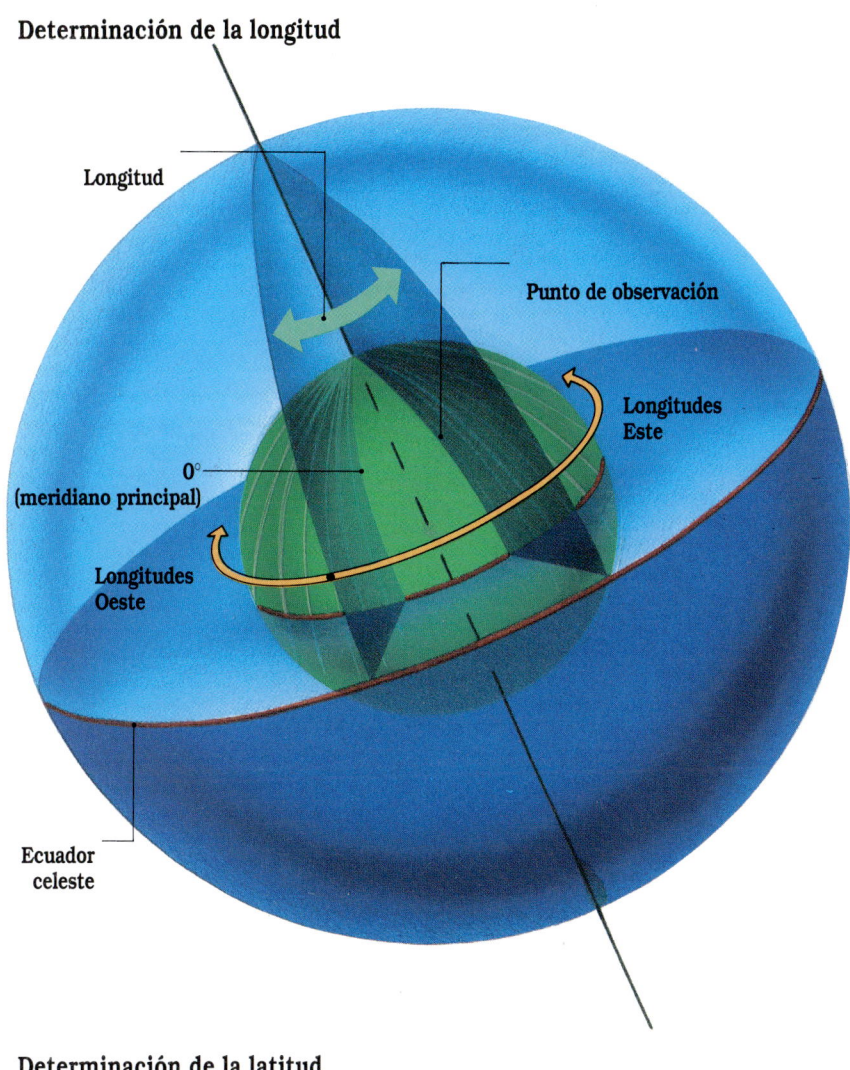

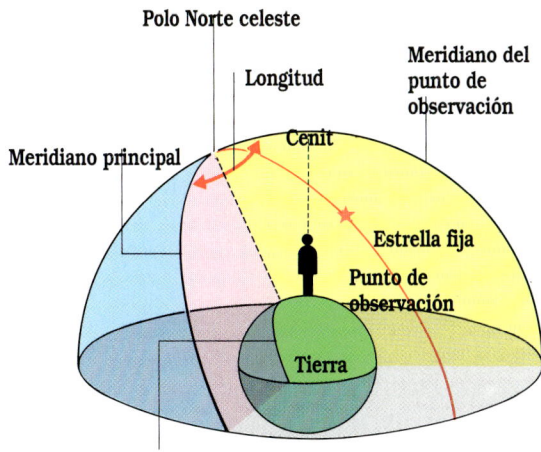

Greenwich, Gran Bretaña

La longitud de un punto es el grado del ángulo en el polo Norte entre el meridiano principal y el meridiano que pasa por ese punto.

Determinación de la latitud

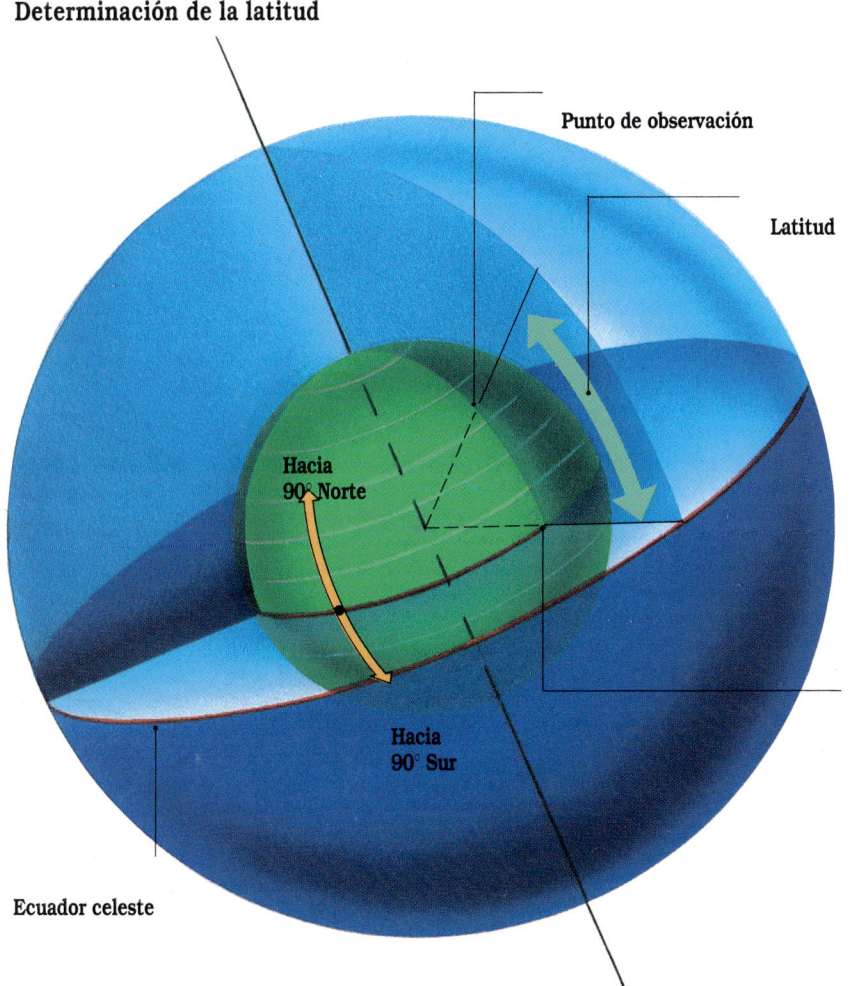

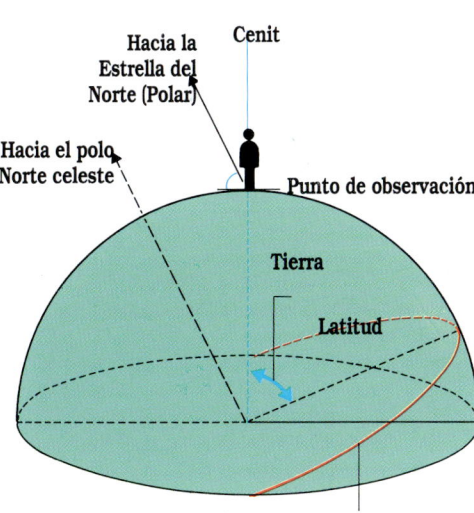

Ecuador de la Tierra

Un método para determinar la latitud consiste en comparar la posición de la Estrella del Norte o Polar, que prácticamente coincide con el polo Norte celeste, con el cenit de un lugar determinado, es decir, el punto en la esfera celeste que se encuentra justamente encima del lugar. Los navegantes marinos en las latitudes del norte a menudo usan esta posición celeste como ayuda para determinar su posición.

¿Cuáles son los tipos básicos de mapas?

Los mapas base que han sido hechos partiendo de levantamientos topográficos aéreos o de campo sirven como punto de partida para muchos otros mapas. En líneas generales, éstos se pueden encuadrar en dos categorías principales: los mapas topográficos y los mapas temáticos.

Los mapas topográficos incluyen abundante información sobre la topografía de una zona, es decir, sus perfiles naturales y artificiales. Esto lo incluye prácticamente todo, desde la altura de las montañas a los cursos de ríos y carreteras o los nombres de lagos y ciudades. Normalmente, también se señalan las fronteras políticas, los límites de las regiones y los estados.

Los mapas temáticos utilizan una representación topográfica o cualquier otro mapa base como fundamento para presentar datos que están dedicados a un tema único, por ejemplo: la densidad de población, la distribución de la fauna, la estabilidad de un talud, las tendencias económicas o incluso las normas locales de tráfico.

El nivel de detalle de un mapa depende de su escala, es decir, la proporción entre una distancia en el mapa y su correspondiente distancia en la Tierra. Los mapas a pequeña escala —que representan una vasta zona de la superficie de la Tierra— incluyen menos detalles. Los mapas a gran escala —que representan porciones más pequeñas de terreno— incorporan más pormenores. La escala se puede expresar como una proporción. Una escala de 1:100.000, por ejemplo, significa que 1 centímetro en el mapa representa 100.000 centímetros, o 1 kilómetro, en el terreno.

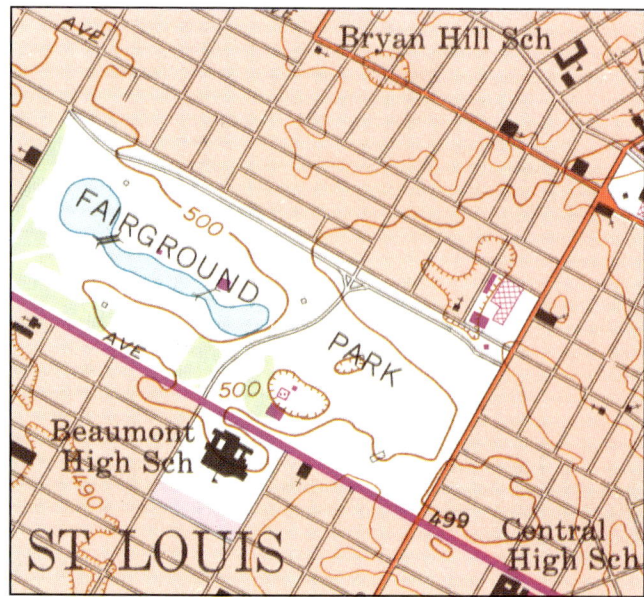

Gran escala, 1: 24.000

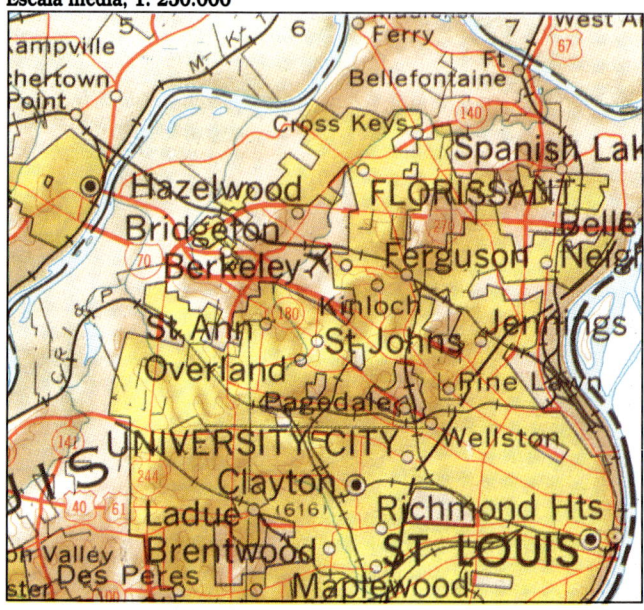

Escala media, 1: 250.000

Pequeña escala, 1: 500.000

Estos tres mapas topográficos muestran la misma zona de Saint Louis, Missouri, en Estados Unidos. El mapa de arriba está representado a gran escala, y en él 1 centímetro equivale a 24.000 centímetros, o aproximadamente 1/4 de kilómetro, sobre el terreno. Esto permite mostrar detalles concretos: iglesias, colegios e incluso los viaductos para peatones. Las líneas de nivel marrones muestran cambios en la altitud de 10 pies (3 metros). El mapa del centro está representado a una escala menor, de 1: 250.000, por lo tanto, 1 centímetro en el mapa es igual a aproximadamente 2,5 kilómetros sobre el terreno. La escala más pequeña del mapa, la de la parte inferior, 1:500.000, permite a los cartógrafos mostrar extensiones de terreno más grandes, pero comparativamente con menos detalle.

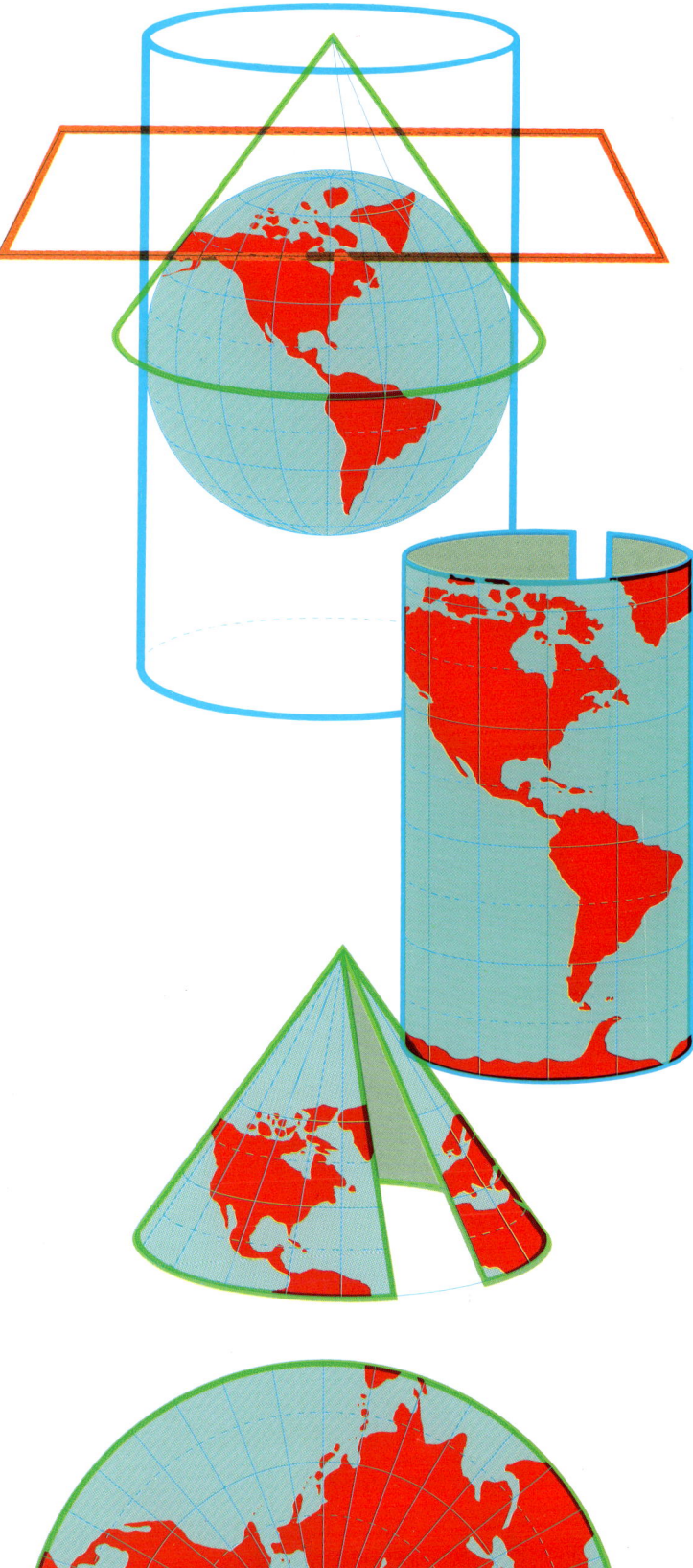

Tres formas de aplanar la Tierra

El desafío principal al trazar el mapa del mundo es que la Tierra es una esfera, y el mapa, plano. Trasladar la superficie curva a una hoja de papel plana —una técnica conocida como proyección— distorsiona el área, la forma, la distancia o la dirección de la esfera. Para solucionar esto, los cartógrafos utilizan proyecciones para representar las diferentes partes del mundo. Los tres tipos principales aparecen en esta página.

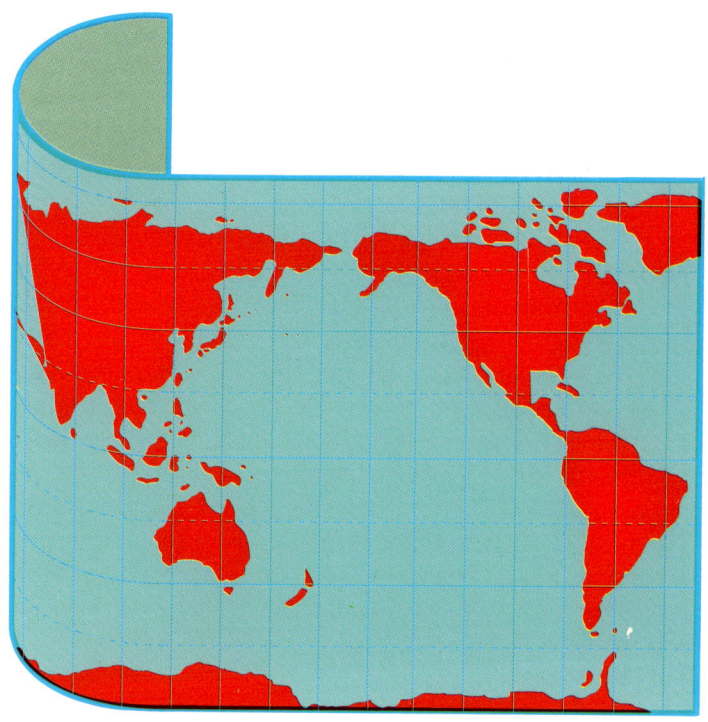

Proyección cilíndrica

Esta proyección se hace envolviendo el globo con un cilindro. Las líneas del globo son proyectadas sobre el cilindro, que luego se desenrolla. En una proyección cilíndrica, todas las líneas longitudinales aparecen paralelas y no convergen en los polos. Como resultado, las regiones polares aparecen desproporcionadamente extensas en el mapa.

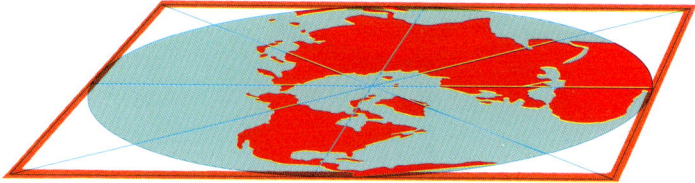

Proyección cónica

Una proyección cónica se puede hacer colocando un cono de papel encima del globo a modo de capirote *(arriba)*. Luego, las líneas de latitud y longitud se proyectan en la superficie del cono. Una vez abierto y extendido *(encima)*, el cono forma un mapa que es más exacto allí donde tocaba el globo. La proyección cónica se usa a menudo para representar zonas de latitud media, tales como Europa o Estados Unidos.

Proyección azimutal o proyección plana

Una proyección azimutal o proyección plana se puede hacer colocando un plano, como una hoja de papel, contra el globo de modo que los dos objetos se toquen sólo en un punto. Las líneas del globo luego se proyectan sobre el plano. La proyección azimutal se utiliza comúnmente para hacer mapas de zonas concretas, como las regiones polares.

¿Quién hizo los primeros mapas?

El mapa más antiguo conocido, una tablilla de arcilla hecha en Mesopotamia alrededor del año 2500 a.C. muestra un asentamiento situado en un valle fluvial bordeado de montañas. Su ámbito, como el de todos los primeros mapas, estaba limitado a la vida diaria de la gente. Pero a medida que los exploradores y comerciantes se aventuraban a alejarse de sus casas y volvían con historias de lugares lejanos, los mapas empezaron a abarcar cada vez más tierras. El mapa más antiguo que se conserva *(derecha)* se hizo en Babilonia alrededor del año 600 a.C.; sitúa el reino de Babilonia directamente en el centro del mundo.

Los primitivos cartógrafos griegos, como Hecateo, también colocan a su país en el centro de la Tierra. Posteriormente, otros sabios griegos, entre ellos Aristóteles (siglo IV a.C.), teorizaron que la Tierra era de forma esférica, y alrededor del año 250 a.C., un matemático griego llamado Eratóstenes hizo un cálculo de la circunferencia del planeta que se aproximaba a un 12 % de su tamaño real. La cartografía antigua alcanzó su cima en el siglo II d.C., cuando el erudito egipcio Claudio Ptolomeo escribió su *Geografía*, un manual sobre cómo hacer mapas de una Tierra esférica. Éstos y otros hitos de la cartografía aparecen a la derecha.

Mapa babilónico del mundo (600 a.C.)

La tablilla de arcilla que vemos abajo es el mapa más antiguo que se conserva. Muestra el mundo como un disco de tierra bordeado por océanos. Las líneas verticales representan el río Éufrates.

El globo de Martin Behaim

Basado en los mapas ptolemaicos, el globo de Behaim de 1492 *(abajo)* incorporó los últimos conocimientos geográficos de su tiempo. El continente americano, descubierto ese año, obviamente no aparece.

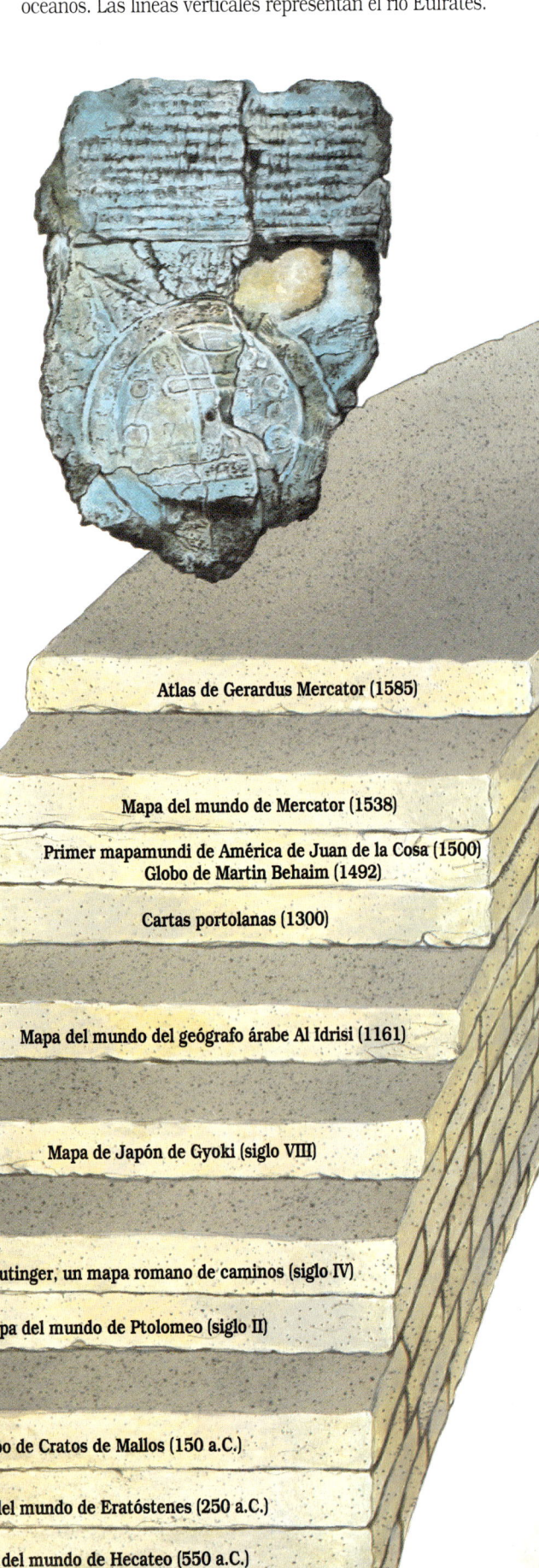

Atlas de Gerardus Mercator (1585)

Mapa del mundo de Mercator (1538)

Primer mapamundi de América de Juan de la Cosa (1500)
Globo de Martin Behaim (1492)

Cartas portolanas (1300)

Mapa del mundo del geógrafo árabe Al Idrisi (1161)

Mapa de Japón de Gyoki (siglo VIII)

Tabla de Peutinger, un mapa romano de caminos (siglo IV)

Mapa del mundo de Ptolomeo (siglo II)

Globo de Cratos de Mallos (150 a.C.)

Mapa del mundo de Eratóstenes (250 a.C.)

Mapa del mundo de Hecateo (550 a.C.)

Mapa del mundo babilónico (600 a.C.)

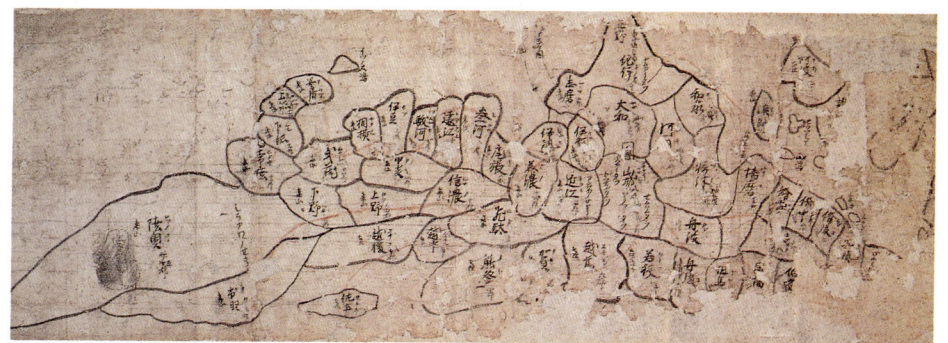

Mapa Gyoki

El mapa de la izquierda —la imagen más antigua conocida que representa a todo Japón— se atribuye a Gyoki Bosatsu, un monje budista del siglo VIII. Muestra los nombres y las fronteras de las ciudades y territorios, además de los caminos que los unen.

Mapamundi o *Carta de marear* de Juan de la Cosa

Juan de la Cosa fue uno de los descubridores del Nuevo Mundo (1492) junto con Cristóbal Colón. Realizó el segundo viaje con Colón en calidad de cartógrafo. En el año 1500 realizó el primer mapamundi en el que figuran las islas y tierras descubiertas en el Nuevo Mundo.

Mapa del mundo de Ptolomeo

Grabados durante el Renacimiento, los mapas como el de la derecha se basaban en los escritos de Ptolomeo del siglo II. Este astrónomo y geógrafo introdujo los conceptos de latitud y longitud, además de la proyección.

La carta portolana

El mapa del mundo de la izquierda, que data de 1457, es conocido como carta portolana, una carta marina que muestra las direcciones de la brújula. Hechas en Italia desde el año 1300, las portolanas utilizaban líneas rectas para mostrar la dirección de los distintos vientos. Los mapas permitían a los navegantes fijar el rumbo correcto hacia su destino.

¿Qué es una proyección de Mercator?

Ideada por el cartógrafo flamenco Gerardus Mercator en 1569, consiste en una proyección cilíndrica *(pág. 13)* que muestra las líneas de latitud y longitud de modo que forman cuadrados o rectángulos. La proyección es adecuada para las cartas náuticas, porque una línea recta que conecte dos puntos cualesquiera en un mapa de Mercator forma el mismo ángulo con cada meridiano que intersecta. Esta línea, llamada línea de rumbo, da a los marinos una ruta que se puede seguir, manteniendo una dirección de la brújula constante.

Pero a pesar de su valor para los navegantes, la proyección de Mercator distorsiona la forma y el tamaño de los océanos, así como de las masas de tierra. En vez de convergir en los polos, como hacen en la superficie de la Tierra, los meridianos en un mapa de Mercator aparecen como líneas verticales paralelas. Por esta razón, todas las distancias este-oeste (excepto las del ecuador) se alargan, acentuándose este fenómeno en las latitudes más altas.

Asimismo, las líneas de latitud también se distorsionan en una proyección de Mercator; el espacio entre ellas aumenta cuanto mayor es su distancia al ecuador. Por consiguiente, las regiones que se encuentran más altas parecen más grandes que las zonas de igual tamaño en latitudes más bajas. Por ejemplo, en realidad, Groenlandia no llega a la duodécima parte del tamaño de Sudamérica, pero en un mapa de Mercator la isla parece varias veces más grande.

La distorsión Mercator

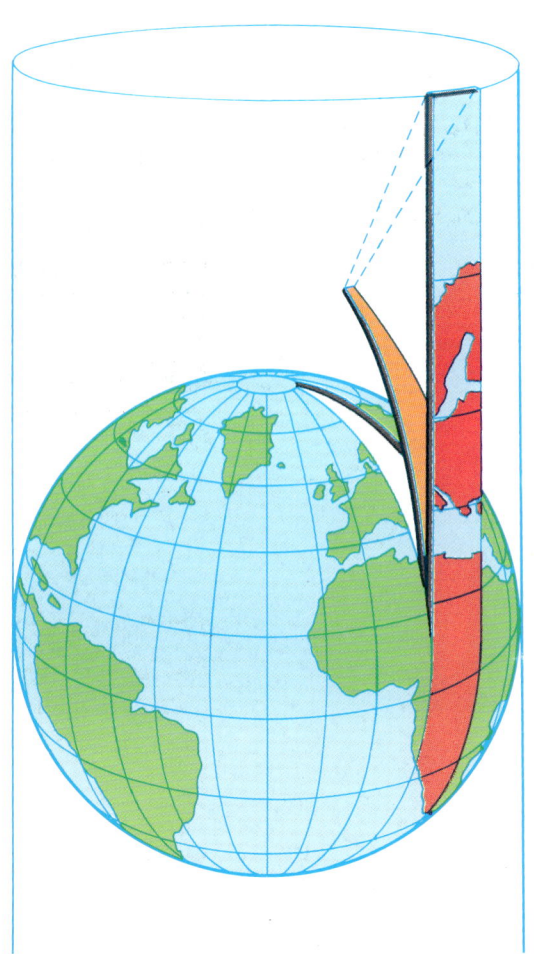
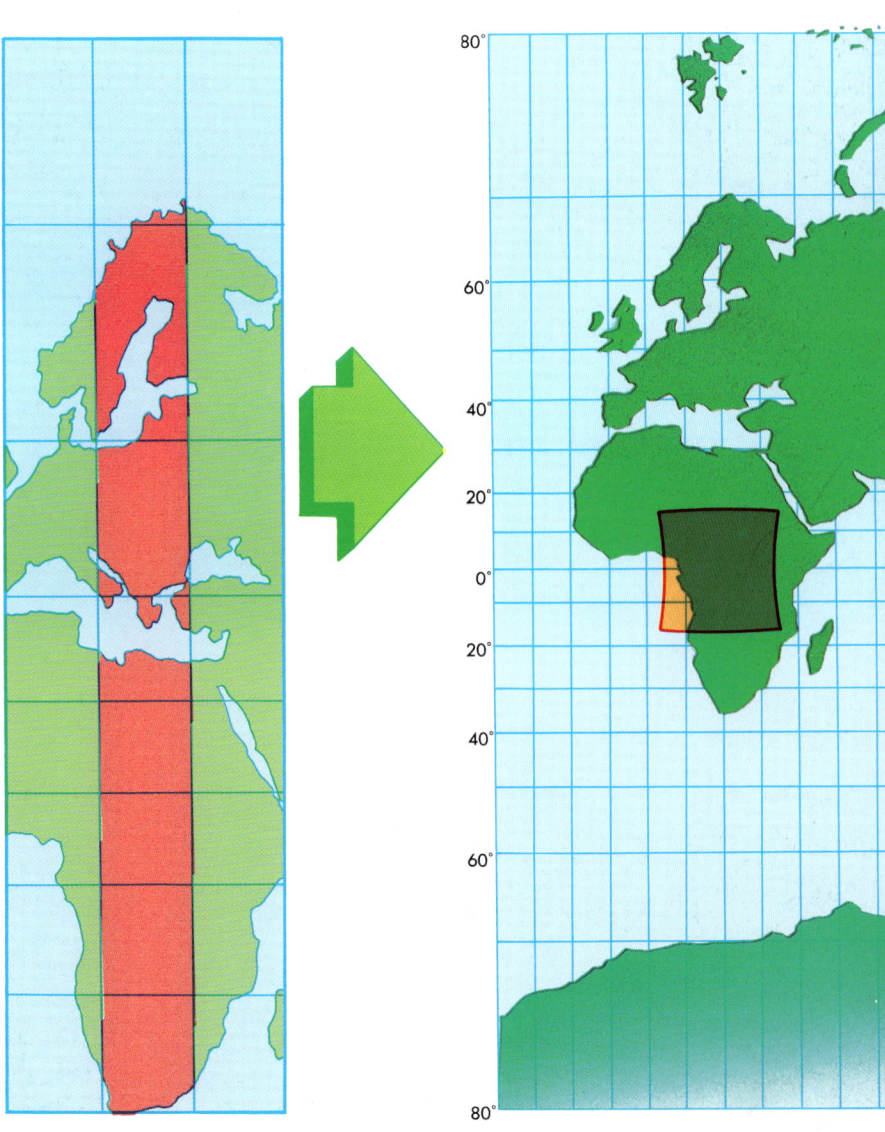

Proyección de Mercator

Una proyección de Mercator se puede visualizar arrancando del globo una tira situada entre dos meridianos *(arriba)*. A continuación, se estiran los meridianos, separándolos de los polos y formando líneas paralelas. Para compensar este estiramiento, las líneas de latitud del mapa deben ser espaciadas cada vez más a medida que aumenta su distancia al ecuador *(derecha)*.

Una proyección equivalente

Un mapa de proyección equivalente muestra con exactitud los tamaños relativos de las regiones, pero distorsiona sus formas. Por ejemplo, el mapa clinoeje de la derecha, al fondo, muestra, de manera fidedigna, a Australia mucho más grande que Groenlandia. No obstante, para representar la distancia más corta entre dos puntos se requiere una escala graduada *(abajo)*.

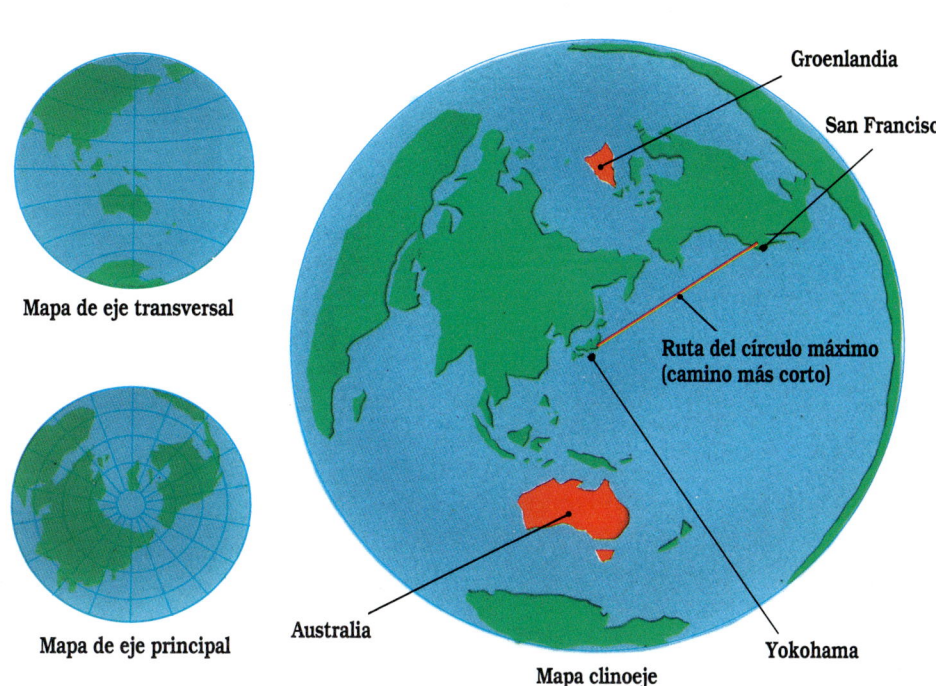

Un círculo máximo *(abajo)* delinea la intersección entre la superficie de la Tierra y un plano que pasa por el centro del globo terráqueo. La distancia más corta entre dos puntos de la Tierra se encuentra a lo largo del círculo máximo.

Aumento de Mercator

Tal como muestran los círculos rojos, cuanto mayor es la distancia de una zona al ecuador en un mapa de Mercator, más grande aparece ésta representada.

La ayuda del navegante

Un mapa de Mercator distorsiona exageradamente el tamaño de los océanos; las regiones amarillas de la parte superior cubren áreas iguales. Sin embargo, como instrumento de navegación es muy útil. Una línea de rumbo que conecta dos puntos en un mapa de Mercator muestra un curso que tiene una demora de compás constante. Por otra parte, en un globo, la línea de rumbo aparece como parte de un arco o de un círculo máximo.

¿Cómo se hacen las cartas náuticas?

Para encontrar su camino a través del mar, la mayoría de navegantes confían en las cartas náuticas: mapas diseñados especialmente para la navegación. El primer paso para confeccionar una carta náutica consiste en efectuar un levantamiento topográfico base, durante el cual los topógrafos establecen los límites de las aguas que se tienen que trazar en el mapa. Después, los barcos topográficos hacen sondeos para medir la profundidad, la línea de la costa es topografiada por medio de fotografías aéreas y se determina el norte magnético. Finalmente, los datos sobre mareas y corrientes —además de la localización de los faros, boyas y cualquier obstáculo submarino— se reúnen y se incorporan a la carta. Periódicamente, la carta será revisada para que refleje cualquier cambio ocurrido en el fondo del mar o en la costa.

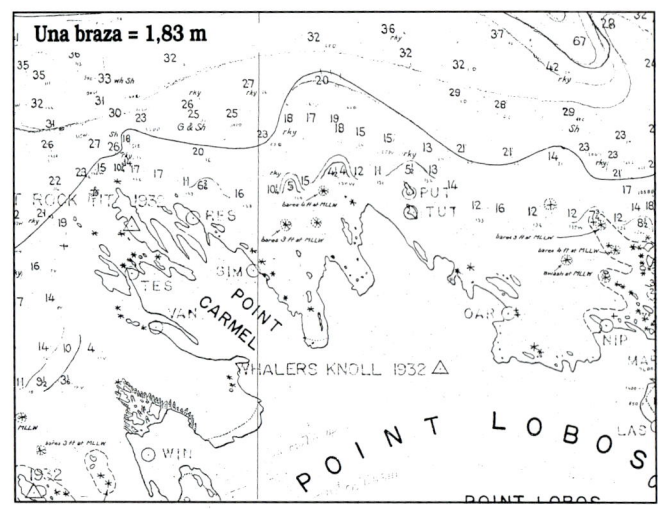

Un barco topográfico (abajo) utiliza una sonda de eco de onda múltiple para hacer cartas de profundidad (arriba). La profundidad se mide en brazas.

Sondeo de la profundidad

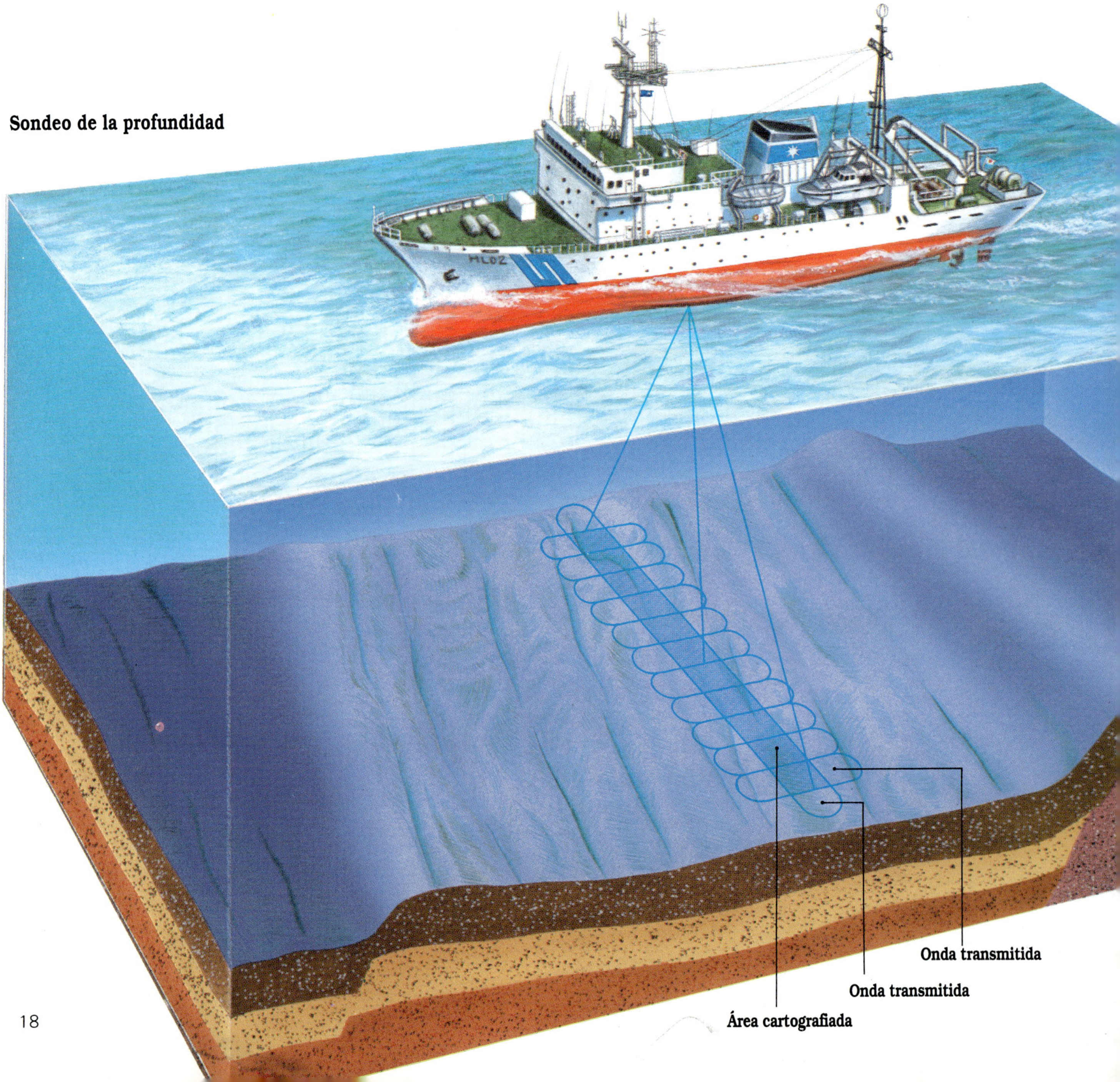

Onda transmitida

Onda transmitida

Área cartografiada

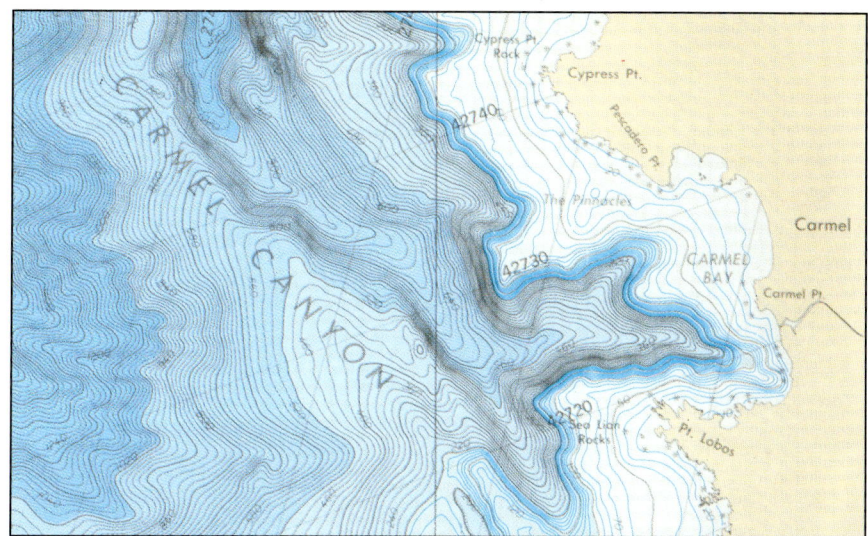

0-100 m
100-200 m
200-500 m
500-1.000 m
1000-2.000 m
2.000-3.000 m
Más de 3.000 m

Gradientes de profundidad

Vistas de lo invisible

Los levantamientos hidrográficos forman la base de un mapa batimétrico, un mapa topográfico del fondo del mar. Las profundidades del mar similares se unen por medio de curvas de nivel. Las líneas ampliamente espaciadas indican una pendiente gradual en el fondo del mar, mientras que las líneas muy cercanas denotan una pendiente más pronunciada. Las curvas de nivel de profundidad revelan el tamaño, forma y distribución de todo tipo de características del fondo del mar, desde cañones a fallas o filones minerales.

Si los datos del sondeo del fondo son suficientemente detallados, pueden ser procesados por una computadora para mostrar una perspectiva tridimensional del fondo del océano *(izquierda)*.

Las fotos aéreas, como ésta de la bahía de Carmel, en California, permiten a los cartógrafos medir la topografía de una línea de costa. Las fotografías también revelan la localización de ayudas y peligros para la navegación, como faros y buques naufragados. Ambos tipos de información son cruciales para una carta.

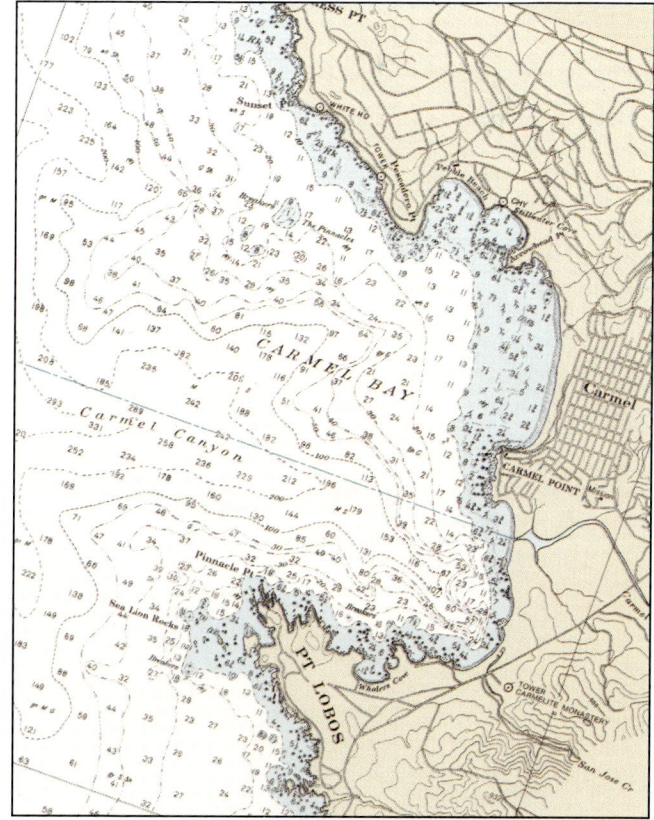

La carta náutica acabada contiene información recogida por muchos medios diferentes: fotografía aérea, sondeos de los fondos y levantamientos topográficos magnéticos. Las nuevas ediciones de mapas de zonas de tráfico intenso —como los puertos de Hong-Kong o de Nueva York— se actualizan anualmente.

¿Por qué se crearon las zonas horarias?

El tiempo horario está ligado a la longitud. La Tierra realiza una rotación, 360° de longitud, en 24 horas. De modo que cada hora equivale a 15° de longitud; por lo tanto, la Tierra gira 1° cada cuatro minutos.

En cualquier punto de la Tierra, la hora se puede fijar definiendo el mediodía como el momento en que el Sol aparece exactamente encima del meridiano en ese punto. Sin embargo, no se utiliza este método porque resultaría un horario diferente en cada uno de los 360 meridianos. En lugar de eso, la Tierra ha sido dividida en 24 husos horarios —que corresponden a las 24 horas del día— de 15° cada uno. La misma hora se usa en todos los lugares de cada zona de 15°.

En la Conferencia Internacional de Meridianos de 1884, 27 naciones llegaron a un acuerdo sobre un sistema internacional de huso horario. La conferencia estableció el meridiano que pasa por Greenwich, Gran Bretaña, como el punto cero o meridiano principal (primer meridiano) para medir la longitud, y de este modo la hora. El meridiano 180, que se extiende a medio camino (y a medio día) desde Greenwich, fue designado Línea de Cambio de Fecha Internacional. Es el lugar donde empieza y termina cada día para el mundo.

El amanecer de un nuevo día

Todos los días comienzan a medianoche en la Línea de Cambio de Fecha Internacional, prosiguiendo hacia el oeste. En el globo de abajo, el nuevo día ha empezado hace sólo cuatro horas. Como la Tierra gira, el nuevo día abarcará más parte del mundo en cada hora. Mientras tanto, el viejo día se hace más pequeño cada hora, y luego desaparece en la línea de cambio de fecha.

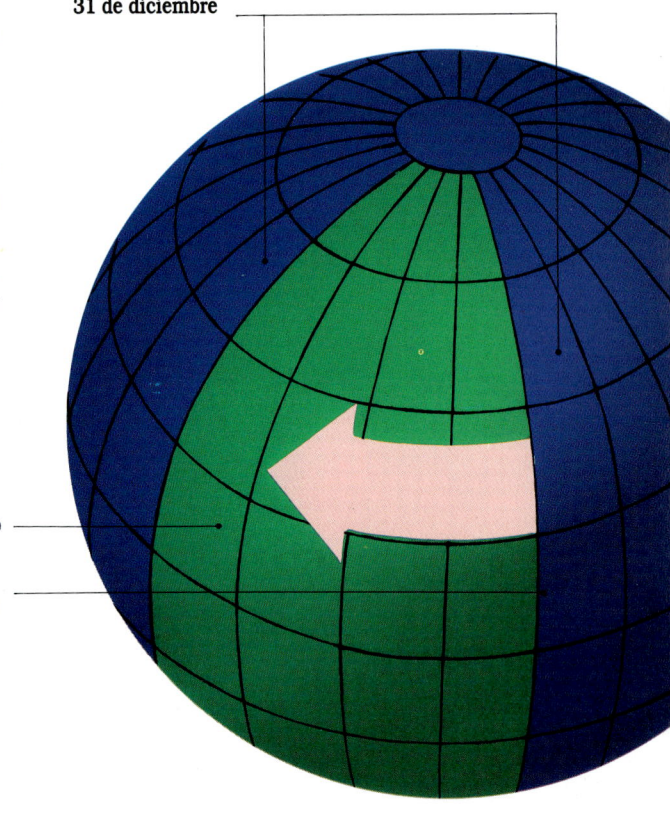

31 de diciembre

1 de enero

Línea de Cambio de Fecha Internacional

Los límites de la hora

Para adaptar las fronteras nacionales, estatales o locales, los límites de los husos horarios modelo del mundo *(abajo)* a menudo no coinciden exactamente con los meridianos geográficos que dividen a la Tierra en 24 husos horarios.

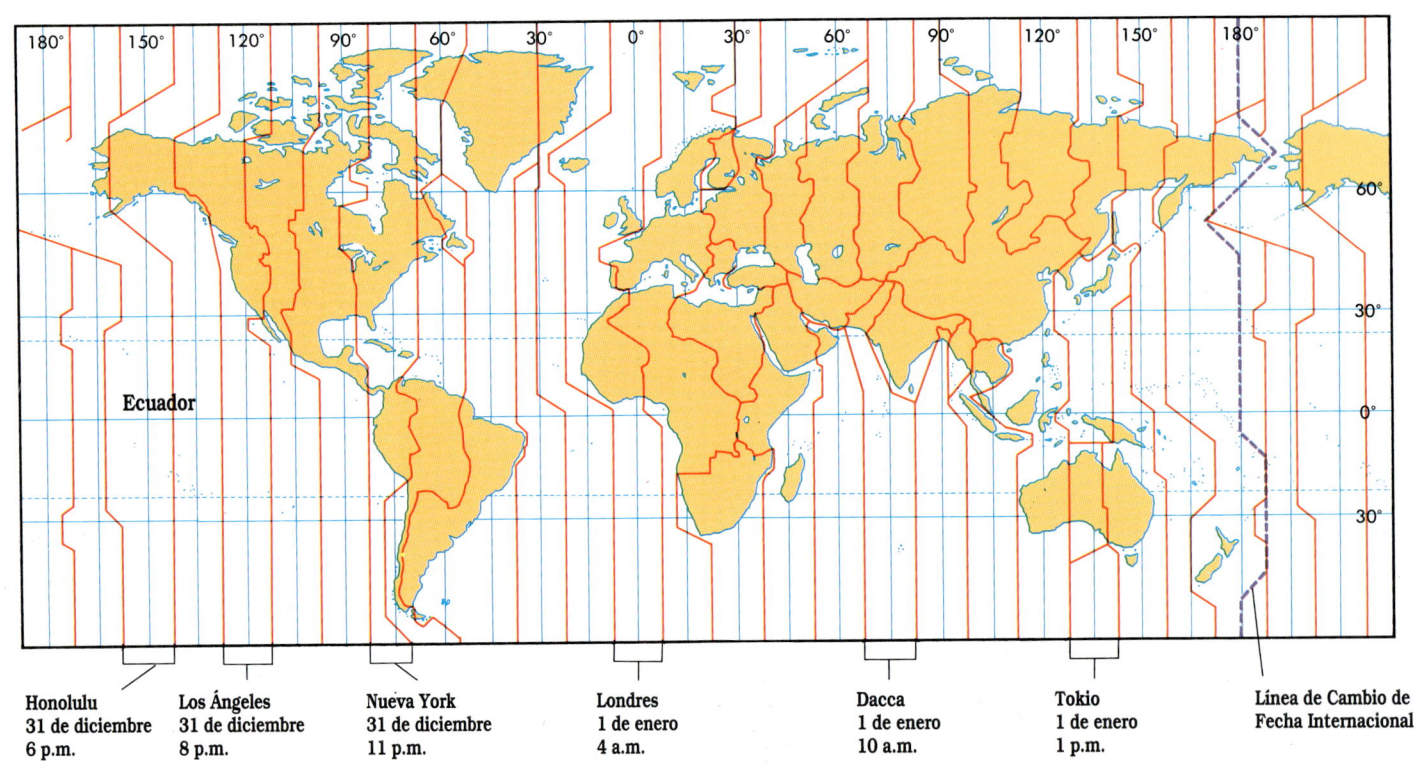

Honolulu — 31 de diciembre — 6 p.m.
Los Ángeles — 31 de diciembre — 8 p.m.
Nueva York — 31 de diciembre — 11 p.m.
Londres — 1 de enero — 4 a.m.
Dacca — 1 de enero — 10 a.m.
Tokio — 1 de enero — 1 p.m.
Línea de Cambio de Fecha Internacional

El meridiano principal —el punto cero para medir la longitud— pasa por el Observatorio Real de Greenwich *(izquierda)*, cerca de Londres, Gran Bretaña.

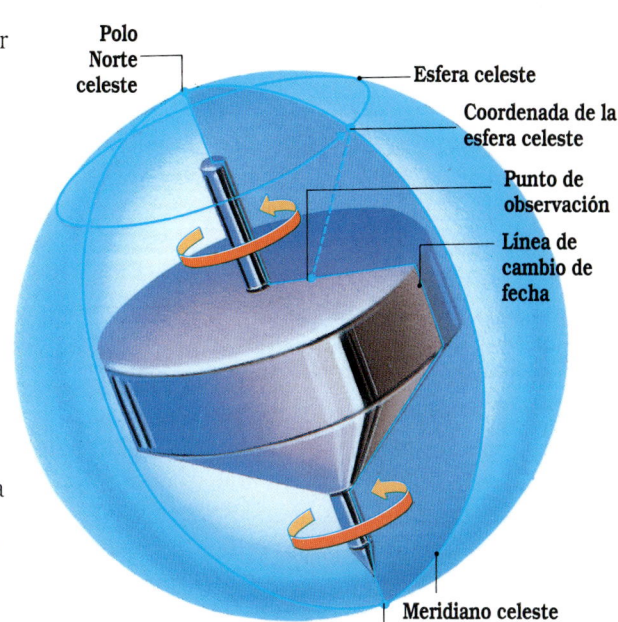

Como se ilustra en el diagrama de la derecha, un día es el tiempo que tarda un meridiano en dar una vuelta completa respecto de una coordenada de la esfera celeste.

El meridiano 180, base de la Línea de Cambio de Fecha Internacional, pasa por el escasamente poblado océano Pacífico. Como se muestra en el globo transparente de la derecha, la línea de cambio de fecha forma parte del mismo círculo máximo que el meridiano principal, que pasa por Greenwich.

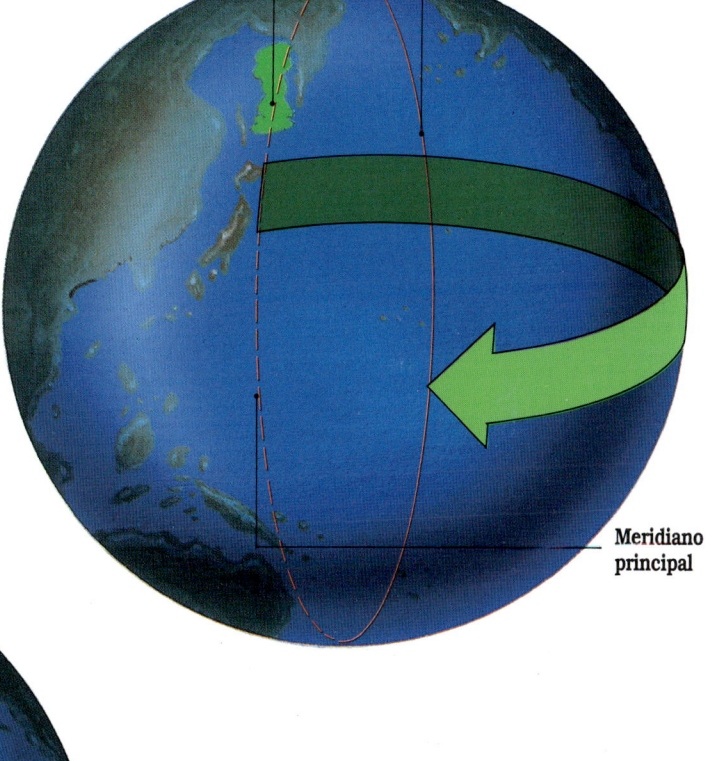

Debido a que el meridiano 180 atraviesa varios grupos de islas del Pacífico, la línea de cambio de fecha zigzaguea *(abajo)* para que el día de la semana sea el mismo en cada país.

El meridiano 180 divide las islas Fiji.

¿Cómo se hacen los mapas por computadora?

La informática ha revolucionado el antiguo arte de la cartografía. Nunca más se tendrá que dibujar laboriosamente a mano cada detalle de un mapa. En su lugar, la información reunida mediante los levantamientos topográficos se introduce en una computadora, o los mapas ya existentes son examinados ópticamente e introducidos. Algunas computadoras pueden recibir imágenes digitalizadas de mapas directamente desde los satélites.

Una vez que una información base cartográfica ha sido establecida, un cartógrafo puede manipular la información de forma notable. Por ejemplo, un mapa topográfico, puede servir como base para una imagen que muestre la extensión de una pluviselva, las zonas que se elevan por encima de una altitud determinada o incluso la distribución de los colibrís.

Los cartógrafos tienen también una amplia selección en cuanto al despliegue de mapas informatizados, como las perspectivas del monte Fuji mostradas en estas páginas. La información digitalizada del mapa se puede reproducir impresa sobre una hoja de papel o como imágenes de un microfilme. Otros mapas —especialmente aquellos que representan el pronóstico del tiempo— pueden ser proyectados en pantallas de computadora o de televisión.

El elevado monte Fuji

El monte Fuji *(abajo)*, un volcán apagado de la isla de Hondo (Honshu), en el centro de Japón, se alza por encima de la llanura que lo rodea. Con una altitud de 3.776 metros, Fuji es la montaña más alta del país.

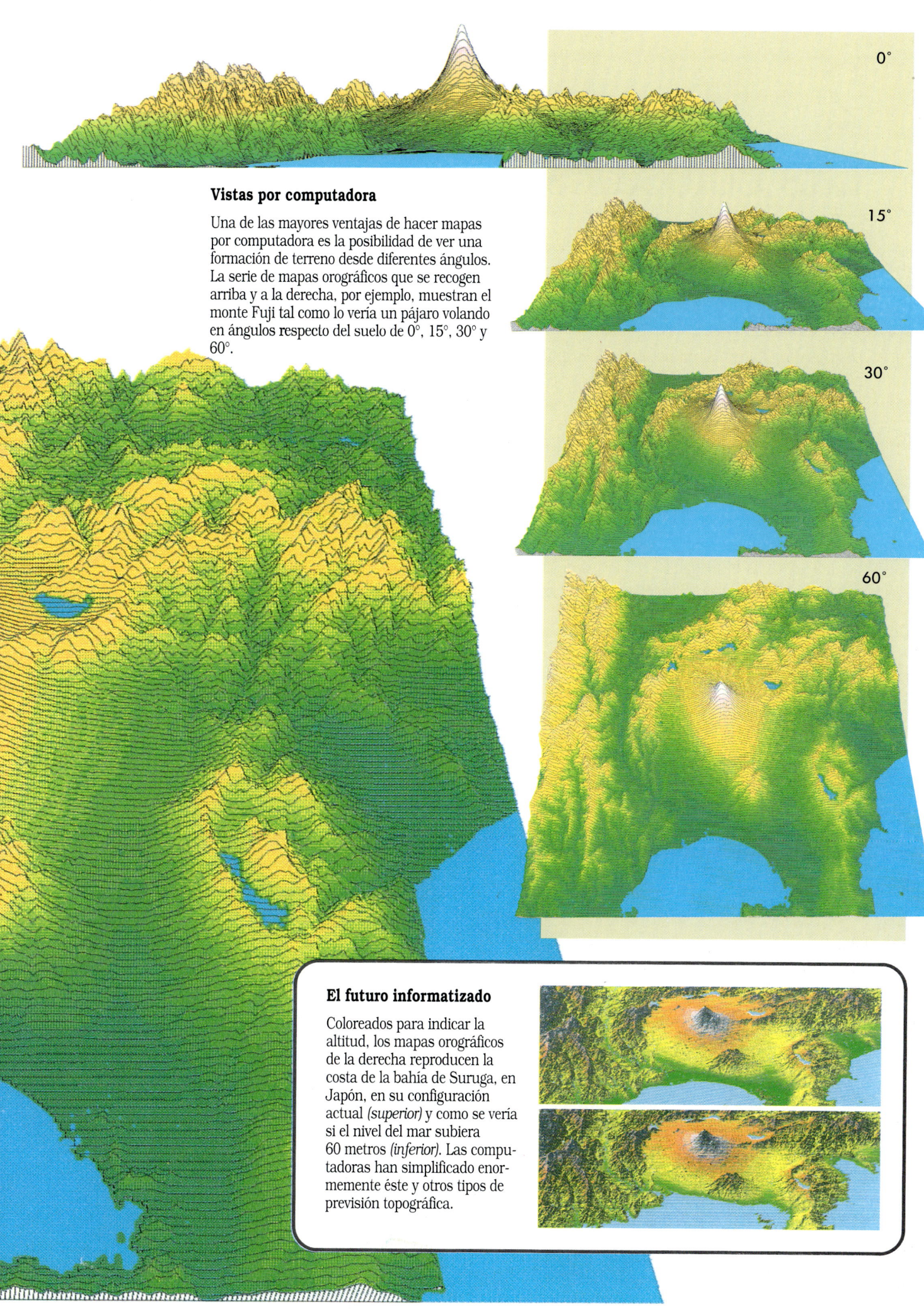

Vistas por computadora

Una de las mayores ventajas de hacer mapas por computadora es la posibilidad de ver una formación de terreno desde diferentes ángulos. La serie de mapas orográficos que se recogen arriba y a la derecha, por ejemplo, muestran el monte Fuji tal como lo vería un pájaro volando en ángulos respecto del suelo de 0°, 15°, 30° y 60°.

El futuro informatizado

Coloreados para indicar la altitud, los mapas orográficos de la derecha reproducen la costa de la bahía de Suruga, en Japón, en su configuración actual *(superior)* y como se vería si el nivel del mar subiera 60 metros *(inferior)*. Las computadoras han simplificado enormemente éste y otros tipos de previsión topográfica.

2
Las colosales canteras de la Tierra

Los ríos y los glaciares son poderosas herramientas para esculpir. Los agentes del gran ciclo que envía el agua desde los océanos al aire, a la tierra, y de vuelta al mar, para volver a comenzar, transforman el terreno que está a su alrededor, pulverizando montañas, valles y pavimentando llanuras desde el mar.

El agua que se convierte en el combustible de su trabajo empieza como vapor extraído de los océanos, los ríos, el suelo y las plantas. Después de ser recogida por las nubes, la humedad cae en forma de lluvia o nieve. Parte de esta precipitación va a parar a los océanos o se evapora. El resto se recoge en lugares como lagos, manantiales subterráneos o campos de nieve, los cuales dan lugar a que surjan pequeñas corrientes de agua, llamadas arroyos, que forman la cabecera de un río. En su curso colina abajo, los arroyos se juntan y forman torrentes y riachuelos; éstos, a su vez, se unen para formar ríos.

En su curso, un río estría el terreno, creando cañones y muchas otras maravillas naturales. El mantillo y el lecho de roca que levanta con su acción erosionadora son transportados corriente abajo, donde forman vastas llanuras cuando el río desborda sus orillas.

En las regiones demasiado frías para que los ríos fluyan, el suelo es esculpido por el agua en forma de glaciares. Estos impresionantes bloques de hielo avanzan colina abajo debido a su propio peso, excavando impresionantes huecos que se convierten en lagos y valles; a su paso, los glaciares dejan montones de derrubios que son verdaderas montañas. En este capítulo se estudia la dinámica del flujo del río y del glaciar, así como las formaciones que resultan de la acción modeladora en el suelo por parte de estas poderosas fuerzas.

En lo alto de las Montañas Rocosas canadienses, el centro excursionista de tejado rojo Columbia Icefield, en el Parque Nacional de Jasper, ocupa el antiguo aliviadero de un glaciar alpino, en retroceso hacia la parte alta del valle.

¿Qué origina los ríos?

Un río moldea de muchas maneras diferentes el terreno por donde pasa. Cerca del nacimiento del río, su fuerte corriente de cabecera, talla profundos canales en la roca, originando valles en forma de "V" *(derecha)*. En el curso medio del río, disminuye la pendiente y la corriente reduce la velocidad. Si de repente el río fluye por una llanura, vierte su carga de derrubios, formando una masa de tierra llamada abanico aluvial.

A medida que se nivela el suelo, las aguas de movimiento más lento tallan las orillas del río. Las llanuras aluviales —que se forman con el material depositado durante las crecidas del río— flanquean ahora su curso. Con el paso del tiempo, mientras el lecho del río baja por la erosión o movimientos del terreno, se van formando terrazas sobre estas llanuras aluviales. El río, mientras tanto, traza un curso sinuoso, y algunas veces serpentea libremente para formar lagos de brazo muerto *(abajo derecha)*. Cuando finalmente desemboca en un lago u océano, sus sedimentos, a menudo, se acumulan y forman un tipo de terreno conocido como delta.

Valles en forma de "V"

El cañón Kurobe en forma de "V", en Japón.

Abanico aluvial

Formas de relieves esculpidas por los ríos

Ribera

Delta

El delta del río Ota, en Japón.

Formación de un lago de brazo muerto

→ Fuerza del flujo del agua
→ Curso del agua

Un río que fluye por una llanura forma curvas serpenteantes llamadas meandros.

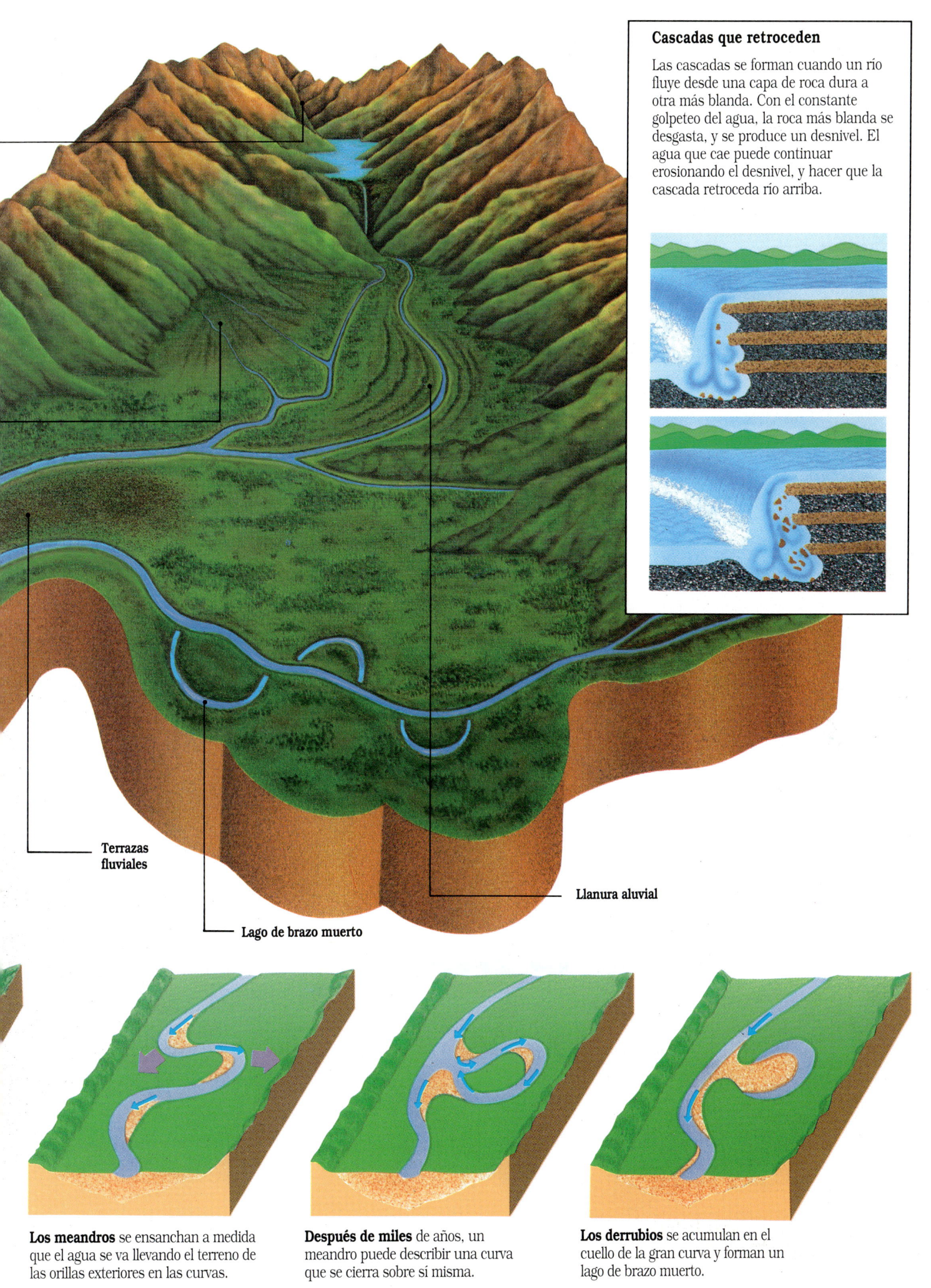

Cascadas que retroceden

Las cascadas se forman cuando un río fluye desde una capa de roca dura a otra más blanda. Con el constante golpeteo del agua, la roca más blanda se desgasta, y se produce un desnivel. El agua que cae puede continuar erosionando el desnivel, y hacer que la cascada retroceda río arriba.

Terrazas fluviales

Llanura aluvial

Lago de brazo muerto

Los meandros se ensanchan a medida que el agua se va llevando el terreno de las orillas exteriores en las curvas.

Después de miles de años, un meandro puede describir una curva que se cierra sobre sí misma.

Los derrubios se acumulan en el cuello de la gran curva y forman un lago de brazo muerto.

¿Cómo se forman las llanuras?

Las llanuras actuales pudieron haber sido antiguamente cordilleras, valles o lechos oceánicos sumergidos. Las que fueron desgastadas por la acción del clima y de los ríos, se llaman llanuras de erosión; las que se formaron a partir de los sedimentos arrastrados por las aguas son las llanuras de deposición.

De las dos, las primeras son las más comunes. Las llanuras de erosión que se formaron al ser socavados antiguos estratos rocosos se conocen como llanuras estructurales. Las penillanuras —paisajes accidentados que han sido reducidos prácticamente a llanuras completamente lisas— aparecen en medio de suaves colinas de antiguas regiones montañosas.

Las llanuras de deposición, menos frecuentes, se forman cuando un río arranca rocas y luego deposita los derrubios más lejos, río abajo. A lo largo del curso más bajo el río, las aguas, que se mueven lentamente, se desbordan periódicamente, creando diques de arena y posteriormente llanuras aluviales. Las otras dos variedades de llanuras de deposición —abanicos aluviales y deltas— se forman cuando un río vierte los derrubios de erosión en la base de las montañas o en la desembocadura del propio río *(págs. 30–33)*. Como se ilustra más abajo, las llanuras costeras reflejan ambos fenómenos, la erosión y la deposición.

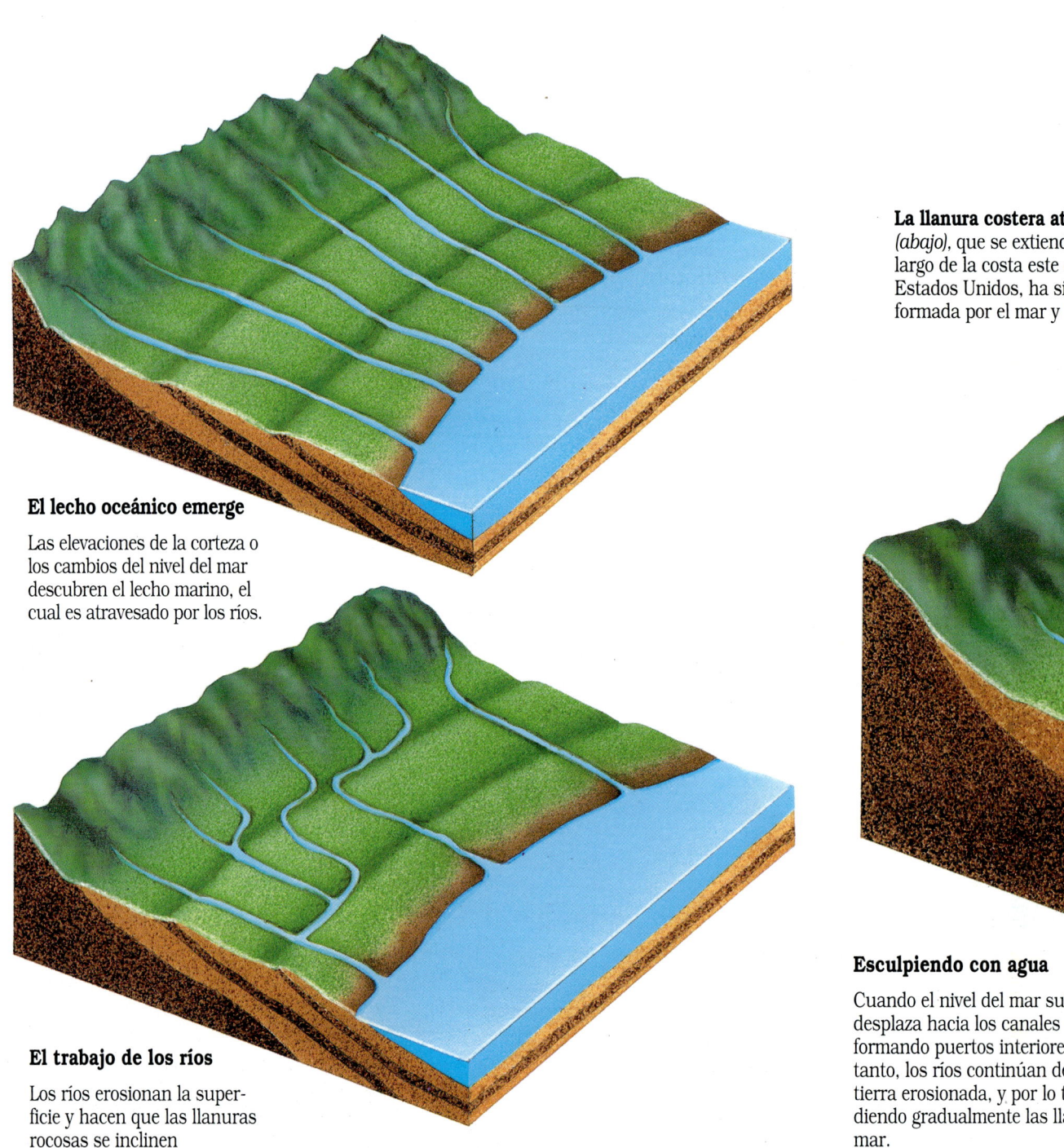

El lecho oceánico emerge

Las elevaciones de la corteza o los cambios del nivel del mar descubren el lecho marino, el cual es atravesado por los ríos.

El trabajo de los ríos

Los ríos erosionan la superficie y hacen que las llanuras rocosas se inclinen suavemente.

La llanura costera atlántica *(abajo)*, que se extiende a lo largo de la costa este de los Estados Unidos, ha sido formada por el mar y los ríos.

Esculpiendo con agua

Cuando el nivel del mar sube, éste se desplaza hacia los canales del río, formando puertos interiores. Mientras tanto, los ríos continúan depositando tierra erosionada, y por lo tanto extendiendo gradualmente las llanuras en el mar.

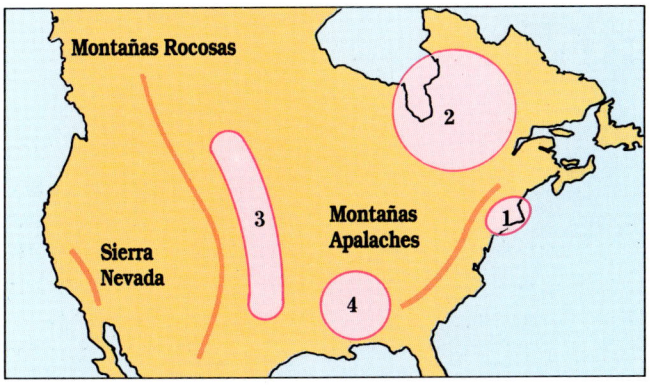

Las llanuras de Norteamérica

Las llanuras son comunes en Norteamérica. Las más conocidas son la llanura costera Atlántica (1); las llanuras de erosión, como la plataforma lauréntica (2) y las Grandes Llanuras (3); y las llanuras de deposición en el valle del río Mississippi (4).

Una meseta desgastada por el tiempo

Formada por rocas, de 3.800 millones de años, la plataforma lauréntica se extiende alrededor de la bahía de Hudson, en Canadá. La erosión ha nivelado esta antigua región montañosa, que ahora tiene una altitud media de 490 metros.

Bahía de Chesapeake — Bahía de Delaware — Long Island — Océano Atlántico

Las erosionadas Grandes Llanuras se extienden desde Canadá a Texas. Se prolongan 650 kilómetros hacia el este desde las Montañas Rocosas.

Los tramos meridionales del río Mississippi (*arriba*) están limitados por fértiles llanuras aluviales, algunas de 80 kilómetros de anchura.

¿Qué es un abanico aluvial?

Proceso de un abanico aluvial

Formación de una cabeza de abanico

El sedimento *(verde oscuro)* se empieza a acumular cuando el río reduce la velocidad, al alcanzar la llanura.

El avance cuesta abajo

Los continuos depósitos de arena y grava (1, 2 y 3) ensanchan el curso del río. Las lenguas, ahora más grandes, de nuevos sedimentos (4 y 5), se acumulan debajo de los antiguos depósitos.

Cuando un río desciende desde una montaña a una llanura, la velocidad de su corriente disminuye bruscamente. El agua, al moverse más lentamente, no puede llevar tanta arena y grava, y por lo tanto deposita su cargamento de sedimentos al pie de la montaña. Con el tiempo, se va amontonando una masa de tierra de forma semicircular, conocida como abanico aluvial. La parte superior se llama cabeza del abanico, la central, abanico medio y la base es la punta.

Como los derrubios se acumulan en la cabeza del abanico, el cauce del río crece hasta que el agua excede sus riberas y se desborda al llegar al abanico. Las agitadas aguas de aluvión depositan sedimentos al pasar por delante de la punta, alargando y ensanchando el abanico, y formando nuevos brazos del río. Este proceso se repite hasta que la arena y la grava acumulada cubren totalmente el río. Ahora, al fluir bajo tierra desde la cabeza del abanico, donde el sedimento acumulado es más fino, el afluente aparece en la superficie terrestre como una fuente. Tales manantiales resultan suministros de agua claves en las regiones montañosas desérticas, donde los abanicos aluviales han abastecido colonizaciones humanas desde tiempo prehistóricos.

Se abre el abanico

La concentración de sedimentos eleva el cauce del río, haciendo que se desborde. Las aguas ahora depositan amplios arcos de derrubios, y el río cambia su curso.

Bajo tierra

La reiterada sedimentación e inundación agranda y ahonda el abanico aluvial. En la cabeza, a menudo, el agua del río, se filtra hacia abajo a través de las capas de arena y grava, formando un río subterráneo, que luego puede reaparecer como una fuente en la punta del abanico.

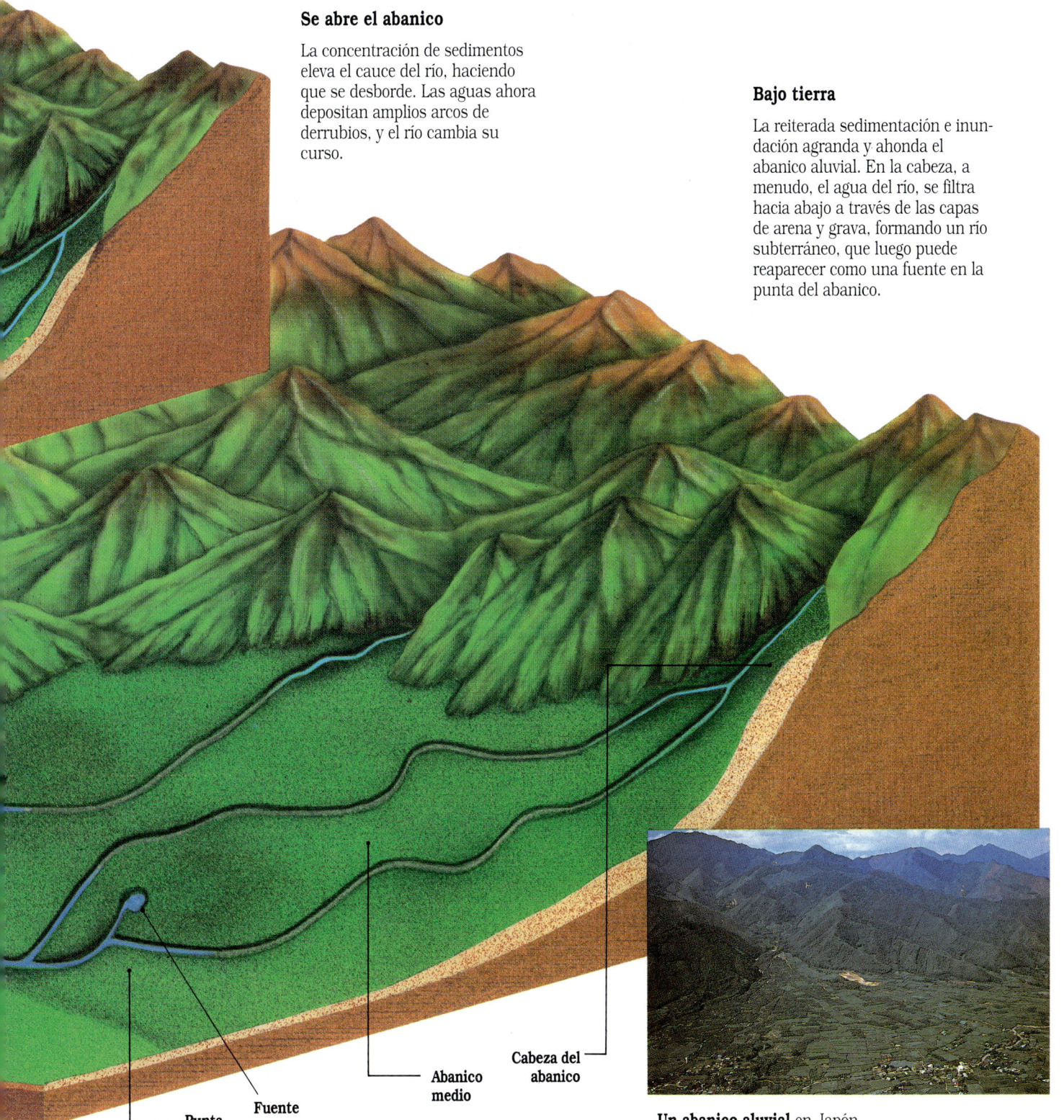

Un abanico aluvial en Japón.

¿Qué fuerzas configuran un delta?

Sedimentos depositados en la desembocadura

La corriente del río se divide

La formación de un delta

Gran parte de la roca y de la tierra que es arrastrada por un río durante su fluir por el campo se deposita formando llanuras bajas en la desembocadura. Estas llanuras, llamadas por la letra mayúscula griega delta porque tienen una forma más o menos triangular, deben su existencia al modo en que las corrientes del río y del océano se influyen recíprocamente.

Cuando un río entra en una gran masa de agua estancada, su corriente pierde velocidad bruscamente, haciendo que la mayoría de los sedimentos del río se depositen. Con el tiempo, un enorme montón de grava, arena y barro se acumula en la desembocadura del río. Bloqueado por estos derrubios, el río se divide en brazos, cada uno de los cuales construye su propia lengua de tierra. De esta manera, se forma un ancho delta.

Aunque la mayoría de los deltas tienen la misma configuración interna *(arriba, a la derecha)*, su forma externa varía de acuerdo con el perímetro del fondo oceánico, la cantidad de sedimento que se ha depositado y la acción de las olas del mar. Un delta en forma de dedos se produce cuando un río de corriente rápida entra en aguas tranquilas, vertiendo su cargamento de sedimentos a modo de dedos de arena. Cuando un río lento encuentra fuertes mareas o corrientes oceánicas, sus sedimentos se redistribuyen a lo largo de un amplio terreno, formando un delta apuntando o delta cúspide.

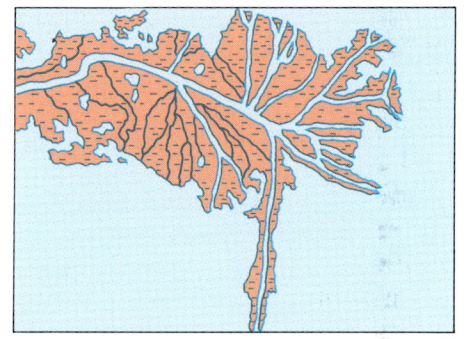
Un delta en forma de dedos cubre la desembocadura del río Mississippi.

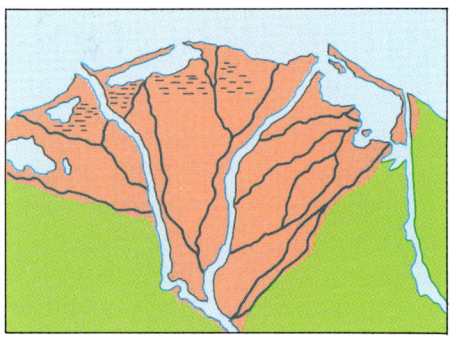
Un delta arqueado triangular señala la entrada del Nilo en el Mediterráneo.

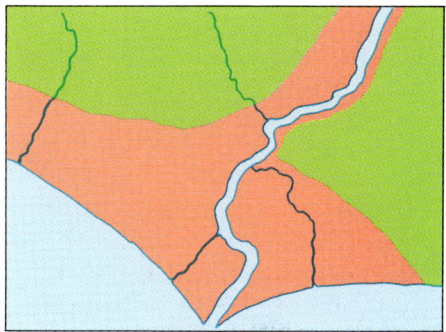
Un delta apuntando corona el río Tíber en Italia.

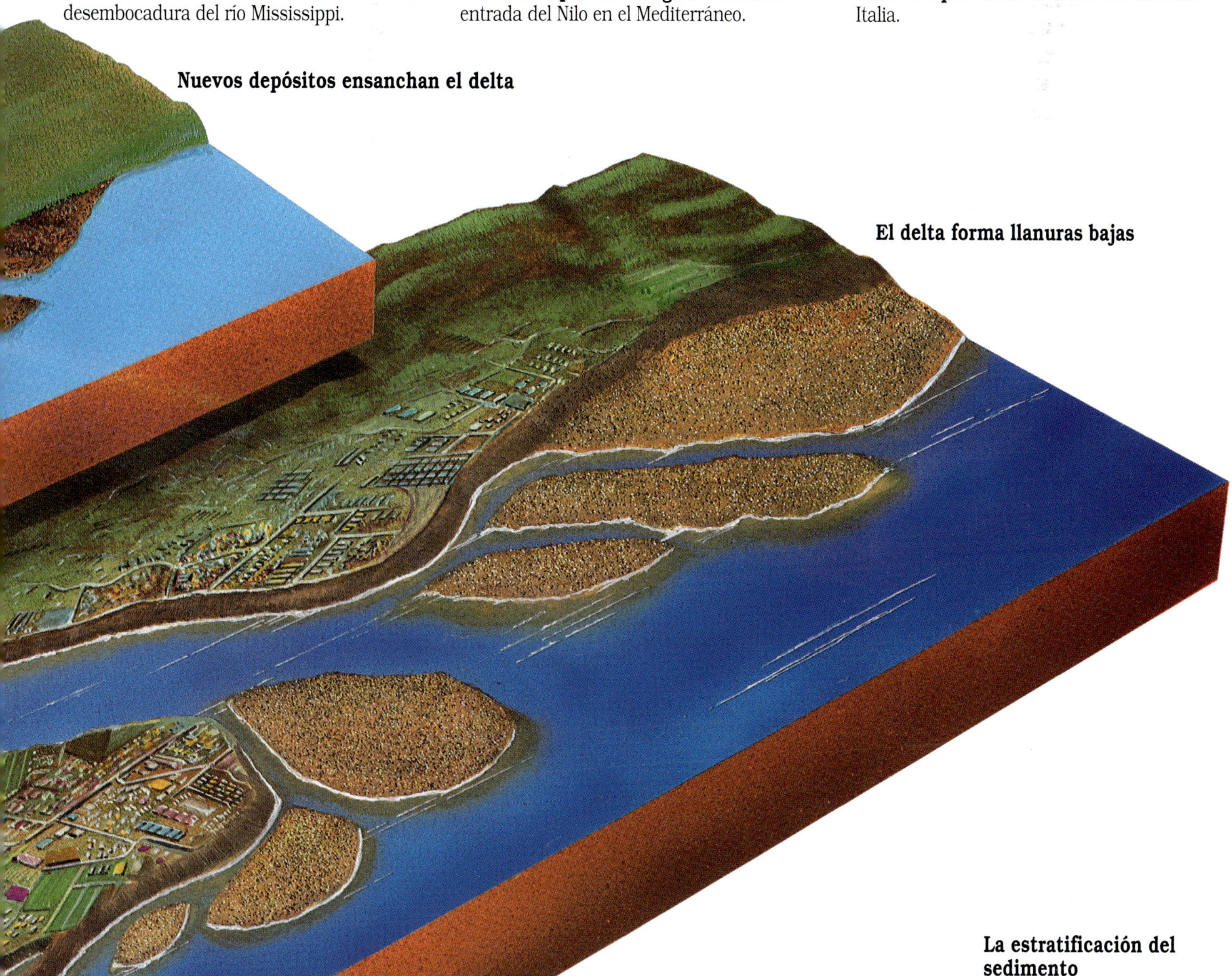

Nuevos depósitos ensanchan el delta

El delta forma llanuras bajas

Serie superior de estratos (capa de tapadera)

Serie frontal de estratos (capa primaria)

Serie inferior de estratos (capa terminal)

La estratificación del sedimento

Un proceso natural de distribución es responsable de la composición en tres capas de la mayoría de los deltas. Las finas arcillas son arrastradas al mar antes de asentarse formando la capa más baja, conocida como capa terminal. La arena —más gruesa y pesada que la arcilla— compone la capa intermedia, llamada capa primaria. La arena más gruesa y la grava se asienta en el agua menos profunda próxima a la playa, formando la capa de tapadera.

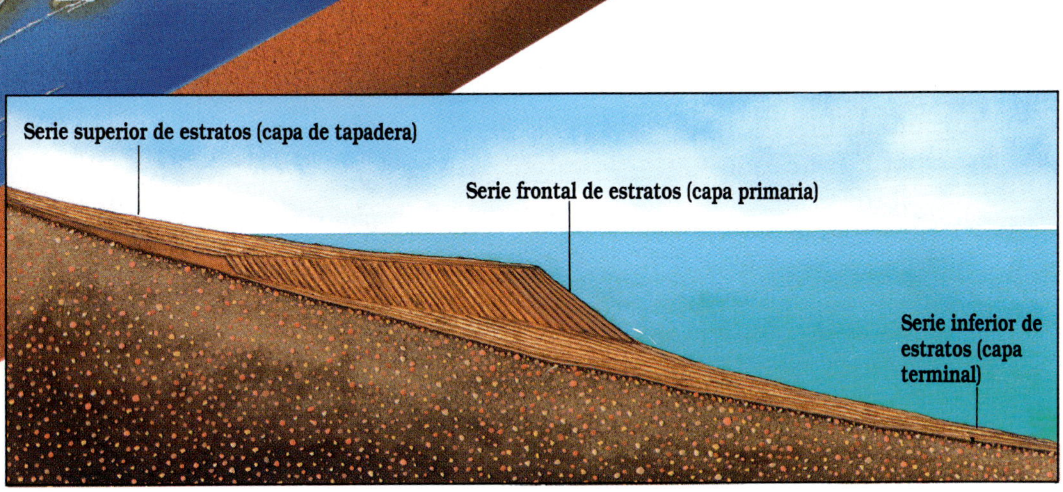

¿Por qué el río Amarillo cambia de curso?

En 1887, el río Amarillo de China rompió una serie de diques cerca de Kaifeng, inundando 22.000 kilómetros cuadrados y causando la muerte de más de un millón de personas. El río, desbocado, cambió su curso y abrió un nuevo canal hacia el mar Amarillo, a 650 kilómetros.

En los últimos 2.500 años, el río Amarillo —de 5.000 kilómetros de largo— ha experimentado ocho o más catastróficos cambios de curso. En su camino hacia el sur desde Baotou, fluye por la meseta de Loess (que debe su nombre al loess, un limo calcáreo de tono amarillento). Durante siglos, las lluvias torrenciales han provocado inundaciones en esta llanura, arrastrando el loess al río —de ahí su nombre—, y elevando el nivel del caudal. Se construyeron muros de contención para evitar que en las crecidas el río se desbordara, pero éstos tan sólo aumentaron la proporción de suelo rico en arcilla asentado en el fondo. Cuando los muros, inevitablemente, cedían, sobrevenían devastadoras inundaciones, que dejaban al río vía libre para abrir un nuevo curso a través del campo. Hoy en día, el río Amarillo fluye por un canal artificial que previene tales cataclismos.

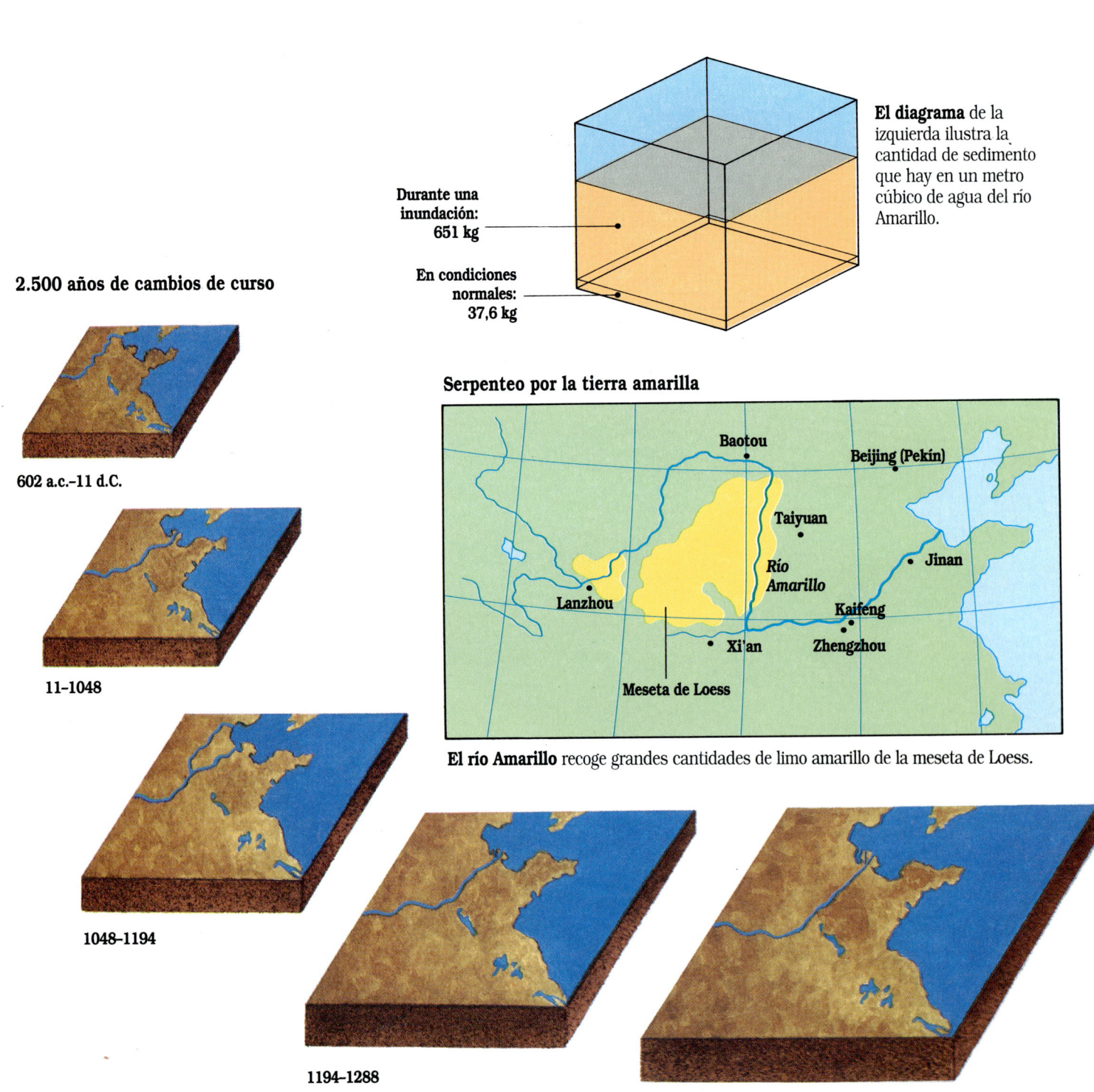

El diagrama de la izquierda ilustra la cantidad de sedimento que hay en un metro cúbico de agua del río Amarillo.

Durante una inundación: 651 kg
En condiciones normales: 37,6 kg

2.500 años de cambios de curso

602 a.c.–11 d.C.

11–1048

1048–1194

1194–1288

1288–1887

Serpenteo por la tierra amarilla

El río Amarillo recoge grandes cantidades de limo amarillo de la meseta de Loess.

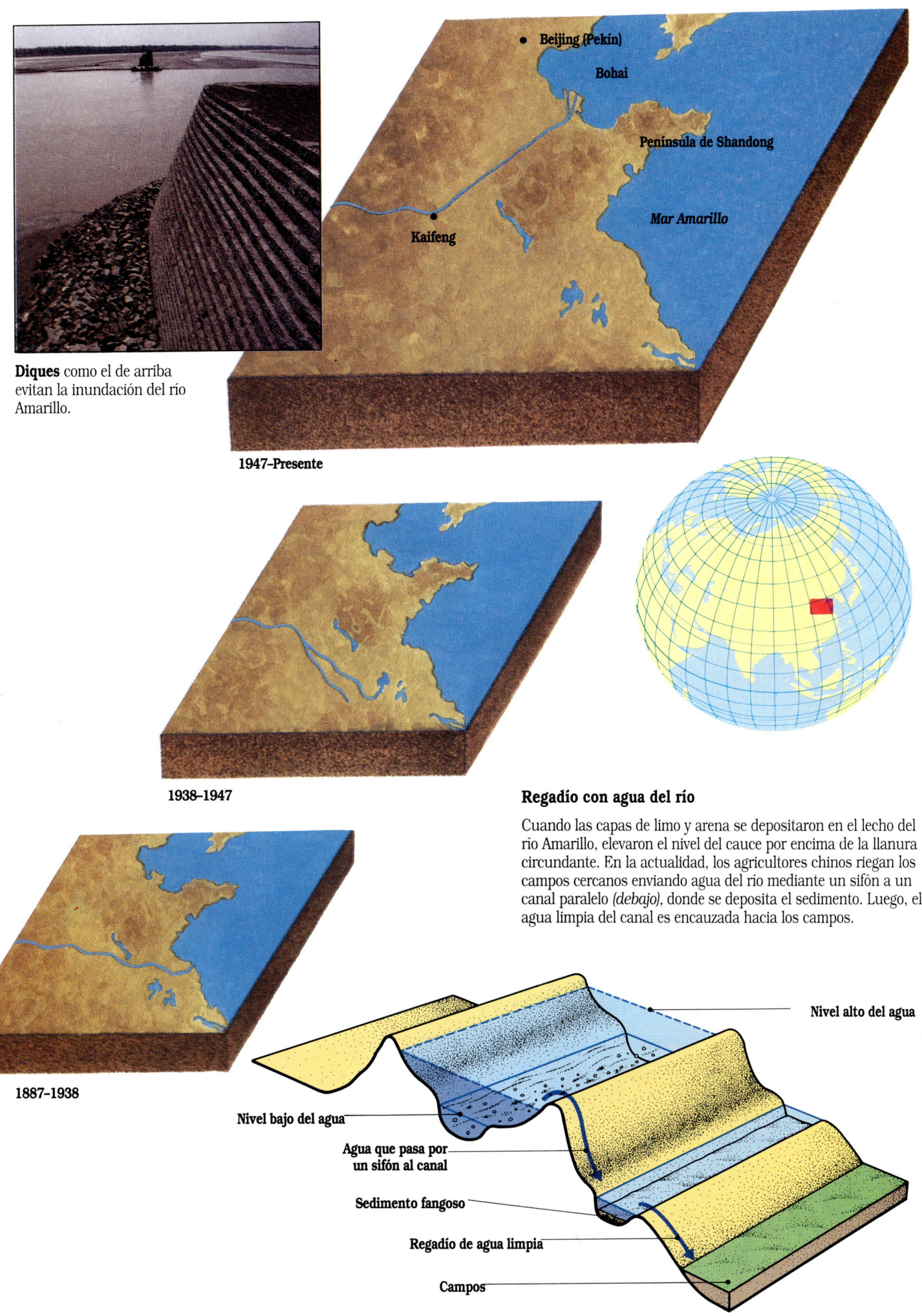

Diques como el de arriba evitan la inundación del río Amarillo.

1947–Presente

1938–1947

1887–1938

Regadío con agua del río

Cuando las capas de limo y arena se depositaron en el lecho del río Amarillo, elevaron el nivel del cauce por encima de la llanura circundante. En la actualidad, los agricultores chinos riegan los campos cercanos enviando agua del río mediante un sifón a un canal paralelo *(debajo)*, donde se deposita el sedimento. Luego, el agua limpia del canal es encauzada hacia los campos.

¿Pueden los ríos fluir contracorriente?

Después de nacer como una fuente en lo alto de los Andes peruanos *(abajo)*, el río Amazonas recoge las aguas de más de mil afluentes en su camino hacia el este a través de Sudamérica. Una quinta parte de toda el agua de río del mundo fluye por el Amazonas. Éste drena 6 millones de kilómetros cuadrados de terreno y vierte agua en el Atlántico a razón de 300 millones de litros por segundo.

A pesar de su poderoso caudal, el Amazonas es un río de fluir lento; a lo largo de sus cursos medio y bajo, el caudal del río desciende sólo 20 milímetros por kilómetro. Este nivel del cauce, junto con la ancha desembocadura del río, somete al Amazonas al influjo periódico de las mareas oceánicas. Bajo ciertas condiciones astronómicas *(derecha)*, las mareas altas del océano contrarrestan la corriente del Amazonas y lo empujan tierra adentro, invirtiendo temporalmente el flujo del río hasta 800 kilómetros aguas arriba.

Esta marea alta —conocida como *pororoca*— proporciona a barcos fluviales de más de 10.000 toneladas un viaje gratis a medio camino desde la costa hasta destinos como Manaus, en el centro de Brasil, que está a 1.450 kilómetros tierra adentro.

La cuenca hidrográfica del Amazonas

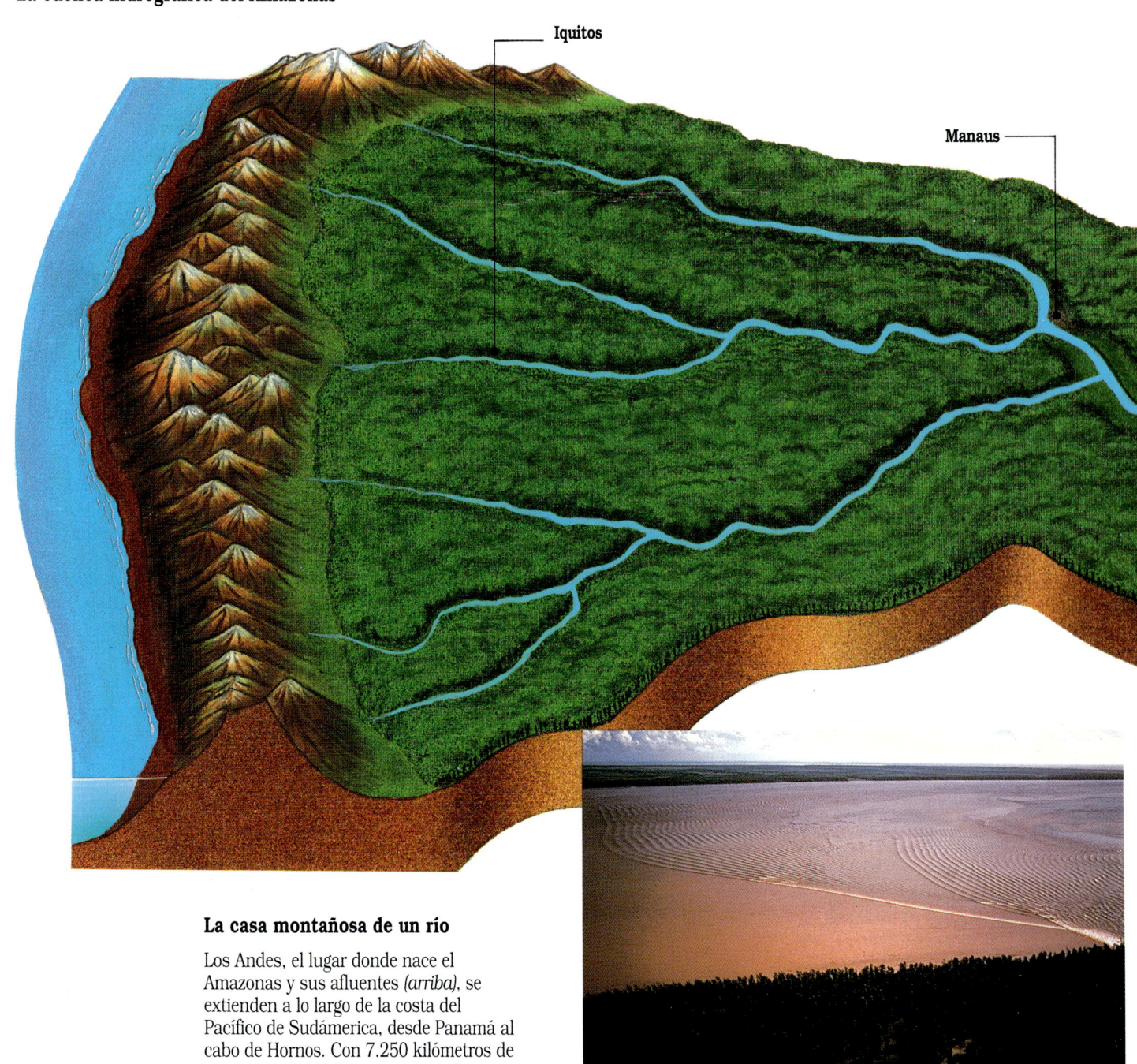

La casa montañosa de un río

Los Andes, el lugar donde nace el Amazonas y sus afluentes *(arriba)*, se extienden a lo largo de la costa del Pacífico de Sudamérica, desde Panamá al cabo de Hornos. Con 7.250 kilómetros de extensión, los Andes constituyen la cadena montañosa más larga de la Tierra.

Una rizada inundación producida por la marea invierte la corriente del Amazonas.

Por qué se producen las mareas oceánicas

Las mareas oceánicas se producen principalmente por la atracción gravitacional de la Luna sobre la Tierra. Esta atracción es compensada por una fuerza centrífuga que actúa impulsando la Tierra hacia el centro de gravedad del sistema Tierra–Luna. En la cara de la Tierra orientada a la Luna, la fuerza gravitacional lunar *(verde)* es más fuerte que la fuerza centrífuga *(negro)*. Por lo tanto, el agua es atraída hacia la Luna, causando mareas altas. Las mareas altas o pleamares, también se producen en la otra cara de la Tierra. Aquí, la fuerza centrífuga es mayor que la atracción lunar y empuja el agua hacia la Luna. Las mareas altas tienen lugar especialmente durante la luna llena y la luna nueva, cuando las fuerzas de la marea de la Luna y el Sol se alinean *(izquierda)*.

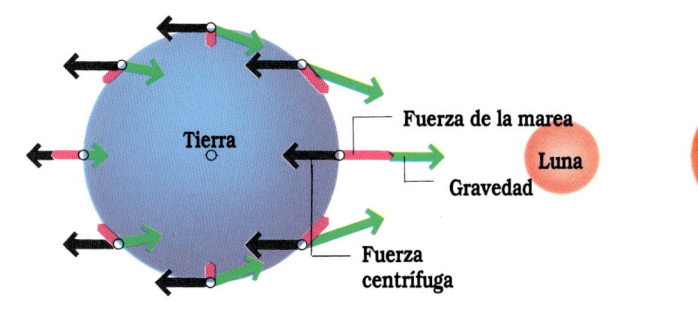
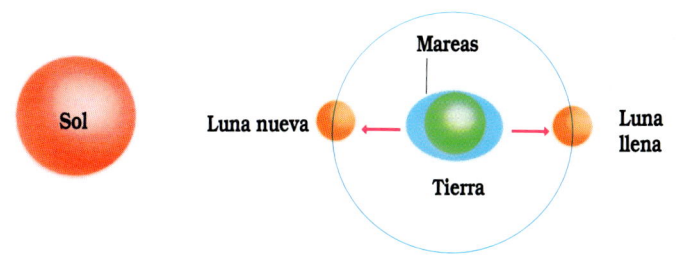

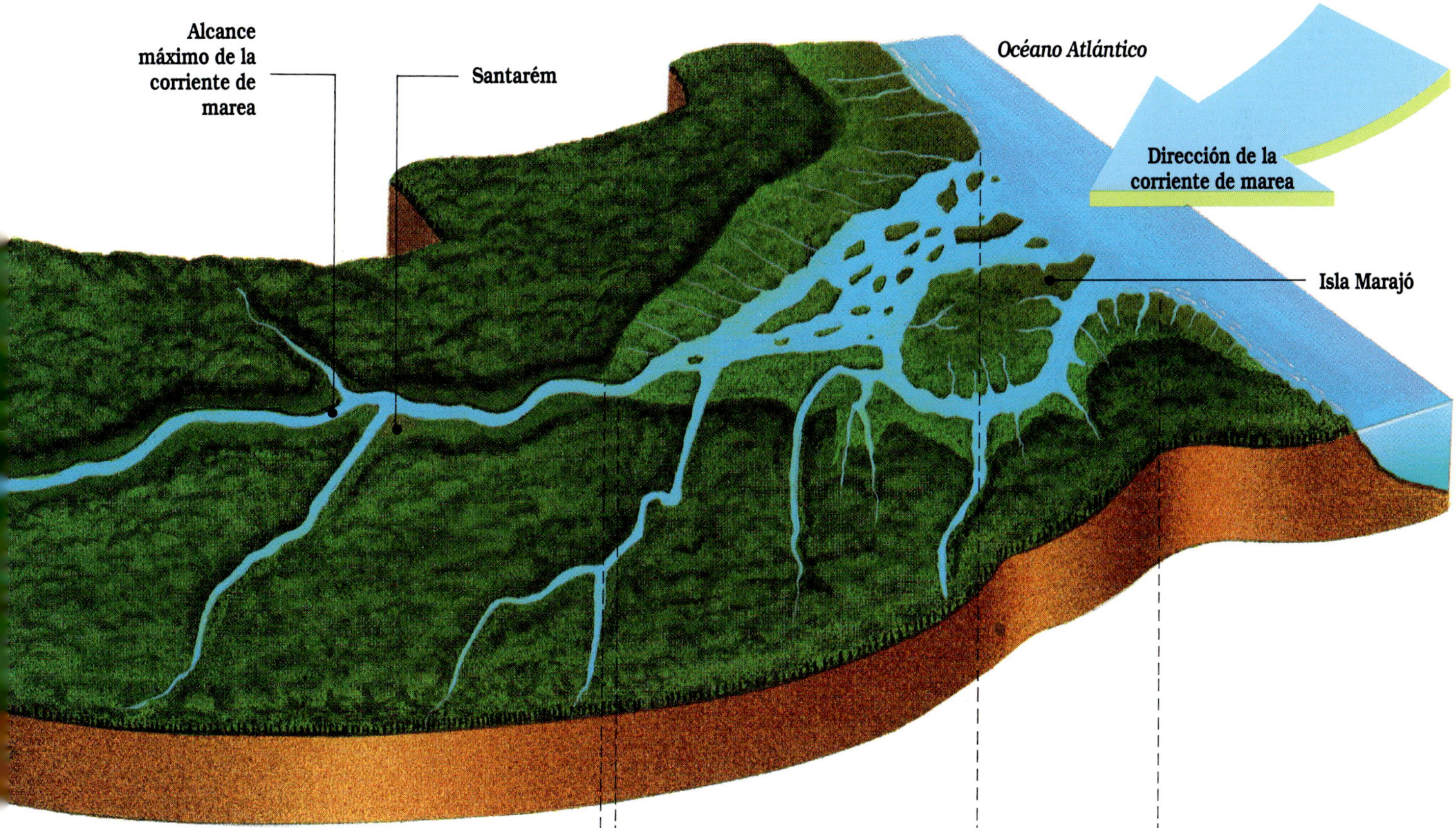

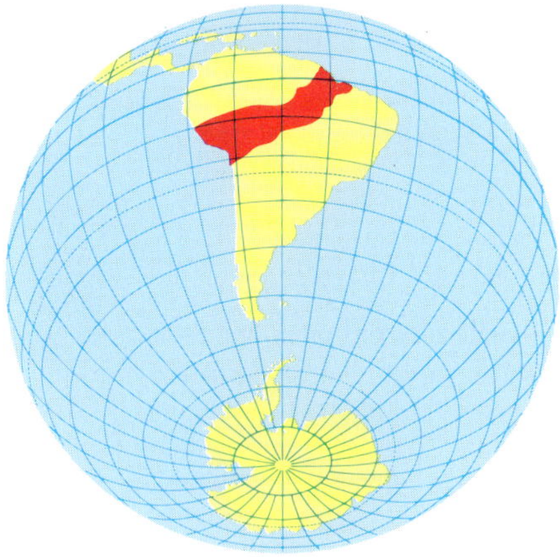

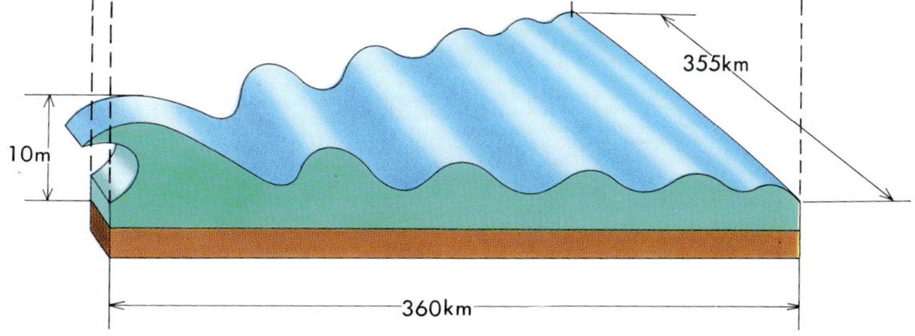

Un embudo cuesta arriba

Después de entrar en la amplia desembocadura del río Amazonas, la corriente de la marea avanza aguas arriba. Forzada por el angosto cauce del río, la marea de 2 metros va aumentando de altitud gradualmente. Después de recorrer 360 kilómetros río arriba, el oleaje —ahora reducido a una ola— alcanza los 10 metros de alto.

¿Qué son los estuarios?

El río Támesis, en Gran Bretaña, desemboca en el mar del Norte a través de una ancha y profunda bahía. Como la mayoría de estuarios, éste se formó al final de la época glaciar, del Pleistoceno, hace alrededor de 10.000 años, cuando las capas de hielo, al derretirse, elevaron el nivel del mar en todo el mundo. El agua del océano, al subir de nivel, sumergió la desembocadura y el curso inferior, creando el estuario.

Un estuario regado por un río que transporte un alto volumen de limo puede rellenarse y convertirse en una llanura costera. El Támesis, sin embargo, deposita pocos sedimentos pequeños en su desembocadura. Como se ilustra más abajo, cualquier derrubio es barrido pronto por las mareas del mar del Norte. Dos veces al día, en marea alta, una lengua de agua salada densa y fría se introduce en el interior del estuario, fluyendo por el cauce del río. Mientras tanto, en la superficie del mar se encuentra una capa caliente y ligera de agua del río. La fricción entre estas dos corrientes crea una capa de agua turbulenta que serpentea hacia el mar, transportando cualquier sedimento acumulado.

Una foto de satélite muestra la clásica forma de embudo de la bahía de Chesapeake, en la costa este de Estados Unidos, uno de los mayores estuarios de llanura costera del mundo.

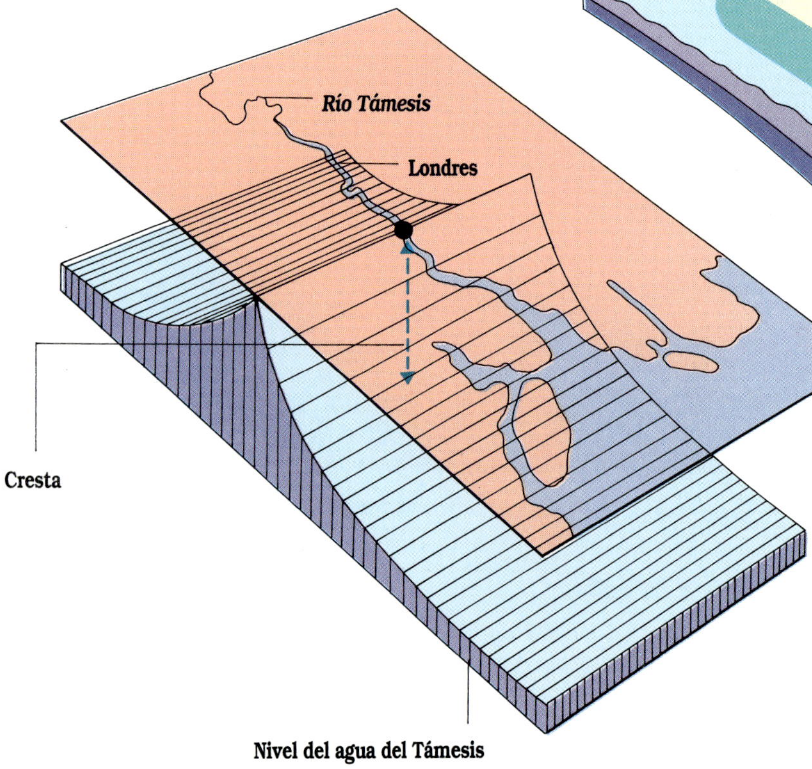

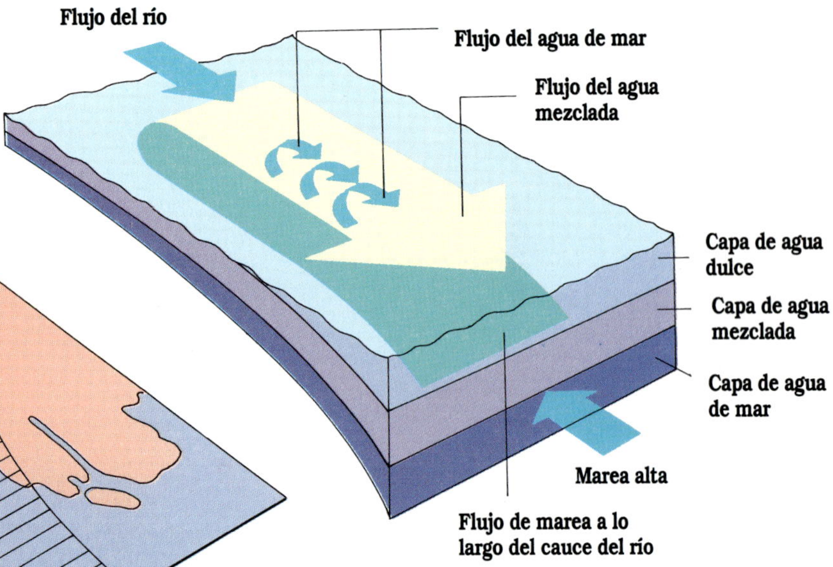

Al igual que ocurre con el agua que es obligada a pasar por un inyector, la marea oceánica se comprime y dilata cuando pasa por el estuario del Támesis. Al fluir aguas arriba, la crecida de la marea eleva constantemente el nivel del agua del río, haciendo que se encrespe precisamente al este de Londres.

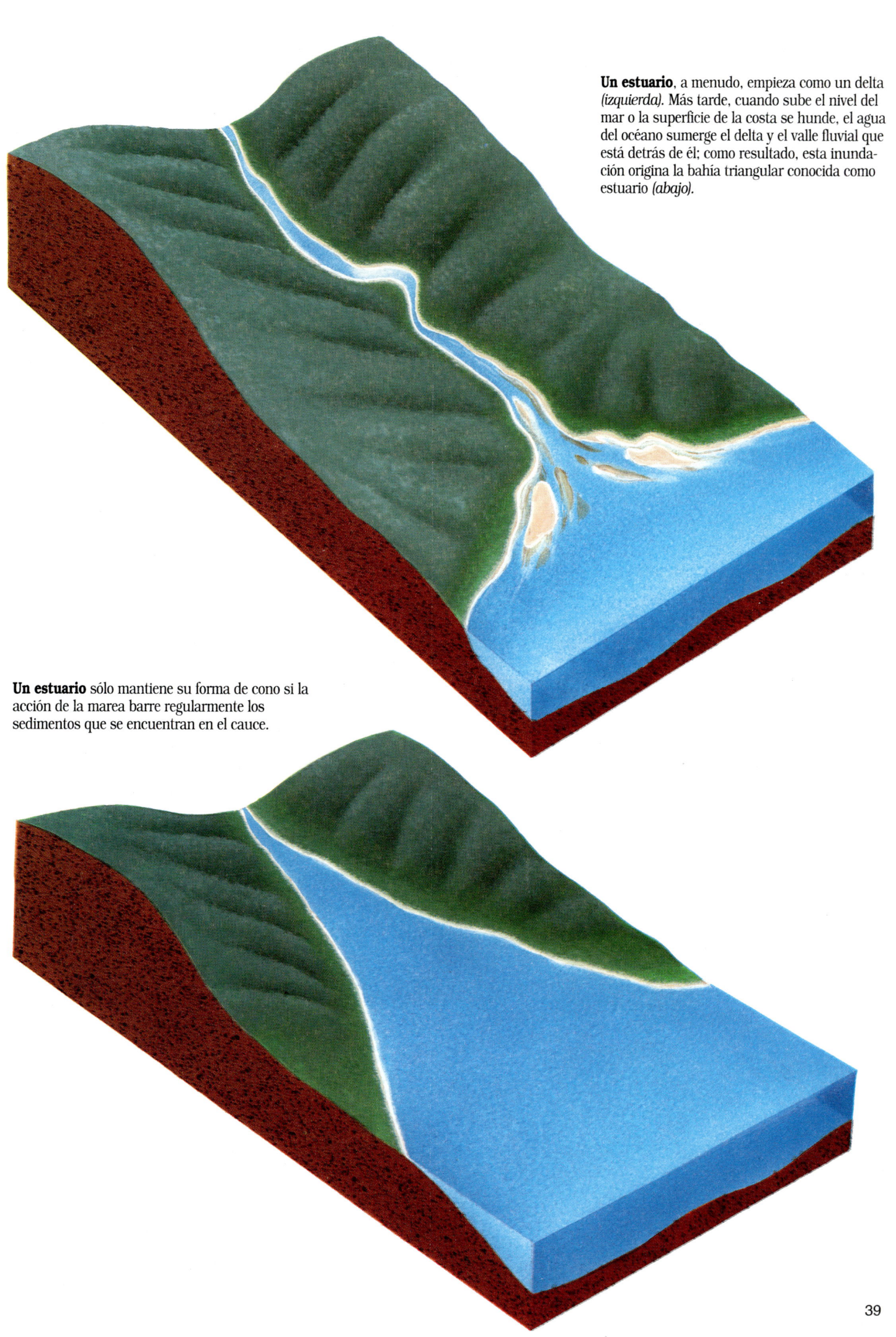

Un estuario, a menudo, empieza como un delta *(izquierda)*. Más tarde, cuando sube el nivel del mar o la superficie de la costa se hunde, el agua del océano sumerge el delta y el valle fluvial que está detrás de él; como resultado, esta inundación origina la bahía triangular conocida como estuario *(abajo)*.

Un estuario sólo mantiene su forma de cono si la acción de la marea barre regularmente los sedimentos que se encuentran en el cauce.

¿Por qué es importante el Rin?

En lo alto de los Alpes suizos, dos arroyos de montaña se unen para formar el Rin. Desde allí, el río fluye hacia el noroeste a través del corazón de la Europa occidental, limitando parte de las fronteras nacionales de Suiza, Liechtenstein, Austria, Francia y Alemania. A lo largo de su curso medio y bajo, el Rin atraviesa los grandes puertos industriales de Mannheim, Colonia y Duisburg, en Alemania. Finalmente, cerca del puerto neerlandés de Rotterdam, desemboca en el mar del Norte.

Enlazado por una red de ríos y canales *(derecha)* a puertos de seis países diferentes, el Rin se ha convertido en el primer canal interior navegable de Europa. Desde el este, el Rin recibe las aguas de los ríos Main, Neckar, Ruhr y Lippe; del oeste, recoge las aguas del Mosela. Unos canales conectan el Rin con los ríos Ródano, Ems, Weser, Elba y Danubio, y, a través de estos canales navegables está conectado con el mar Mediterráneo, el mar Báltico y el mar Negro.

El río Rin está abierto a barcos de todas las naciones. Navíos de hasta 5.000 toneladas se pueden aventurar río arriba hasta Basilea, Suiza, transportando carbón, minerales, cereales y productos derivados del petróleo. Barcos más grandes tienen acceso al puerto de Duisburg, la puerta del valle industrial del Ruhr, en Alemania, donde se fabrican productos químicos, textiles, hierro y acero.

Las barcazas navegan por el río Rin.

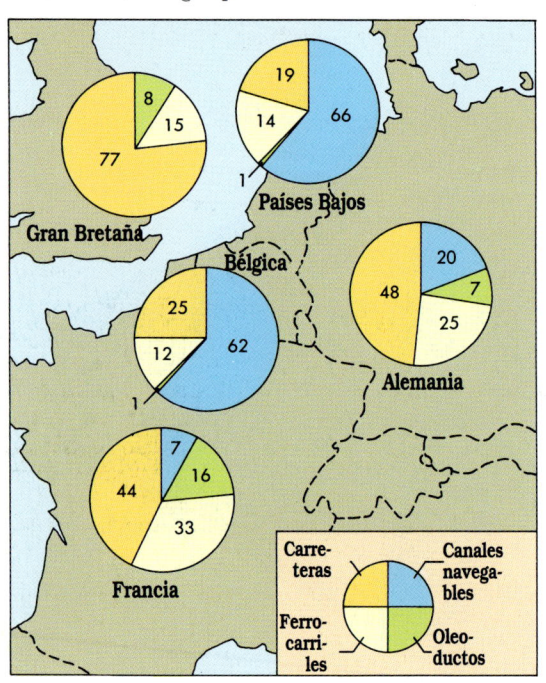

El ascendente y descendente mundo de las esclusas

Las esclusas de los canales son cámaras especiales que permiten navegar a los barcos mediante cambios de altura en el cauce del río. Las compuertas suben o bajan el nivel del agua de una esclusa, transportando por flotación el barco dentro de la esclusa hasta el siguiente nivel en el curso del río. En la fotografía inferior, dos barcos se encuentran en una esclusa del río Mosela, el cual canaliza el tráfico entre Alemania y Francia.

Cómo transporta Europa su carga

El transporte de mercancías por canales navegables sigue siendo el método preferido en Bélgica y Países Bajos, donde representa casi dos tercios del total *(izquierda)*. En Alemania y en Francia, los camiones transportan casi la mitad de las mercancías, pero el transporte por canales se mantiene a gran volumen por el río Rin.

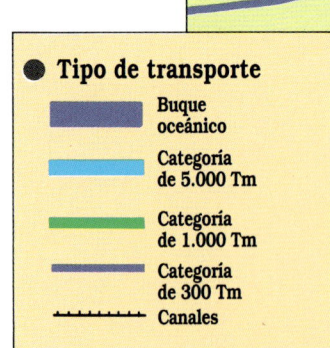

● **Tipo de transporte**

- Buque oceánico
- Categoría de 5.000 Tm
- Categoría de 1.000 Tm
- Categoría de 300 Tm
- Canales

¿Cómo se forman los glaciares?

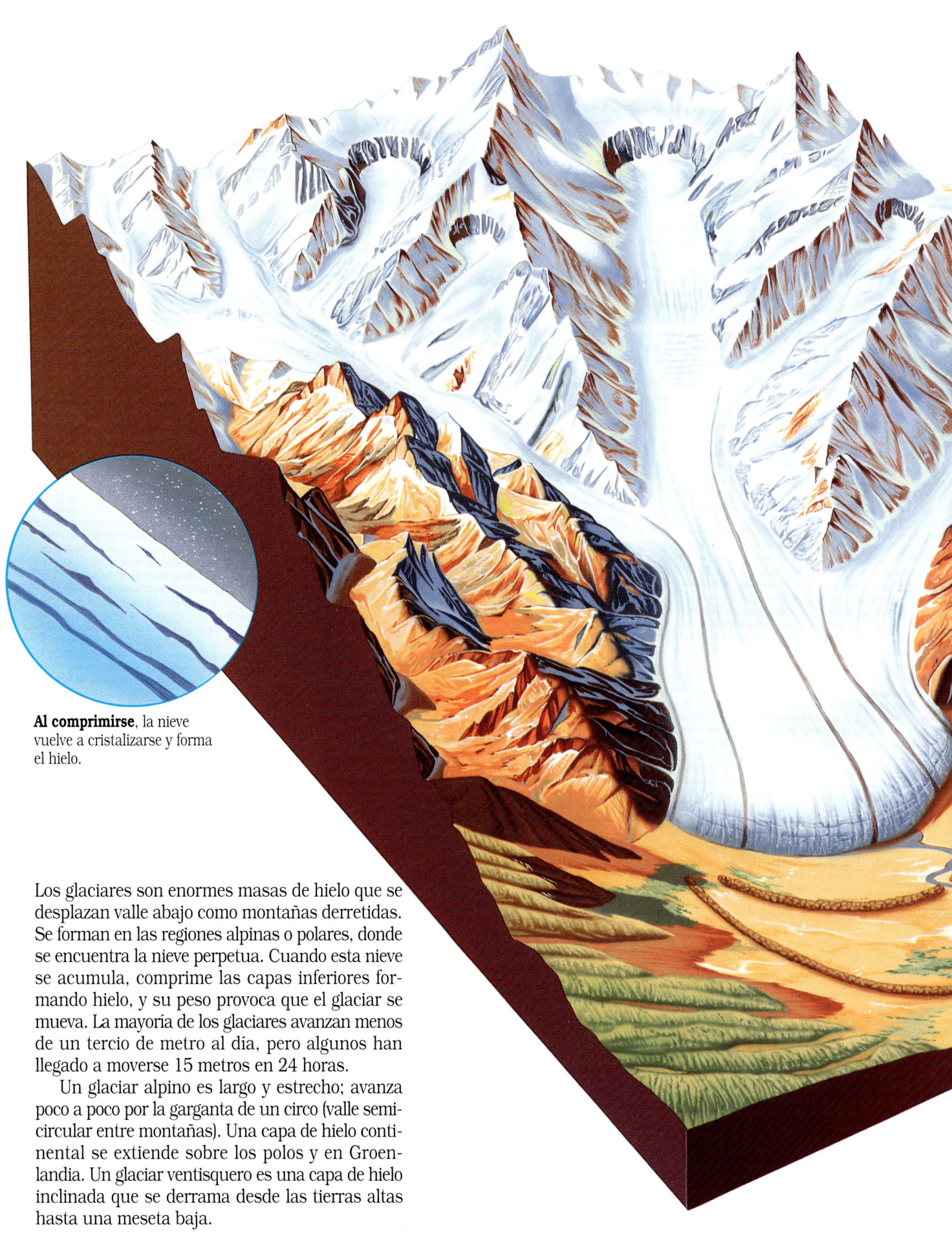

Al comprimirse, la nieve vuelve a cristalizarse y forma el hielo.

Los glaciares son enormes masas de hielo que se desplazan valle abajo como montañas derretidas. Se forman en las regiones alpinas o polares, donde se encuentra la nieve perpetua. Cuando esta nieve se acumula, comprime las capas inferiores formando hielo, y su peso provoca que el glaciar se mueva. La mayoría de los glaciares avanzan menos de un tercio de metro al día, pero algunos han llegado a moverse 15 metros en 24 horas.

Un glaciar alpino es largo y estrecho; avanza poco a poco por la garganta de un circo (valle semicircular entre montañas). Una capa de hielo continental se extiende sobre los polos y en Groenlandia. Un glaciar ventisquero es una capa de hielo inclinada que se derrama desde las tierras altas hasta una meseta baja.

Dinámica del glaciar

En la zona de acumulación, la nieve y el hielo se amontonan más rápidamente de lo que se derriten. En la zona de ablación, la fusión de la nieve es superior a la acumulación. Las grietas y fisuras se forman cuando el glaciar se desplaza hacia abajo bruscamente en el lecho de la roca subyacente.

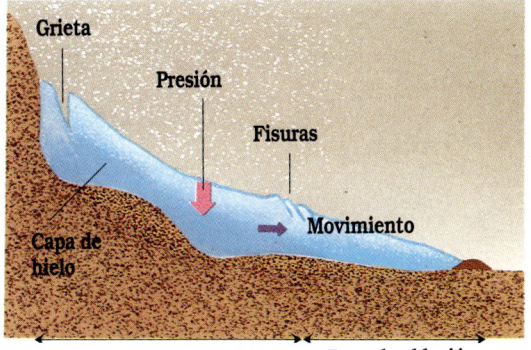

1 Los glaciares se forman en las regiones donde la nieve se acumula más rápidamente de lo que se derrite. Alimentado por vientos fríos cargados de humedad (*flecha azul, derecha*), un glaciar amontona capas de nieve que se comprimen y forman hielo.

Formación

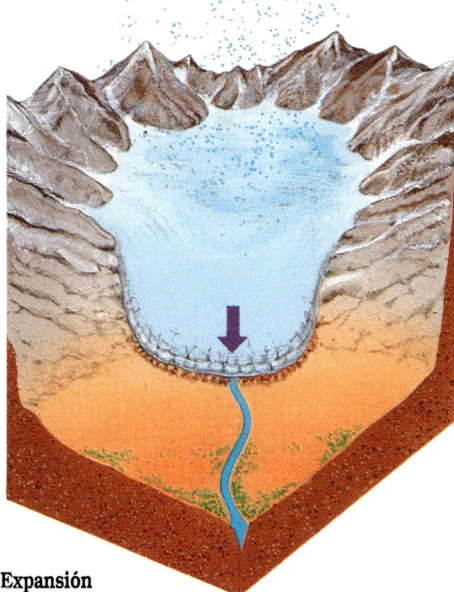

2 Sometido a la fuerza de gravedad que actúa por su propio peso, el hielo del glaciar comienza a deslizarse colina abajo. Si avanza más rápidamente de lo que se funde, cubre el valle que está debajo.

Expansión

Retroceso

4 Decenas o cientos de miles de años después de que se formara un glaciar, éste empieza a derretirse más rápidamente de lo que puede moverse y comienza a retroceder hacia el valle.

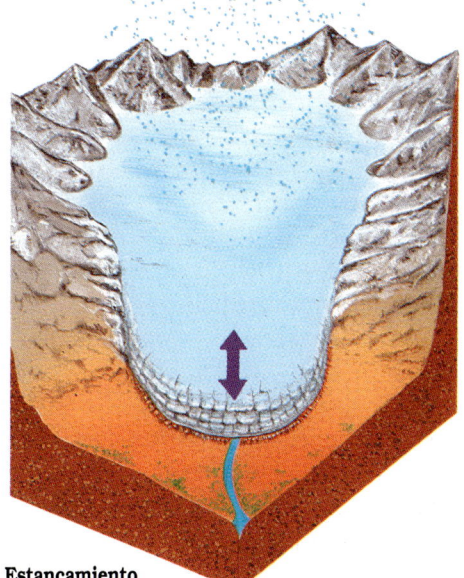

3 En un momento dado, la cantidad del glaciar que se derrite es igual a la que se desliza hacia abajo, y el gigante de hielo parece que se detiene en su trayectoria. Aunque en realidad el glaciar está en continuo movimiento, su avance ha sido contrarrestado, por lo tanto su parte final parece estática.

Estancamiento

¿Qué formas de relieve crean los glaciares?

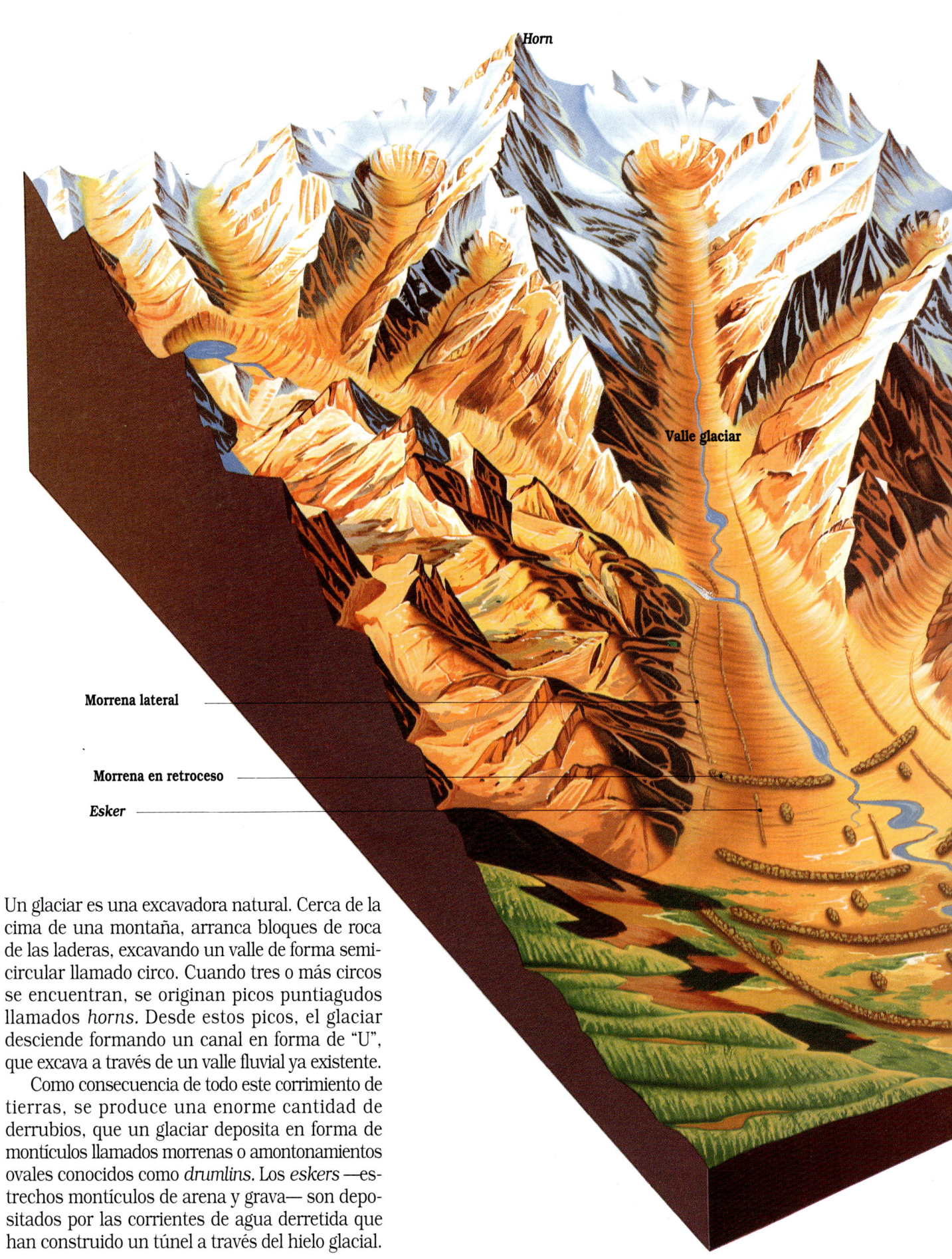

Un glaciar es una excavadora natural. Cerca de la cima de una montaña, arranca bloques de roca de las laderas, excavando un valle de forma semicircular llamado circo. Cuando tres o más circos se encuentran, se originan picos puntiagudos llamados *horns*. Desde estos picos, el glaciar desciende formando un canal en forma de "U", que excava a través de un valle fluvial ya existente.

Como consecuencia de todo este corrimiento de tierras, se produce una enorme cantidad de derrubios, que un glaciar deposita en forma de montículos llamados morrenas o amontonamientos ovales conocidos como *drumlins*. Los *eskers* —estrechos montículos de arena y grava— son depositados por las corrientes de agua derretida que han construido un túnel a través del hielo glacial.

Cómo evolucionan las formas de relieve glaciar

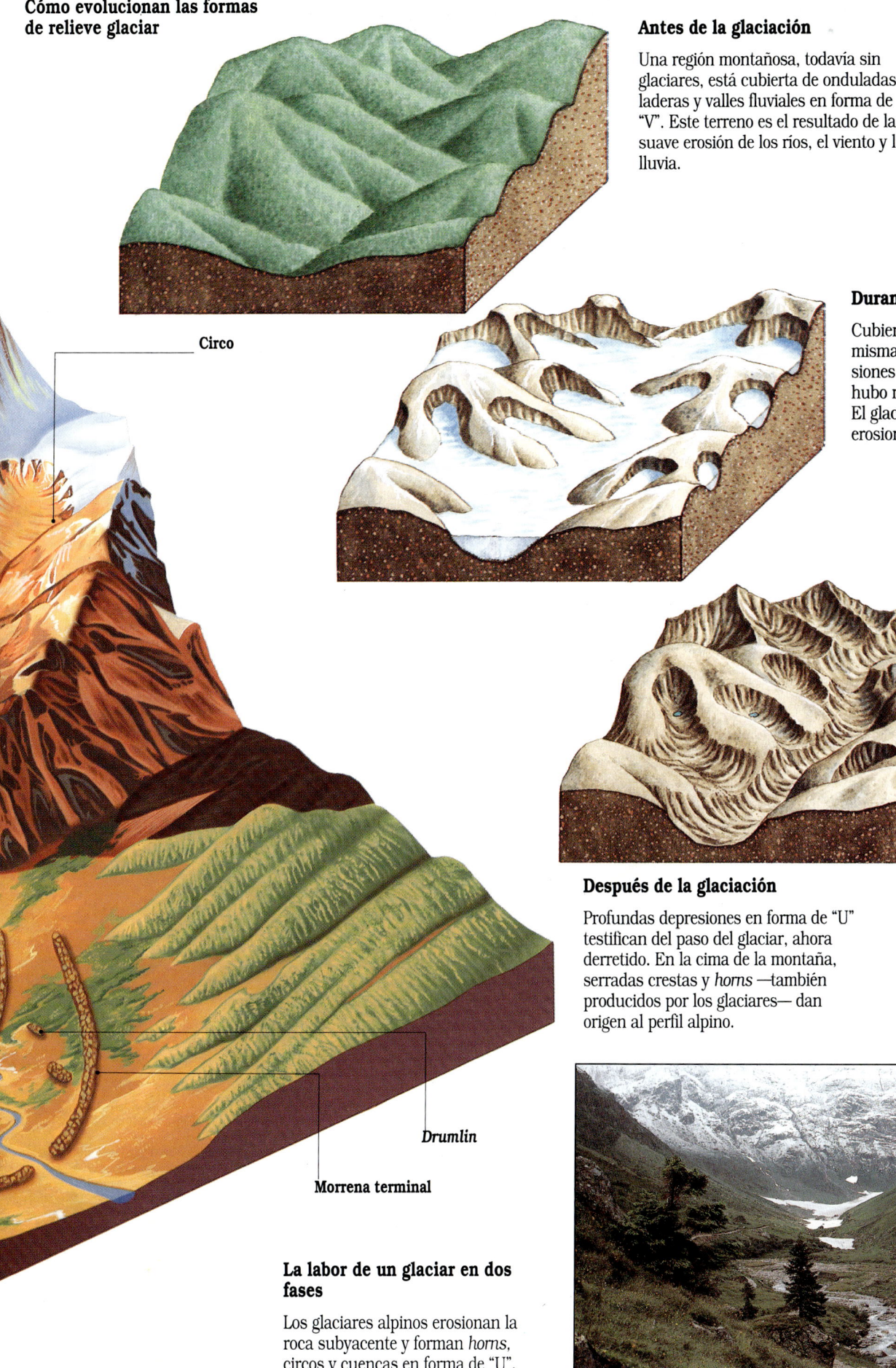

Antes de la glaciación

Una región montañosa, todavía sin glaciares, está cubierta de onduladas laderas y valles fluviales en forma de "V". Este terreno es el resultado de la suave erosión de los ríos, el viento y la lluvia.

Durante la glaciación

Cubierta de hielo glaciar, la misma región presenta depresiones afiladas donde antes hubo redondeadas montañas. El glaciar avanza cuesta abajo, erosionando la roca a su paso.

Después de la glaciación

Profundas depresiones en forma de "U" testifican del paso del glaciar, ahora derretido. En la cima de la montaña, serradas crestas y *horns* —también producidos por los glaciares— dan origen al perfil alpino.

La labor de un glaciar en dos fases

Los glaciares alpinos erosionan la roca subyacente y forman *horns*, circos y cuencas en forma de "U". Más tarde, redistribuyen los derrubios sobrantes en morrenas, *eskers* y *drumlins*.

Un arroyo serpentea a través de una depresión glaciar en los Alpes austríacos.

¿Son iguales todas las morrenas?

Toneladas de fragmentos de roca, desde partículas de arcilla hasta bloques de piedra del tamaño de un autobús, son arrastradas por el hielo en movimiento de un glaciar. Cuando un glaciar retrocede hacia un valle montañoso, esparce todos estos derrubios rocosos en forma de morrenas o depósitos glaciares de diferente tipo y tamaño.

Los escombros transportados en la base del glaciar se depositan en una morrena de fondo, un manto rocoso que cubre el suelo. Los trozos de roca atrapados entre el glaciar y las laderas del valle son depositados en cualquiera de los dos lados, en largas bandas conocidas como morrenas laterales. Frecuentemente, un rastro rocoso llamado morrena mediana marca el centro del curso del glaciar a través del valle; se forma cuando dos glaciares más pequeños se unen, derrumbando la roca que los separaba.

Las piedras y los bloques, empujados más allá del extremo delantero glaciar, se depositan en un montículo curvo llamado morrena terminal. Esta morrena señala la extensión del avance del glaciar en el valle. Las morrenas de retroceso, más pequeñas, muestran dónde se detuvo el glaciar durante el deshielo.

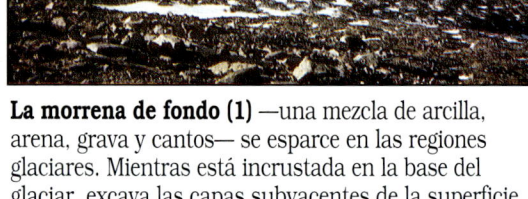

La morrena de fondo (1) —una mezcla de arcilla, arena, grava y cantos— se esparce en las regiones glaciares. Mientras está incrustada en la base del glaciar, excava las capas subyacentes de la superficie y del lecho de roca.

Una morrena de retroceso (2) es un montículo de derrubios depositados por un glaciar durante una breve pausa en su deshielo.

Una morrena terminal (3) marca el límite hasta dónde llegó el glaciar en su máximo avance. Tales morrenas, depositadas en forma de arcos o medias lunas, están compuestas de material rocoso arrastrado por el glaciar.

Una morrena lateral (4) contiene derrubios rocosos que el glaciar arrancó en la ladera del valle. Cuando dos glaciares confluyen, sus morrenas laterales se unen y forman una morrena mediana.

¿Cómo se formaron los Grandes Lagos?

A ambos lados de la frontera entre Estados Unidos y Canadá se encuentra la formación de lagos de agua dulce más grande del mundo. Las cuencas de estas enormes masas de agua, a las que acertadamente se les llama Grandes Lagos, fueron excavadas por una colosal capa de hielo que antaño dominó gran parte de Norteamérica.

Hace alrededor de 250.000 años, la región ahora ocupada por los Grandes Lagos era una llanura baja. Por ella avanzó un glaciar continental, excavando depresiones en los frágiles sedimentos de la zona. Sucesivas glaciaciones —entre ellas una reciente hace 30.000 años— ahondaron y agrandaron estas depresiones. Hace unos 14.000 años, cuando la capa de hielo empezó su retroceso, el agua derretida llenó las cuencas dando origen a lo que luego serían los Grandes Lagos. Geológicamente recientes, los Grandes Lagos adquirieron su forma actual hace apenas 10.000 años.

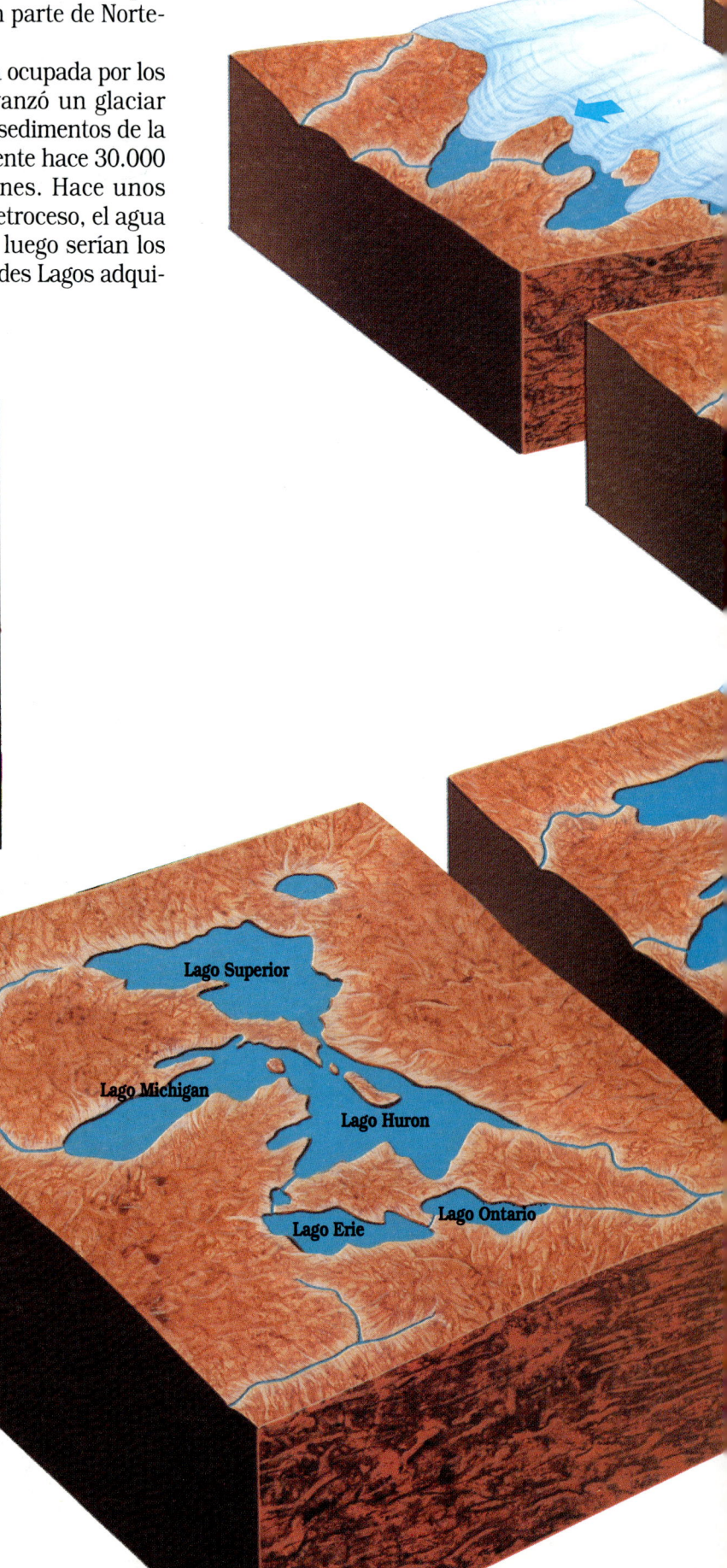

Hace 13.000 años. En las inmediaciones de Port Huron, los glaciares avanzan de nuevo, cubriendo lo que sería el lago Superior.

Esculpidos por los glaciares durante un período de más de 30.000 años, en la actualidad los Grandes Lagos cubren 246.000 kilómetros cuadrados.

Hace 5.000 años. Los glaciares han retrocedido completamente, pero las cuencas de los lagos no han acabado de separarse todavía. Por ejemplo, los lagos Michigan y Huron forman una masa de agua única y comunicada. Durante los siguientes 5.000 años, más o menos, al retroceder las regiones heladas, fueron tomando forma los contornos actuales de los Grandes Lagos.

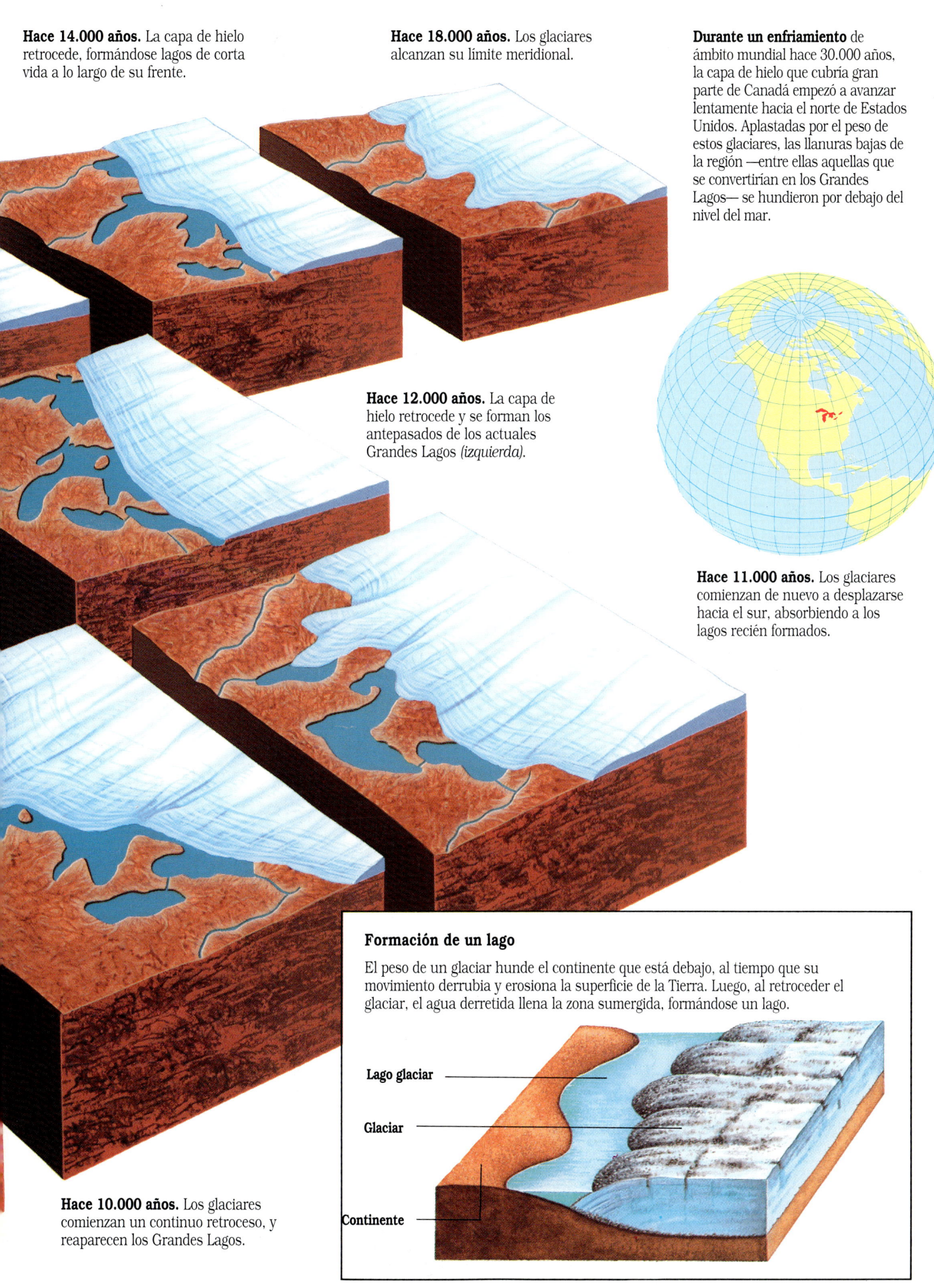

¿Cambiaron la Tierra los períodos glaciares?

A lo largo de la historia de la Tierra, los cambios en la órbita del planeta alrededor del Sol provocaron épocas glaciares. En cada época, existieron glaciaciones —períodos en los que se extienden las capas de hielo— e interglaciaciones —períodos en que las capas de hielo retroceden—.

La época glaciar más reciente, que tuvo lugar en el Pleistoceno, constó de cuatro importantes glaciaciones. Cada uno de estos períodos originó profundos cambios climatológicos que provocaron alteraciones globales en el nivel del mar, en las zonas de vegetación y en la topografía *(abajo)*.

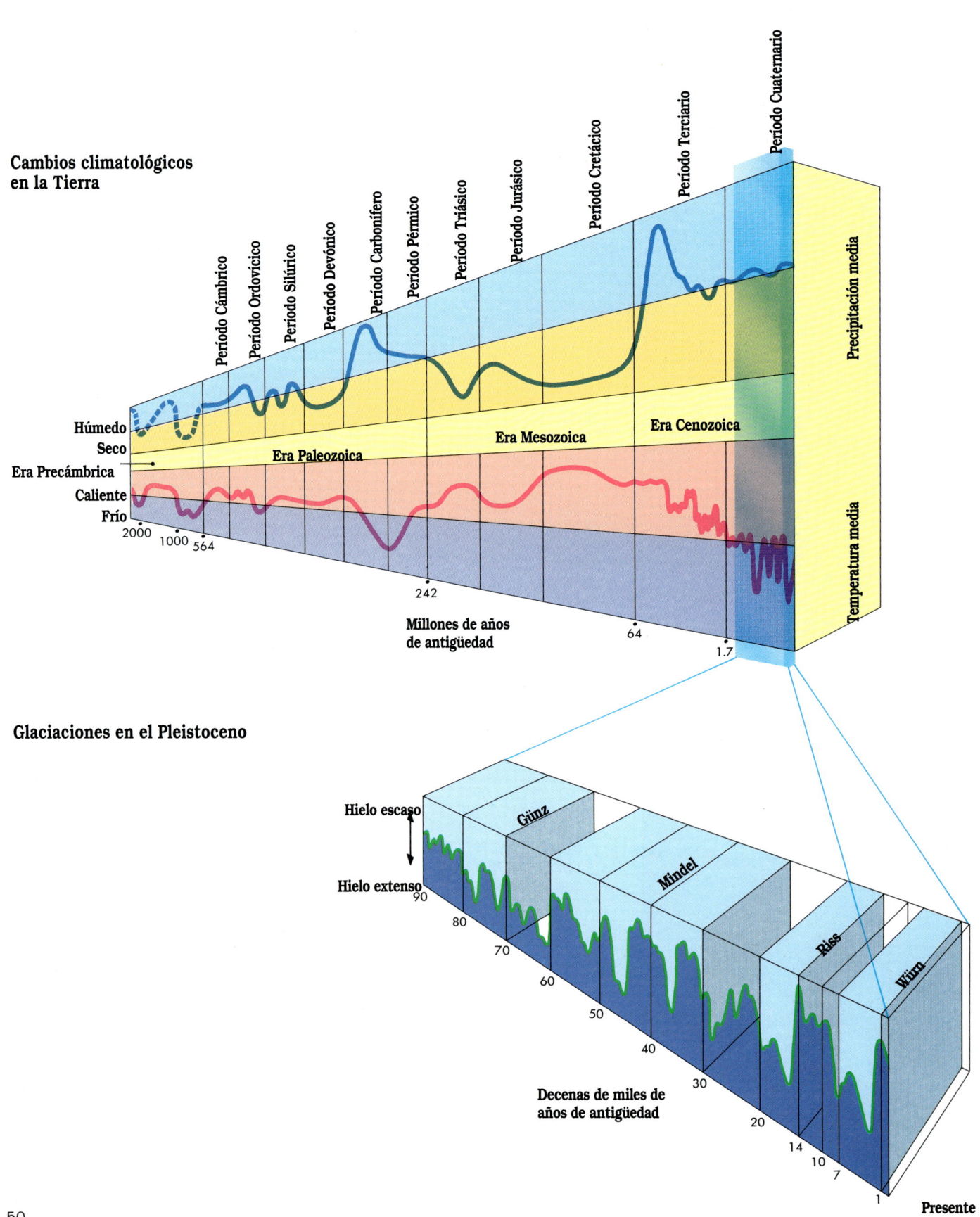

La transformación en un período glaciar

El desierto de Gobi, en el noreste de Asia —un terreno considerablemente árido hoy en día *(derecha)*—, fue una meseta cubierta de árboles *(izquierda)* durante la glaciación de Würn de hace 70.000 a 20.000 años.

El corazón del desierto de Gobi está formado por arena y grava.

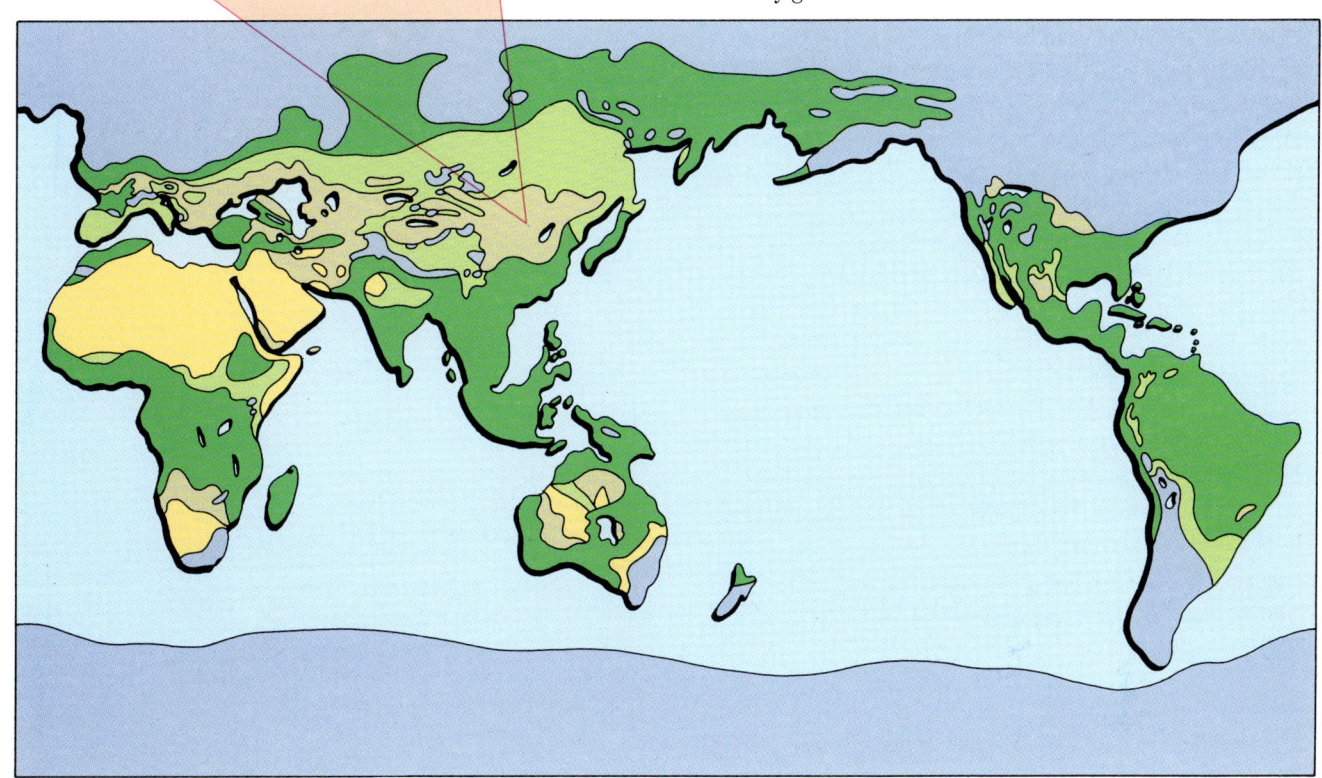

Cambios efectuados por el hielo

Durante las últimas glaciaciones globales de la Tierra que acabaron hace unos 20.000 años, las capas de hielo polar se expandieron *(arriba)*: en el hemisferio Sur, los glaciares llegaron tan al norte como Perú; y en el hemisferio Norte, se extendieron hasta el noroeste de Estados Unidos y el norte de Europa.

- Capa de hielo
- Desierto árido o tundra
- Estepas semiáridas
- Sabana o pradera
- Bosque

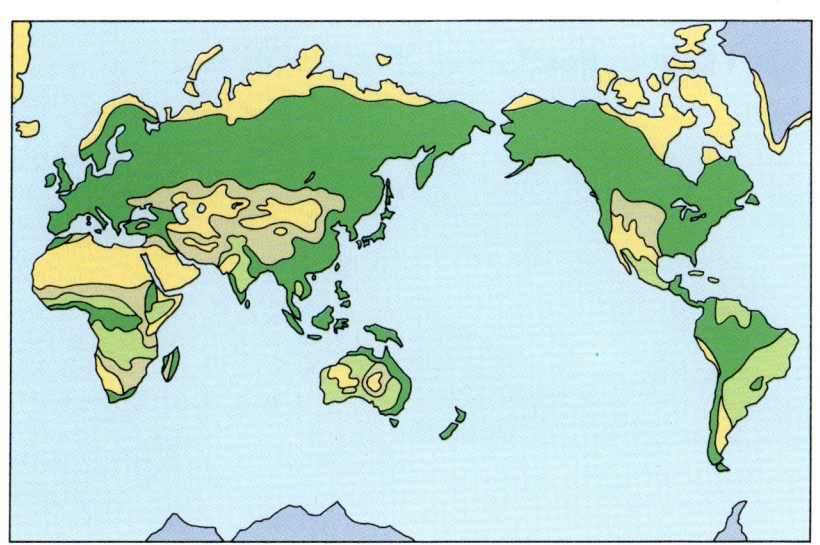

Después del deshielo

Desde que las capas de hielo retrocedieron, los bosques templados han recuperado las latitudes más altas, dejando las altitudes medias a los desiertos y a las áridas praderas.

¿Qué hay debajo de la Antártida?

La Antártida es el continente más grande y más frío. Está cubierto por 30 millones de kilómetros cúbicos de hielo aproximadamente. Este casquete glaciar, que contiene más del 50 % del agua dulce del mundo, cubre el 99 % de la Antártida. Solamente las montañas más altas del continente atraviesan el escudo de hielo.

Las cadenas montañosas antárticas dividen el continente en dos regiones *(derecha)*. La más extensa, la Antártida Oriental, abarca la parte central del continente: una meseta helada y desolada que se encuentra enterrada debajo de 2.750 a 3.000 metros de hielo. La Antártida Occidental, la menor de las dos regiones, parece una masa sólida de tierra; sin embargo, está formada por una serie de islas montañosas escondidas bajo un manto de hielo de hasta 4.300 metros de espesor.

Los científicos especulan que si desapareciera la capa de hielo sobre la Antártida, el continente podría elevarse 800 metros. Esta elevación sería sobrepasada con creces por el aumento del nivel del mar causado al derretirse el hielo. Libre de las espesas capas de hielo, la Antártida Occidental quedaría por debajo del nivel del mar; no obstante el continente, en conjunto, permanecería tan alto como Asia, el segundo más alto. Sin embargo, debido al clima de la región, es poco probable que el hielo desaparezca pronto. En esta zona polar, en donde el Sol permanece por debajo del horizonte durante meses, la temperatura media diaria es de –51° C.

Observación a través del hielo

En la Antártida, los científicos utilizan el radar para trazar un mapa del zócalo rocoso que está debajo del hielo. Parte del haz del radar se refleja desde la superficie, la otra parte penetra en el hielo y rebota desde el lecho de roca. El intervalo de tiempo entre el retorno de los dos haces revela el espesor del hielo y los contornos del suelo que está debajo.

El perfil de un continente

Despojada de su capa de hielo *(arriba y abajo)*, solamente el 60 % de la Antártida estaría por encima del nivel del mar actual.

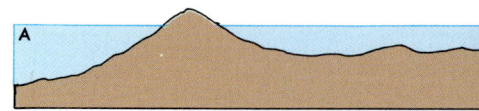

Serradas montañas se elevan desde el mar en la costa de la Antártida, el continente más frío y alto de la Tierra. En el interior, las montañas alcanzan los 5.000 metros.

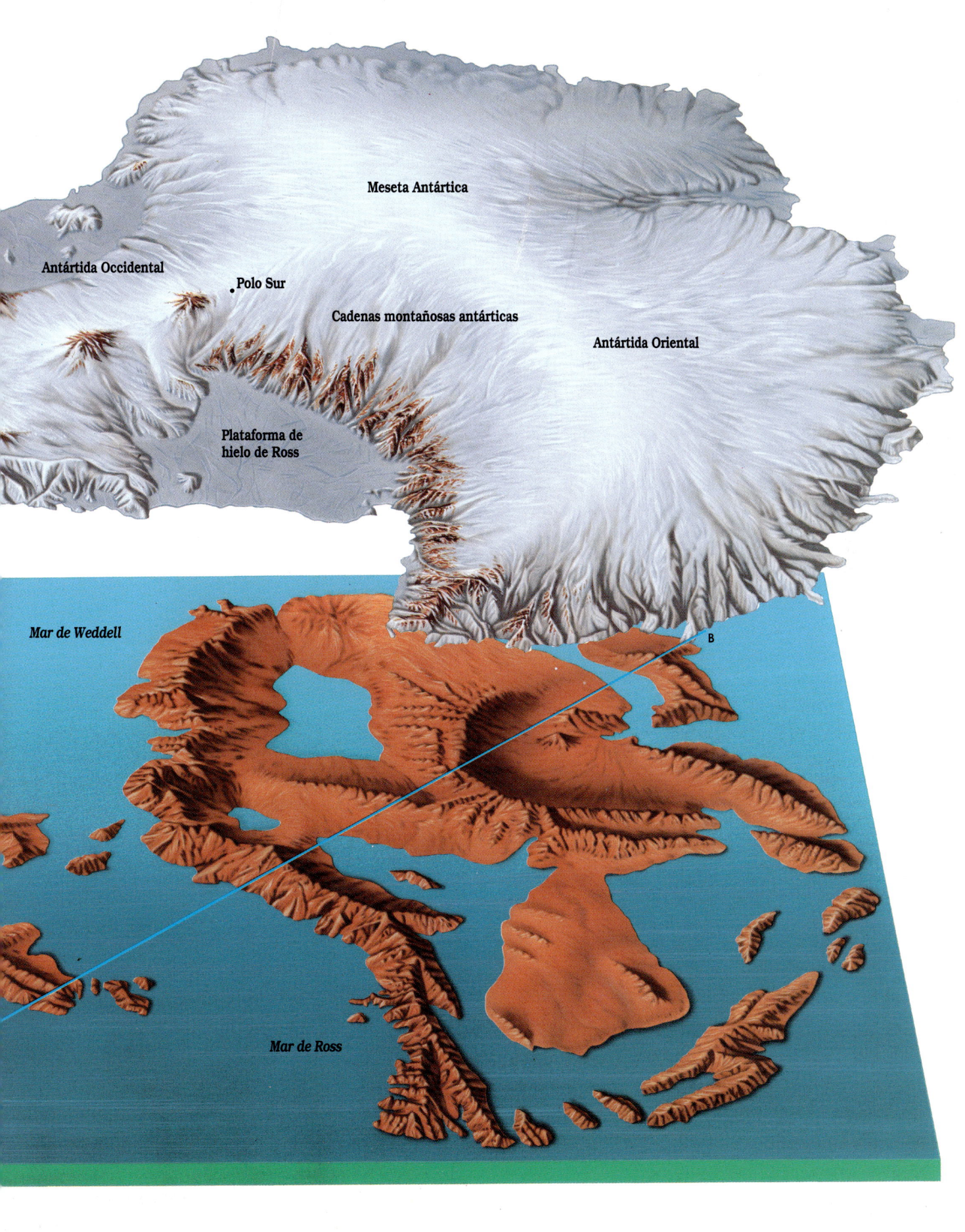

3
El agua subterránea y los lagos

Por debajo de la superficie de la Tierra, entre las capas de suelo y roca, yace una vasta red de grietas, poros y cavidades llenas de agua. Muy parecida a los ríos y corrientes de la superficie, esta red subterránea forma una parte importante del sistema de drenaje de la Tierra. Al actuar como una esponja gigante subterránea, este sistema absorbe y libera lentamente el agua de la lluvia y de la nieve derretida. Aunque escondida a la vista, el agua subterránea está estrechamente vinculada a la vida en la superficie. Los recursos subterráneos suministran un continuo manantial de agua, incluso en los meses secos, ya que rezuma en ríos, lagos o pantanos, o brota en forma de fuentes frías o calientes. En el desierto, el agua subterránea alimenta algún oasis ocasional, haciendo posible la vida en el más árido de los climas. En las regiones donde predomina la roca caliza, el agua subterránea es un escultor que disuelve el lecho de roca, formando grandes cavernas, pozos y valles.

Durante milenios, la gente ha sacado el agua subterránea de las fuentes y pozos para utilizarla según sus necesidades, que van desde el agua potable al riego. Pero igual que los otros manantiales acuíferos, el agua subterránea fácilmente puede ser contaminada y malgastada. En muchas zonas, los contaminantes químicos se han infiltrado en el suministro de agua subterránea, envenenándolo. En otros lugares, el bombeo ha sobrepasado el nivel en el que el agua se puede reponer. En consecuencia, el suministro de agua subterránea se ha reducido gravemente. Con un constante crecimiento de la población mundial, la demanda de agua continúa creciendo, y este recurso debe ser protegido de los contaminantes y del consumo excesivo.

Un mundo de belleza única se despliega en el interior de una oscura cueva caliza, formada por el incesante fluir del agua subterránea. Aquí, en la cueva Akiyoshi, en Japón, unos estanques colocados en terrazas llamados los Cien Platos parecen esculturas de piedra líquida.

¿Qué hace que fluya el agua subterránea?

La gravedad provoca el movimiento del agua subterránea. Cuando la lluvia se filtra en el suelo, la gravedad hace que penetre hasta alcanzar un nivel donde el agua llena todos los espacios del suelo y de la roca subyacente. Una vez que esta zona está llena, se dice que se encuentra totalmente saturada, y a su capa superficial se le llama nivel freático. En climas húmedos, este nivel puede estar sólo a unos metros de la superficie; en regiones secas puede encontrarse a cientos de metros. La gravedad continúa actuando sobre el agua subterránea en la zona saturada, empujándola desde lugares de gran elevación, como en las colinas, a otros más bajos, como en los valles.

A cualquier estrato rocoso que contenga agua, y que sin embargo la deje fluir, se le llama acuífero. No todos los estratos rocosos permiten que el agua fluya a través de ellos; algunos son impermeables. Cuando al filtrarse hacia abajo se encuentra con uno de estos estratos, el agua se acumula en la parte superior, formando una zona llamada agua subterránea colgada (o capa artesiana acuífera). Un acuífero también puede quedar encerrado entre dos estratos impermeables, provocando que la presión aumente en las secciones bajas debido al peso del agua. El agua subterránea siempre está en movimiento, con una velocidad media que varía entre un centímetro y varios metros al día.

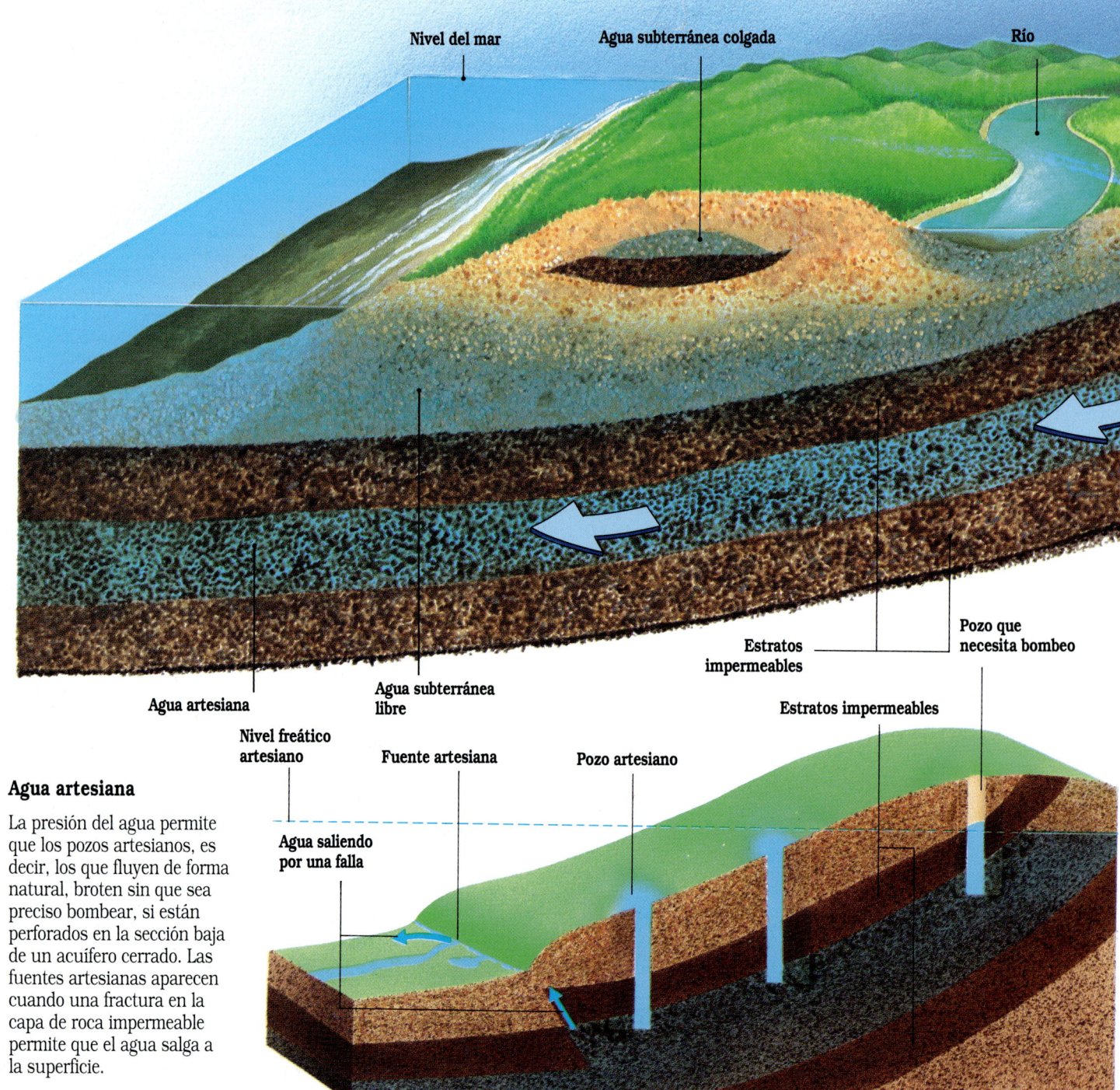

Agua artesiana

La presión del agua permite que los pozos artesianos, es decir, los que fluyen de forma natural, broten sin que sea preciso bombear, si están perforados en la sección baja de un acuífero cerrado. Las fuentes artesianas aparecen cuando una fractura en la capa de roca impermeable permite que el agua salga a la superficie.

El flujo de agua subterránea

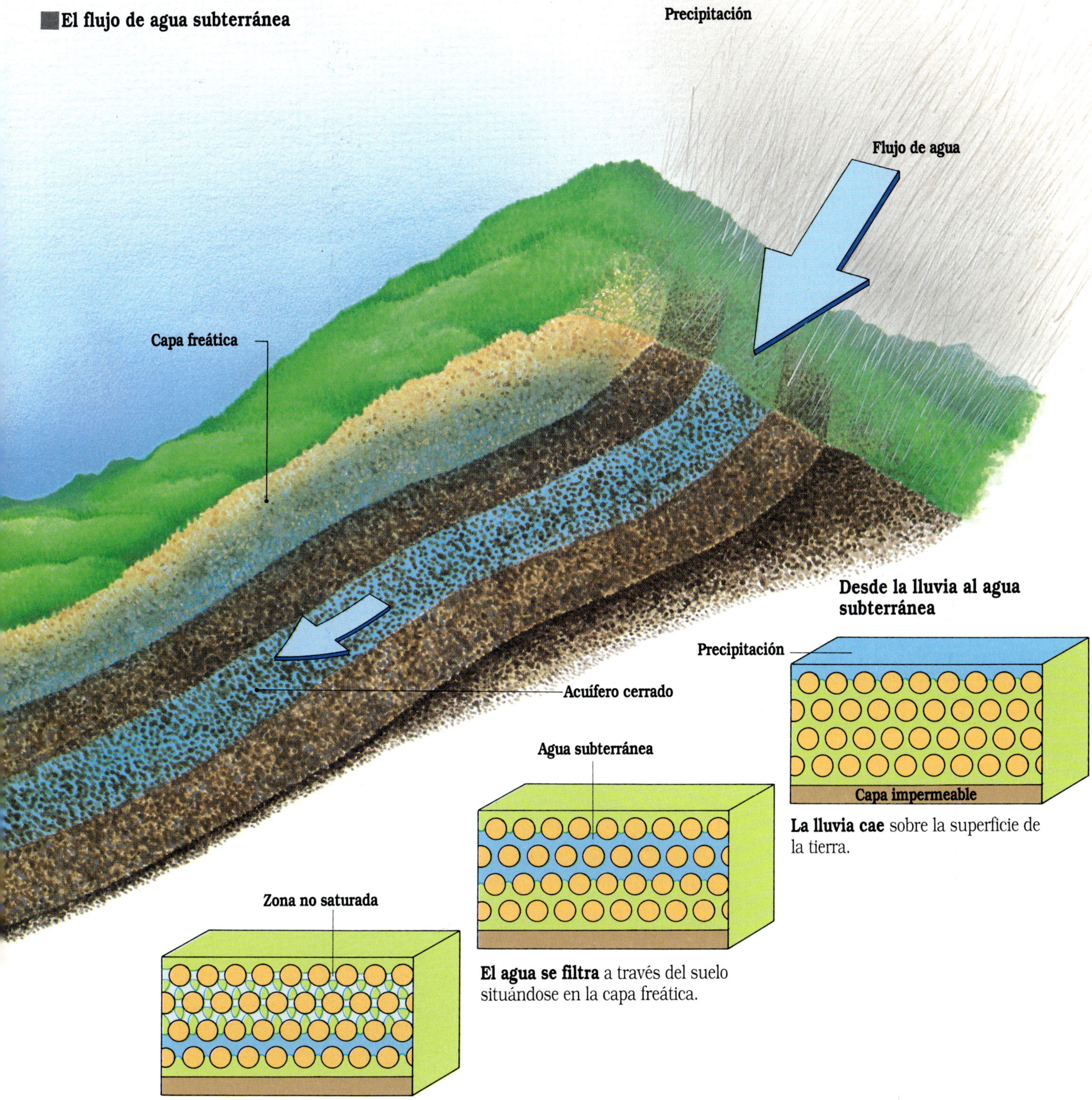

Precipitación

Flujo de agua

Capa freática

Acuífero cerrado

Desde la lluvia al agua subterránea

Precipitación

Capa impermeable

La lluvia cae sobre la superficie de la tierra.

Agua subterránea

El agua se filtra a través del suelo situándose en la capa freática.

Zona no saturada

El agua se acumula en un acuífero, encima de la capa impermeable.

Los ríos y el agua subterránea

En las regiones secas, donde la capa freática se encuentra a mucha profundidad, los ríos y las corrientes pierden mucha de su agua al alimentar el sistema de agua subterránea. En cambio, en zonas de mucha lluvia, la capa freática a menudo está a la altura o por encima del nivel del río, y por lo tanto el agua subterránea alimenta el sistema del río.

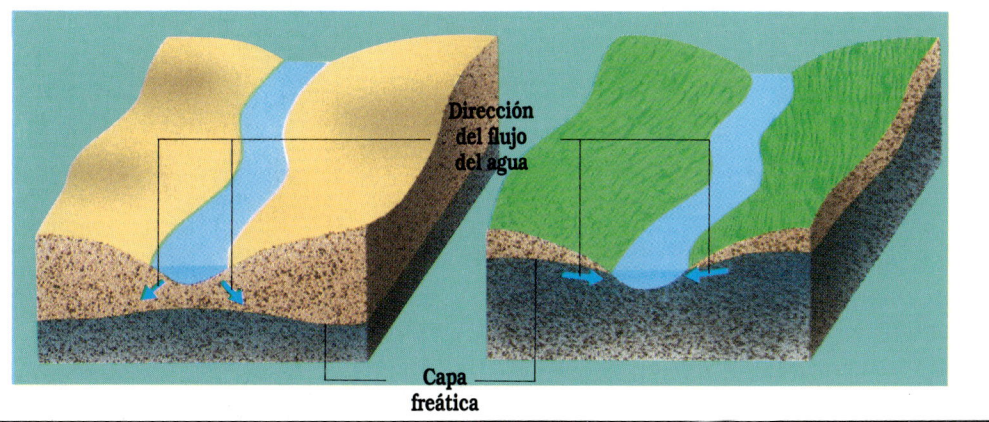

Dirección del flujo del agua

Capa freática

¿Cómo modela el agua subterránea el terreno?

En terrenos donde la piedra caliza forma el lecho de roca, el agua subterránea puede jugar un papel decisivo en la configuración del paisaje al disolver la roca a través de la cual fluye. Por lo general, el movimiento del agua subterránea es demasiado lento para desgastar la roca de la misma manera que un río erosiona sus riberas. Pero cuando el agua de lluvia se mezcla con el dióxido de carbono del aire o del suelo, se convierte de un modo natural en ácido y ataca y disuelve la piedra caliza. En la superficie, aparecen grandes surcos y sumideros, depresiones en forma de pozos, donde el agua subterránea ha disuelto la roca inferior. Por debajo de la superficie, el agua subterránea desgasta diaclasas y fracturas, esculpiendo numerosas cuevas. En los lugares donde tales características son normales, el paisaje es conocido como topografía cárstica. Los *karsts* se desarrollan lentamente durante miles de años, formándose mejor en climas cálidos y húmedos, donde el flujo de agua subterránea es abundante. A pesar de las copiosas lluvias en las regiones cársticas, estos terrenos rara vez mantienen alguna corriente de cierta longitud. En su lugar, una buena parte del agua de lluvia se convierte rápidamente en agua subterránea, desapareciendo a menudo en sumideros. Se puede encontrar terreno cárstico bien desarrollado en el sur de China, la península del Yucatán, en México, y en el estado de Kentucky, en Estados Unidos.

La erosión por agua subterránea ha formado una gran meseta cárstica. Sumideros y afloramientos de piedra caliza dan al terreno ese suave aspecto ondulante, mientras que cavernas que no se ven carcomen el lecho de roca debajo.

Karrens

Valle de fondo plano

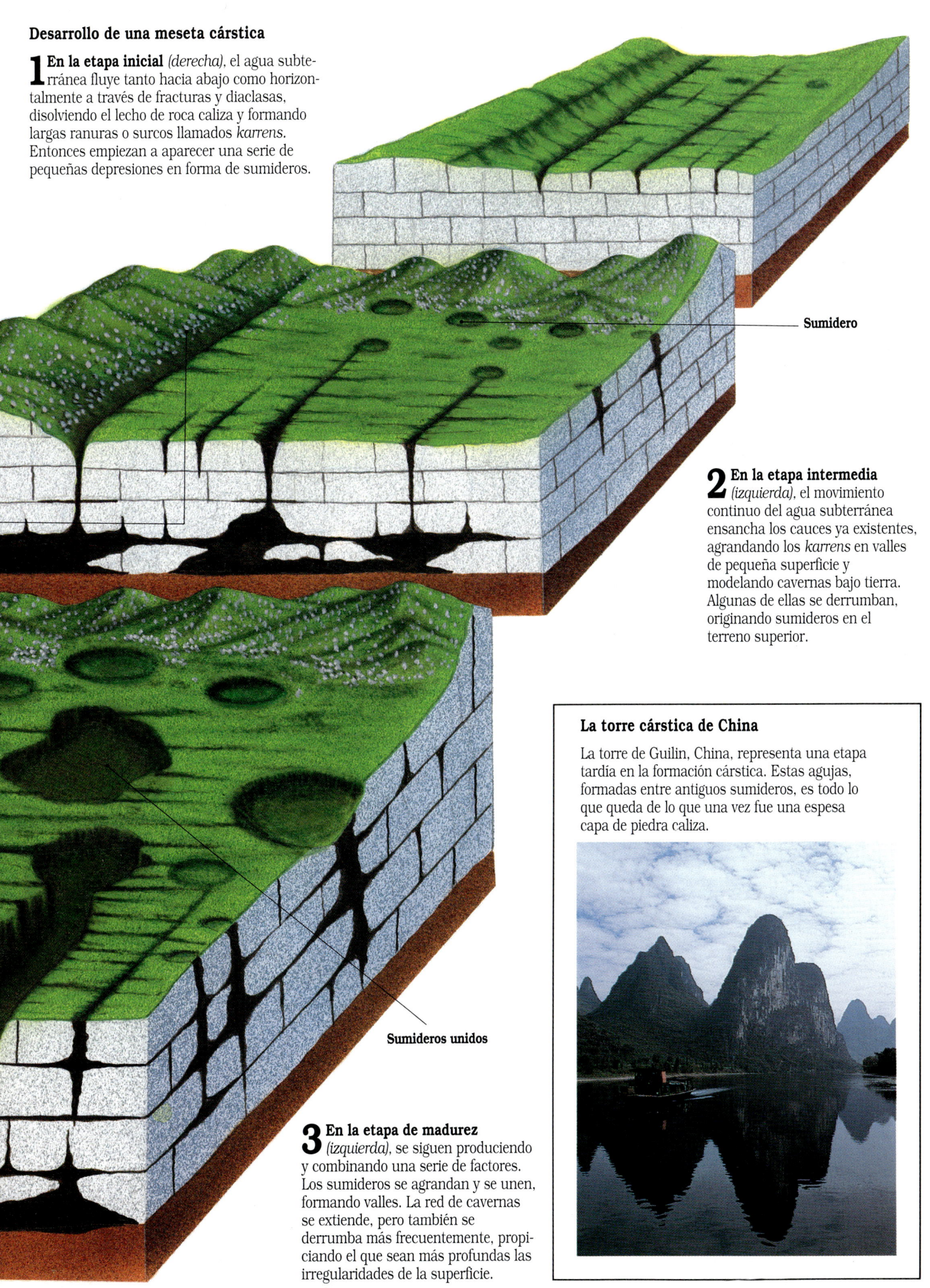

Desarrollo de una meseta cárstica

1 **En la etapa inicial** *(derecha)*, el agua subterránea fluye tanto hacia abajo como horizontalmente a través de fracturas y diaclasas, disolviendo el lecho de roca caliza y formando largas ranuras o surcos llamados *karrens*. Entonces empiezan a aparecer una serie de pequeñas depresiones en forma de sumideros.

Sumidero

2 **En la etapa intermedia** *(izquierda)*, el movimiento continuo del agua subterránea ensancha los cauces ya existentes, agrandando los *karrens* en valles de pequeña superficie y modelando cavernas bajo tierra. Algunas de ellas se derrumban, originando sumideros en el terreno superior.

La torre cárstica de China

La torre de Guilin, China, representa una etapa tardía en la formación cárstica. Estas agujas, formadas entre antiguos sumideros, es todo lo que queda de lo que una vez fue una espesa capa de piedra caliza.

Sumideros unidos

3 **En la etapa de madurez** *(izquierda)*, se siguen produciendo y combinando una serie de factores. Los sumideros se agrandan y se unen, formando valles. La red de cavernas se extiende, pero también se derrumba más frecuentemente, propiciando el que sean más profundas las irregularidades de la superficie.

¿Cómo se forman las cuevas de piedra caliza?

Las cuevas de piedra caliza se forman en dos estadios distintos. En la primera etapa, el flujo del agua subterránea ligeramente ácida disuelve el lecho de roca de piedra caliza a lo largo de grietas y fracturas. El flujo del agua excava los complejos túneles, pasillos y salas que forman la cueva propiamente dicha. Esto tiene lugar por debajo del nivel freático, por lo tanto los pasillos de la cueva se inundan durante este proceso. Más tarde, si el nivel freático desciende y la caverna se seca, empieza la segunda etapa del desarrollo de la cueva. El agua subterránea que rezuma dentro de la cueva lleva disuelta piedra caliza del lecho de roca superior. Cuando esta agua rica en mineral se encuentra con el aire de la cueva y empieza a evaporarse, deposita su cargamento de piedra caliza disuelta, construyendo, gota a gota, una serie de formas fantásticas. Estalactitas, estalagmitas, colgaduras, columnas y estanques colgados en terrazas son solamente algunas de las formaciones que confieren a la cueva su misteriosa belleza.

Interior de una cueva de piedra caliza

Una columna se forma donde se juntan una estalactita y una estalagmita.

Los estanques colgados en terrazas se forman al fluir el agua a través de superficies inclinadas.

Las estalactitas (1) se forman donde el agua subterránea gotea a través de las grietas del techo de la cueva. Cada gota deja un residuo de calcita —piedra caliza disuelta— que se acumula lentamente, alargándose hacia abajo como un carámbano. Tales estructuras tardan siglos en construirse. Una manera fácil de recordar las estalactitas es con la frase: "Las estalactitas cuelgan de arriba abajo con mucho desparpajo."

Las estalagmitas (2) se elevan desde el suelo debajo de las estalactitas. El agua subterránea que gotea desde el extremo de una estalactita contiene suficiente piedra caliza disuelta como para depositar también calcita en la estalagmita que hay debajo, aumentando con cada gota la estructura hasta que llega a unirse a la estalactita de encima, formando una columna. Recuerda: "Las estalagmitas se apoyan en el suelo y crecen hacia el cielo."

Depósitos en forma de colgantes.

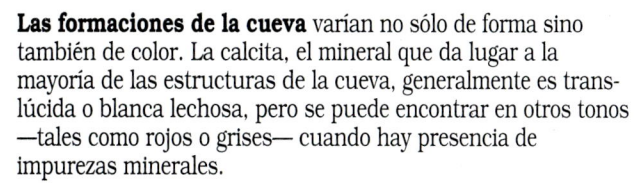

Las formaciones de la cueva varían no sólo de forma sino también de color. La calcita, el mineral que da lugar a la mayoría de las estructuras de la cueva, generalmente es translúcida o blanca lechosa, pero se puede encontrar en otros tonos —tales como rojos o grises— cuando hay presencia de impurezas minerales.

¿De dónde obtiene el agua un oasis?

Un oasis es un lugar fértil en el desierto donde hay agua disponible durante todo el año, a menudo de manantiales cuya fuente de agua subterránea se encuentra lejos. Por lo general, el agua que alimenta un oasis proviene de regiones montañosas, donde, incluso en climas áridos, cae algo de lluvia. El agua que entra en un acuífero puede emerger en un oasis de tierra baja como una fuente artesiana, allí donde una grieta en la roca permite que el agua salga a la superficie.

Otros acuíferos aparecen en la superficie del desierto en zonas bajas donde los vientos han desgastado y erosionado la tierra lo suficiente como para descubrir el acuífero. Muchos oasis —por ejemplo, los del Sáhara, en África, y los de Gobi, en China— extraen el agua de capas porosas de arenisca que empiezan en las montañas y que absorben las lluvias ocasionales. Los ríos —como el caso del caudaloso Nilo, en África— también pueden actuar como fuente de agua del oasis. El agua puede provenir de la orilla del río o recorrer una gran distancia a través de la capa freática. Cualquiera que sea su fuente, el agua del oasis es la clave para la supervivencia tanto de hombres como de animales en los terrenos duros y desérticos.

La fuente escondida de un oasis

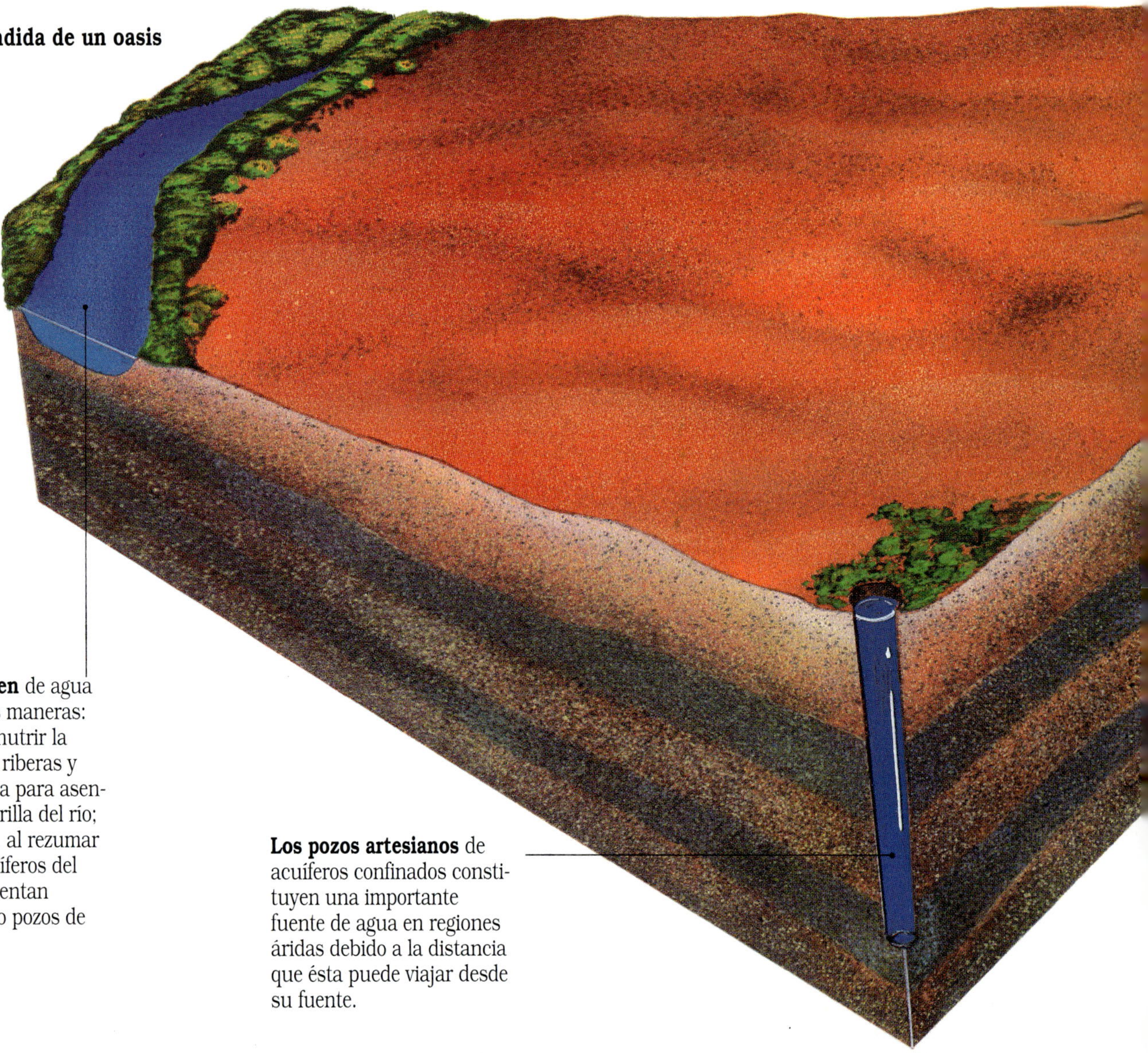

Los ríos abastecen de agua a un oasis de dos maneras: directamente, al nutrir la vegetación de las riberas y proporcionar agua para asentamientos en la orilla del río; e indirectamente, al rezumar dentro de los acuíferos del desierto que alimentan alejadas fuentes o pozos de oasis.

Los pozos artesianos de acuíferos confinados constituyen una importante fuente de agua en regiones áridas debido a la distancia que ésta puede viajar desde su fuente.

Extracción de agua de un acuífero

Un oasis puede aparecer allí donde el acuífero gira hacia arriba, en dirección a la superficie; donde la erosión origina una depresión, dejando al descubierto el acuífero; o donde una fractura permite el escape de una fuente artesiana.

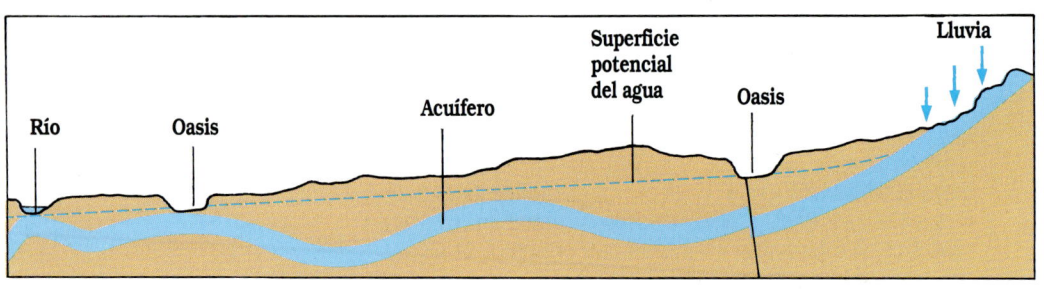

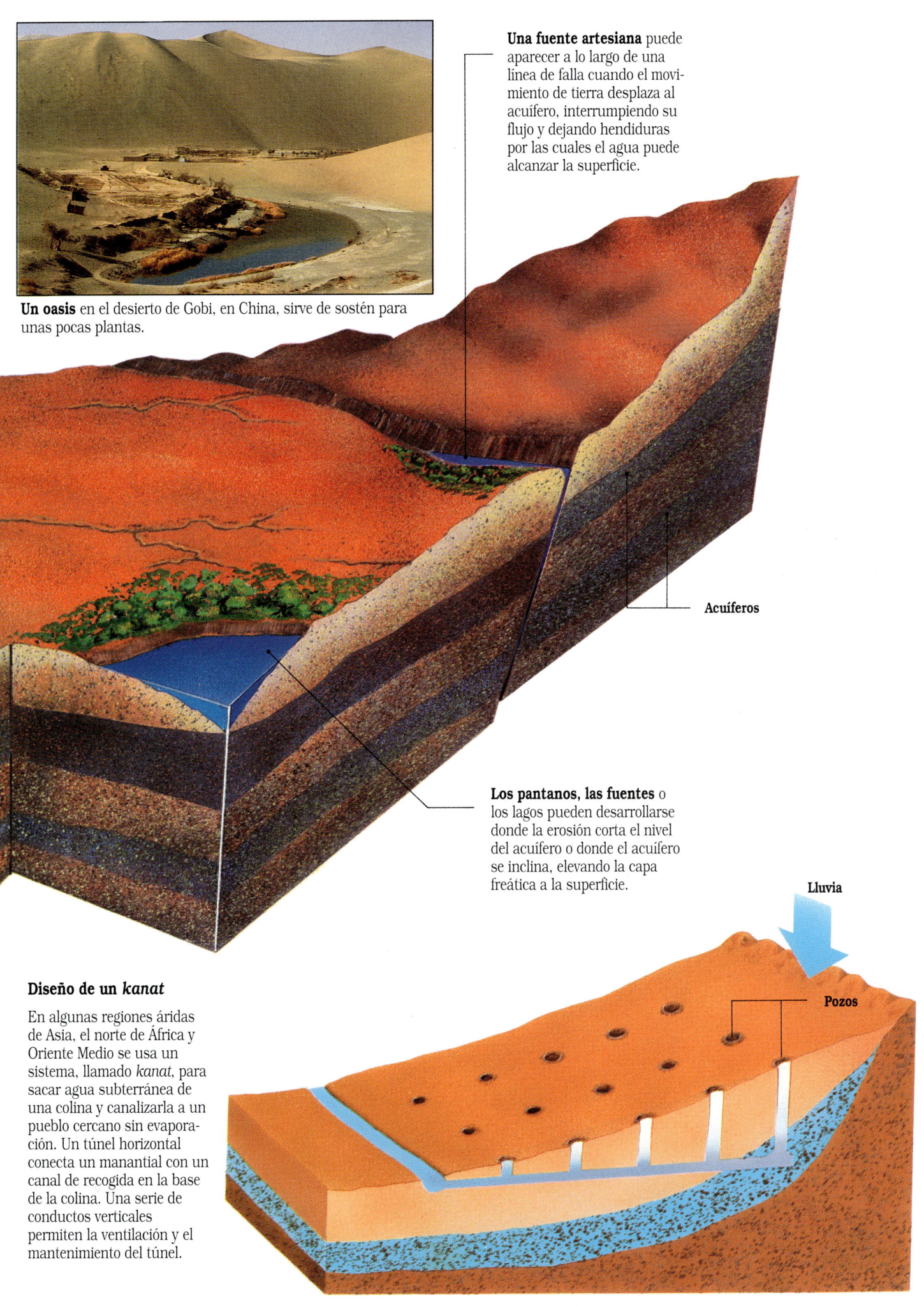

Un oasis en el desierto de Gobi, en China, sirve de sostén para unas pocas plantas.

Una fuente artesiana puede aparecer a lo largo de una línea de falla cuando el movimiento de tierra desplaza al acuífero, interrumpiendo su flujo y dejando hendiduras por las cuales el agua puede alcanzar la superficie.

Acuíferos

Los pantanos, las fuentes o los lagos pueden desarrollarse donde la erosión corta el nivel del acuífero o donde el acuífero se inclina, elevando la capa freática a la superficie.

Lluvia

Pozos

Diseño de un *kanat*

En algunas regiones áridas de Asia, el norte de África y Oriente Medio se usa un sistema, llamado *kanat*, para sacar agua subterránea de una colina y canalizarla a un pueblo cercano sin evaporación. Un túnel horizontal conecta un manantial con un canal de recogida en la base de la colina. Una serie de conductos verticales permiten la ventilación y el mantenimiento del túnel.

¿Qué provoca que el suelo se hunda?

El descenso o hundimiento del suelo tiene muchas causas, pero una muy habitual es el excesivo bombeo de agua subterránea desde los pozos. El agua que llena los poros de un acuífero evita que estos huecos se derrumben. Puesto que el agua no se comprime fácilmente, aquella que se encuentra dentro de los huecos porosos puede soportar parte del peso del suelo que se encuentra encima, y ayudar así al acuífero a mantener su estructura. Cuando el agua se va retirando por un bombeo más rápido que la capacidad de abastecimiento, la capa freática se hunde y la presión del agua en el acuífero disminuye. El nivel de agua reducido y la presión provocan que algunos de los huecos porosos se compriman y acaben hundiéndose. Si hay capas de arcilla bordeando el acuífero, el hundimiento puede ser especialmente grave. Cuando la presión del agua en el acuífero disminuye, desaparece el agua en las capas de arcilla, y éstas se comprimen. El bombear en exceso el agua subterránea también puede ocasionar otros problemas. Cerca de la costa, el hecho de que se reduzca la presión del agua subterránea puede permitir que el agua salada del océano fluya dentro del acuífero y contamine los pozos. En muchas zonas costeras, el hundimiento y la intrusión de agua salada se han convertido en graves problemas.

Los daños de un hundimiento

El hundimiento puede agrietar cimientos y calles pavimentadas; hacer que los edificios se hundan o se inclinen; romper las tuberías de agua y alcantarillado, y estropear el revestimiento de pozos y bombas, como se muestra abajo. Entre los daños indirectos cabe reseñar: la inundación de las zonas hundidas y el envenenamiento de pozos causado por la intrusión de agua salada.

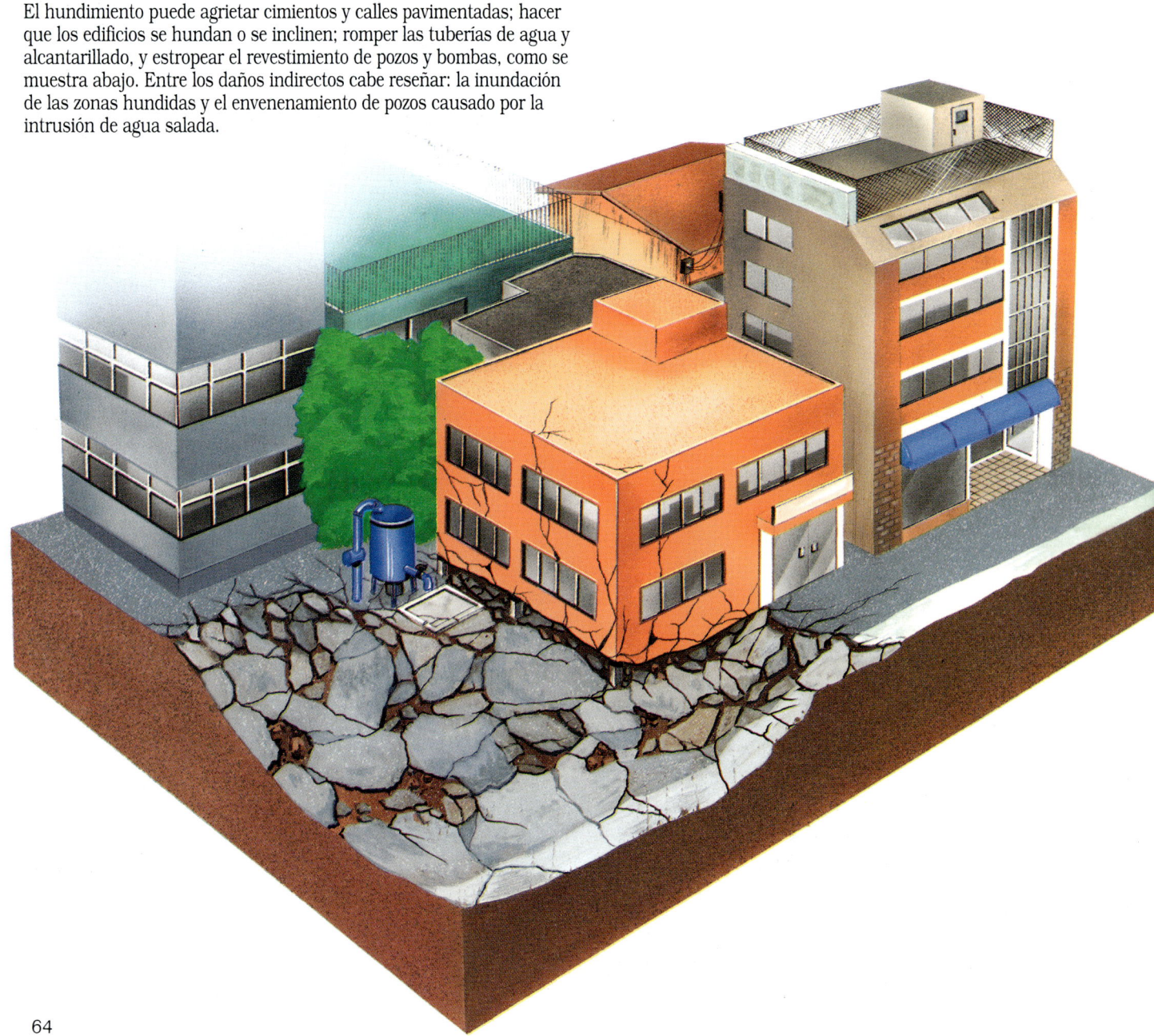

Una causa de hundimiento del suelo

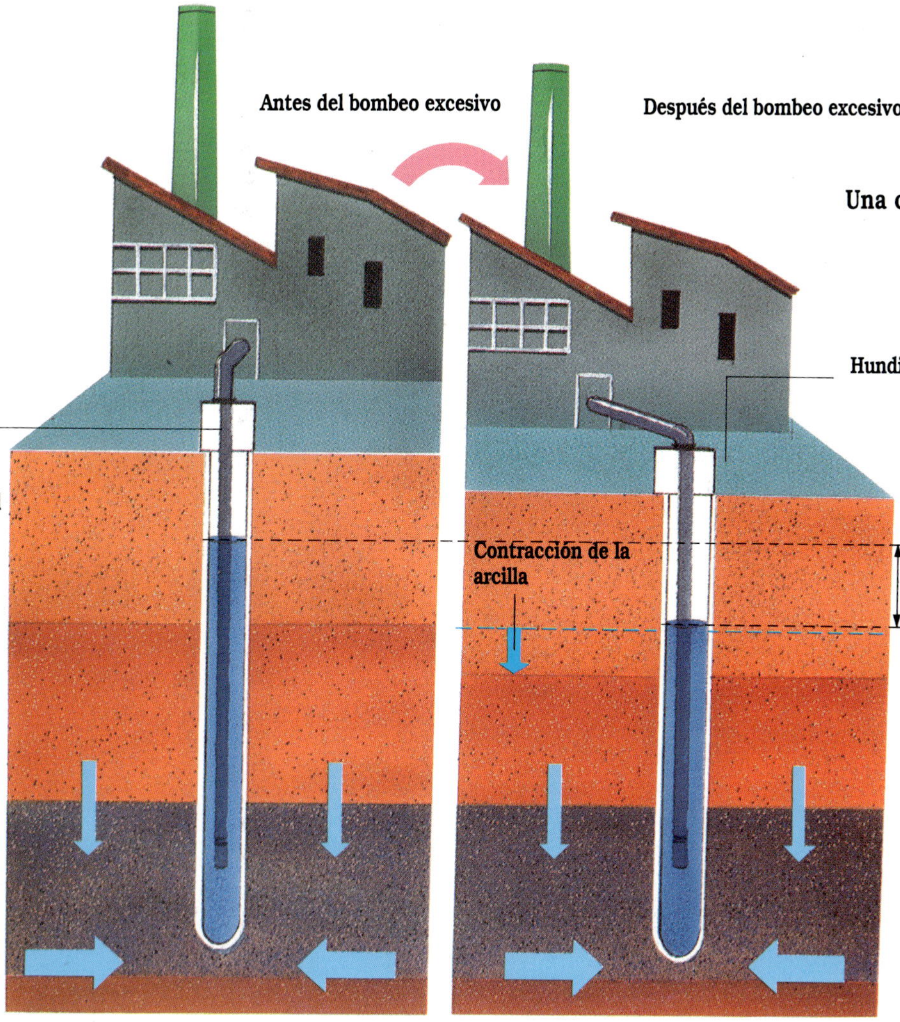

Antes del bombeo excesivo · Después del bombeo excesivo

- Pozo
- Capa superficial
- Capa de arcilla
- Acuífero
- Hundimiento de la superficie
- Contracción de la arcilla
- Descenso del nivel freático
- Movimiento del agua subterránea

Coches y edificios fueron tragados por un hoyo de 120 metros de ancho *(izquierda)* causado por un excesivo bombeo de agua subterránea *(mostrado esquemáticamente arriba)* en Winter Park, Florida. El hundimiento de tierra puede dejar también algunas zonas por debajo del nivel del mar, como en la calle de Tokio que se muestra arriba. Incluso cuando están protegidas por malecones o muros, tales áreas son objeto de frecuentes inundaciones durante los períodos de clima riguroso, y el drenaje siempre es problemático.

¿Por qué hay tantos lagos en Finlandia?

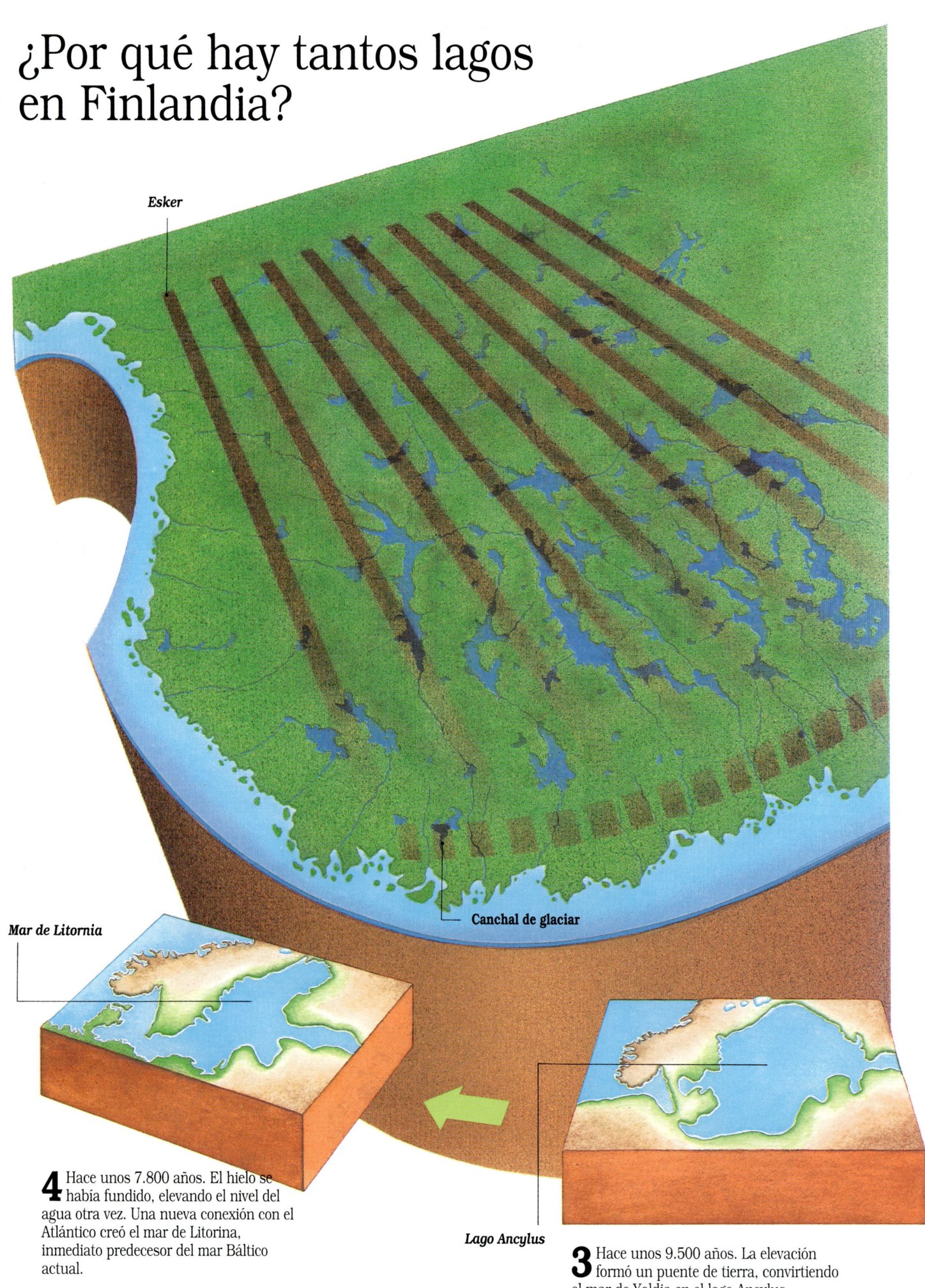

Esker

Canchal de glaciar

Mar de Litornia

4 Hace unos 7.800 años. El hielo se había fundido, elevando el nivel del agua otra vez. Una nueva conexión con el Atlántico creó el mar de Litorina, inmediato predecesor del mar Báltico actual.

Lago Ancylus

3 Hace unos 9.500 años. La elevación formó un puente de tierra, convirtiendo el mar de Yoldia en el lago Ancylus.

Los aproximadamente 188.000 lagos y estanques que salpican el suelo de Finlandia *(en rojo en el globo de la derecha)* cubren prácticamente el 10 % de su extensión total. Lo llano del paisaje finlandés y su escaso drenaje han dejado un alto nivel freático en la mayoría de las zonas, lo que permite la formación de un complejo sistema de lagos y ríos de lento movimiento. El terreno inundado de Finlandia data del derretimiento de la capa de hielo continental, al final de la última época glacial. La mayoría de los lagos llenan cuencas poco profundas erosionadas por la capa de hielo en su avance. El drenaje también se vio influido por masas de escombros glaciares —arena, grava y cantos rodados— que fueron quedando atrás a medida que se iba retirando la capa de hielo. En algunos lugares, estos escombros son todavía visibles en forma de largas y estrechas cadenas de colinas llamadas *eskers*, que van de norte a sur. Una complicación adicional para el escaso drenaje de la región es la elevación que se produjo cuando desapareció el peso de la capa de hielo. Este cambio alteró la estructura del drenaje y creó vastos pantanos que esconden el caudal superficial.

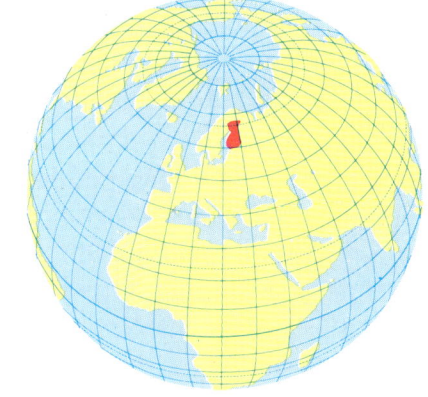

Formación de los *eskers*

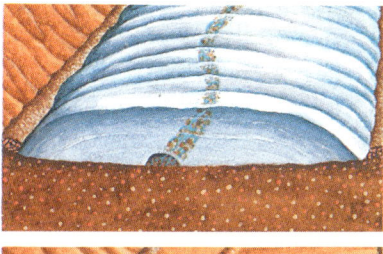

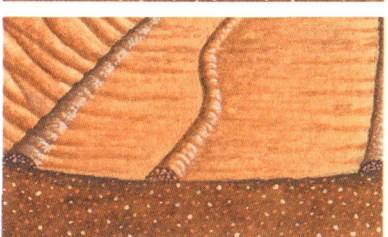

Al retirarse la capa de hielo continental de la superficie que se iba a convertir en Finlandia, el agua derretida formó vigorosas corrientes que fluían dentro de túneles y en la base de la capa de hielo. Estas corrientes transportaban toneladas de piedras y derrubios arrancados del paisaje. Los derrubios se asentaron en largas formaciones de tierra en forma de cordillera llamadas *eskers*, que se hicieron visibles una vez que la capa de hielo se hubo derretido.

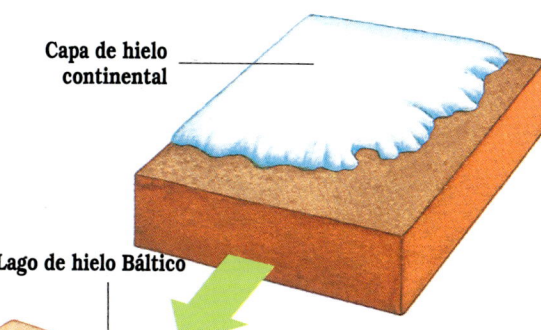

Capa de hielo continental

Lago de hielo Báltico

1 Hace entre 35.000 y 11.000 años. La capa de hielo continental que cubría la región finlandesa empezó a retirarse, dejando atrás el lago de hielo Báltico, un predecesor de agua dulce del mar Báltico actual.

La evolución de Finlandia

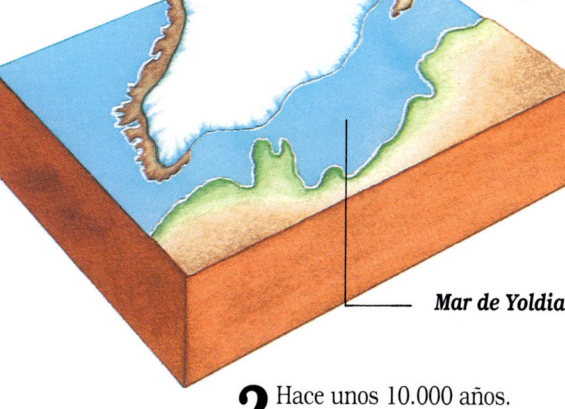

Mar de Yoldia

2 Hace unos 10.000 años. Después de que la capa de hielo se fundiera, el lago de hielo Báltico se desecó y elevó a nivel del mar. El agua salada, a su vez, entró en el lago, convirtiéndolo en el mar de Yoldia.

Lagos como éste dominan el paisaje finlandés.

4 Océanos en acción

Impulsados por el ímpetu de los vientos, la rotación del planeta y las diferencias de temperatura del agua, los océanos de la Tierra están en continuo movimiento. Las corrientes oceánicas transportan agua caliente desde el ecuador hacia los polos y agua fría en dirección opuesta. Las corrientes más frías y profundas serpentean por un paisaje escondido de altas montañas y profundidades abisales en el fondo del mar. Más cerca de la superficie, corrientes cálidas y claras favorecen el crecimiento de arrecifes de coral en los trópicos.

En menor escala, las olas de los océanos y corrientes localizadas esculpen el planeta de diferentes maneras. Donde un saliente de roca blanda bordea la costa, por ejemplo, la acción de las olas erosiona la tierra y forma acantilados *(derecha)*. Las corrientes turbulentas depositan los detritos erosionados en forma de cordilleras y bancos de arena a lo largo de la costa.

Todavía se producen cambios más finos de orden molecular. Calentados por el Sol, los océanos transfieren agua al aire a través de la evaporación. Este proceso, que forma parte del ciclo global del agua, desempeña una papel clave en el mantenimiento del equilibrio químico y biológico de la Tierra.

Junto con la lluvia, la nieve, el hielo glaciar y la escorrentía continental, la evaporación del océano determina los niveles del mar en todo el mundo. En este capítulo se exploran los efectos globales de éste y otros movimientos del océano; por ejemplo, lo que ocurriría si los casquetes polares se fundieran de repente *(páginas 72-73)*.

Las olas bañan una playa de Normandía, Francia, donde el avance del mar ha cincelado la costa caliza en forma de acantilados y arcos. El solitario islote de la derecha muestra dónde estuvo la costa en otro tiempo.

¿Está el océano en movimiento?

Las corrientes oceánicas propician el intercambio de calor en diferentes partes del mundo, al trasladar el agua desde el húmedo ecuador a las frías regiones polares y de vuelta otra vez. En la superficie del mar, las corrientes son conducidas por vientos importantes. Los vientos alisios del este empujan el agua hacia el oeste, lo cual origina corrientes ecuatoriales. Conducidas hacia el polo por el efecto Coriolis —una fuerza que nace de la rotación de la Tierra—, estas corrientes se unen con las de alta latitud y forman grandes círculos o rotaciones. El efecto Coriolis provoca rotaciones en sentido de las agujas del reloj en el hemisferio Norte y en sentido contrario en el hemisferio Sur.

Las profundas corrientes oceánicas no están impulsadas por el viento sino por la diferencia de densidad. El agua fría y salada es más densa o pesada que el agua dulce y caliente, y por lo tanto tiende a hundirse. Las profundas aguas del Antártico —las más frías de la Tierra— se acercan al fondo del mar a medida que se deslizan hacia el ecuador. Por otra parte, las aguas ligeramente más calientes del Ártico fluyen desde el hemisferio opuesto por encima de las aguas antárticas cuando ambas se encuentran. Cuando aguas de diferente salinidad chocan, se forman corrientes localizadas. En Gibraltar, por ejemplo, una lengua de alta salinidad del mar Mediterráneo fluye dentro del océano por debajo de una corriente de agua más fría del océano Atlántico moviéndose en dirección opuesta.

La densidad del agua y las corrientes

Las variaciones en la densidad del agua de mar provocan las profundas corrientes oceánicas. Cuanto más fría es el agua y de mayor salinidad, más densa resulta. Las frías aguas polares migran a través del fondo marino hacia el ecuador.

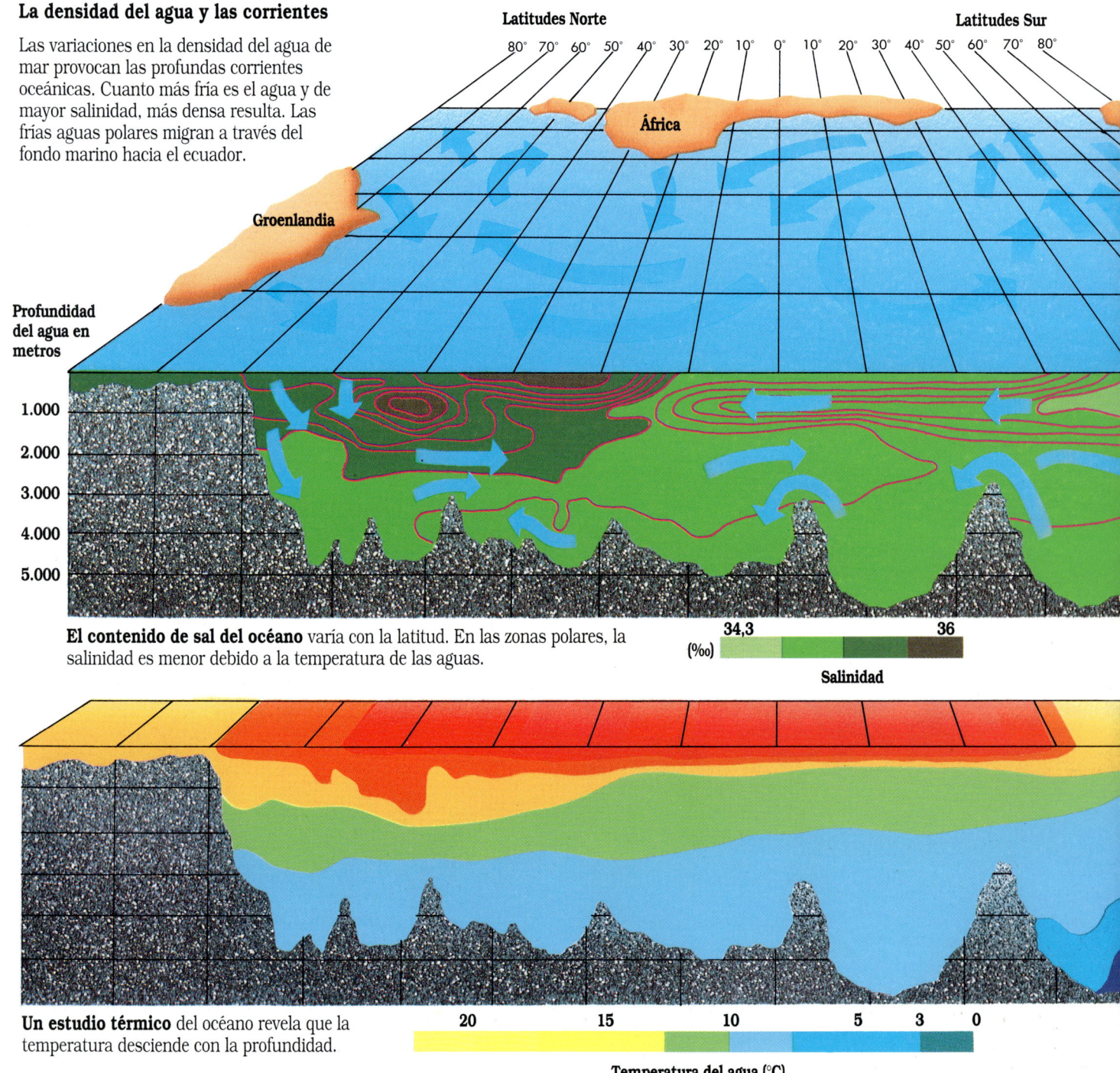

El contenido de sal del océano varía con la latitud. En las zonas polares, la salinidad es menor debido a la temperatura de las aguas.

Un estudio térmico del océano revela que la temperatura desciende con la profundidad.

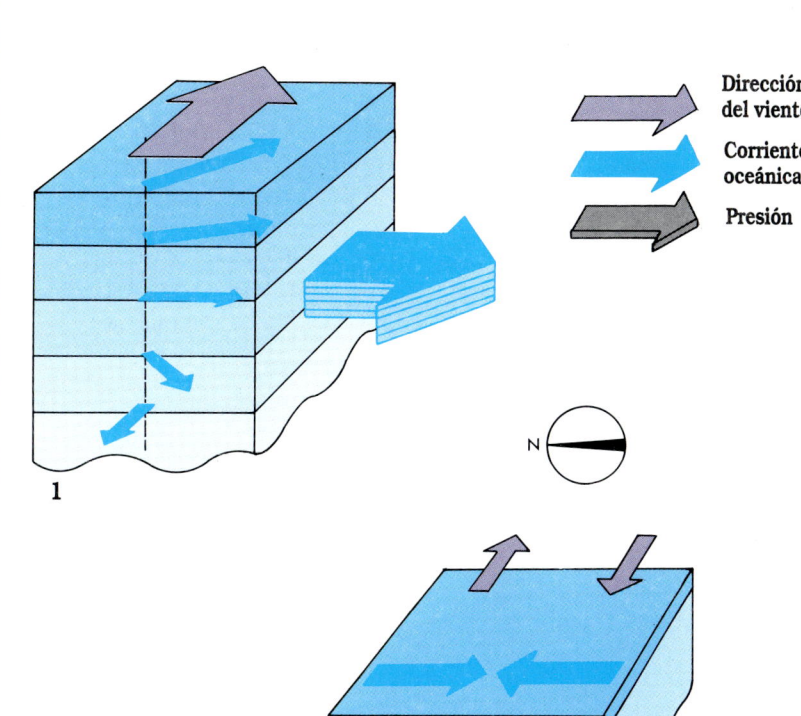

Dirección del viento
Corriente oceánica
Presión

Los mares combados

Los vientos que soplan a través del océano (1) crean una corriente paralela superficial que es desviada 90° por la rotación de la Tierra. De esta manera, los vientos alisios del este y los vientos dominantes del oeste provocan corrientes oceánicas opuestas (2) que convergen en las latitudes medias de cada hemisferio. Presionadas por estas dos corrientes impetuosas, las zonas centrales de los océanos se elevan y ejercen una presión de gravedad sobre las aguas subyacentes, producendo corrientes más profundas (3).

Antártida

Las fuerzas que dan forma a las corrientes oceánicas

En cada hemisferio, los vientos alisios que soplan desde el este provocan una corriente oceánica que fluye hacia el oeste a 15° de latitud aproximadamente. Los vientos del oeste, mientras tanto, son los causantes de una corriente que fluye hacia el este a 45° de latitud. Sin embargo, la rotación de la Tierra desvía las corrientes de su recto curso. Así, las corrientes del hemisferio Norte viran hacia su derecha, mientras que las del hemisferio Sur lo hacen a la izquierda.

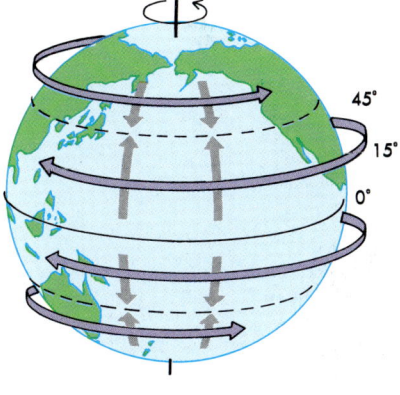

Dirección del viento
Desviación de Coriolis de una corriente oceánica
Corriente oceánica

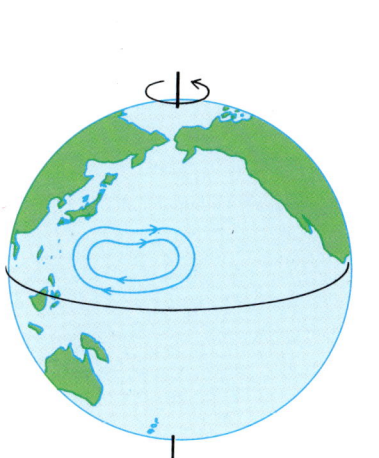

Se produce un desvío

La fuerza de la rotación de la Tierra desvía una corriente ecuatorial que fluye hacia el oeste en dirección al polo. A 45° de latitud aproximadamente se encuentra con una corriente que fluye hacia el este, y las dos se unen para formar una corriente circular o giro. El movimiento cinético de la Tierra empuja el centro hacia el oeste; por lo tanto, las corrientes del lado oeste son más estrechas y rápidas.

¿Podrían llegar a fundirse los casquetes glaciares?

La idea de que los casquetes glaciares de la Tierra pudieran un día llegar a fundirse no es tan inverosímil como parece. En los 4.600 millones de años de historia del planeta, por lo menos se han sucedido tres importantes épocas glaciares. Algunos científicos creen que el calentamiento mundial, provocado por los gases de carbono producidos artificialmente *(abajo, página siguiente a la derecha),* podría derretir, lenta pero ininterrumpidamente, los casquetes glaciares que cubren Groenlandia y la Antártida.

Estos dos glaciares continentales contienen el 99 % del hielo del globo. Si se derritieran repentinamente, los niveles del mar se elevarían en todo el mundo. Para calcular cuánto subirían los mares, los científicos dividen el volumen total del agua derretida por el área total de los océanos. Después de considerar la probable elevación del continente Antártico sin hielo, se calcula un aumento mundial del nivel del mar de entre 75 y 85 metros. Se especula que esta cifra disminuiría unos 45 metros aproximadamente después de un tiempo, cuando el fondo del océano se hundiera bajo la pesada carga de agua.

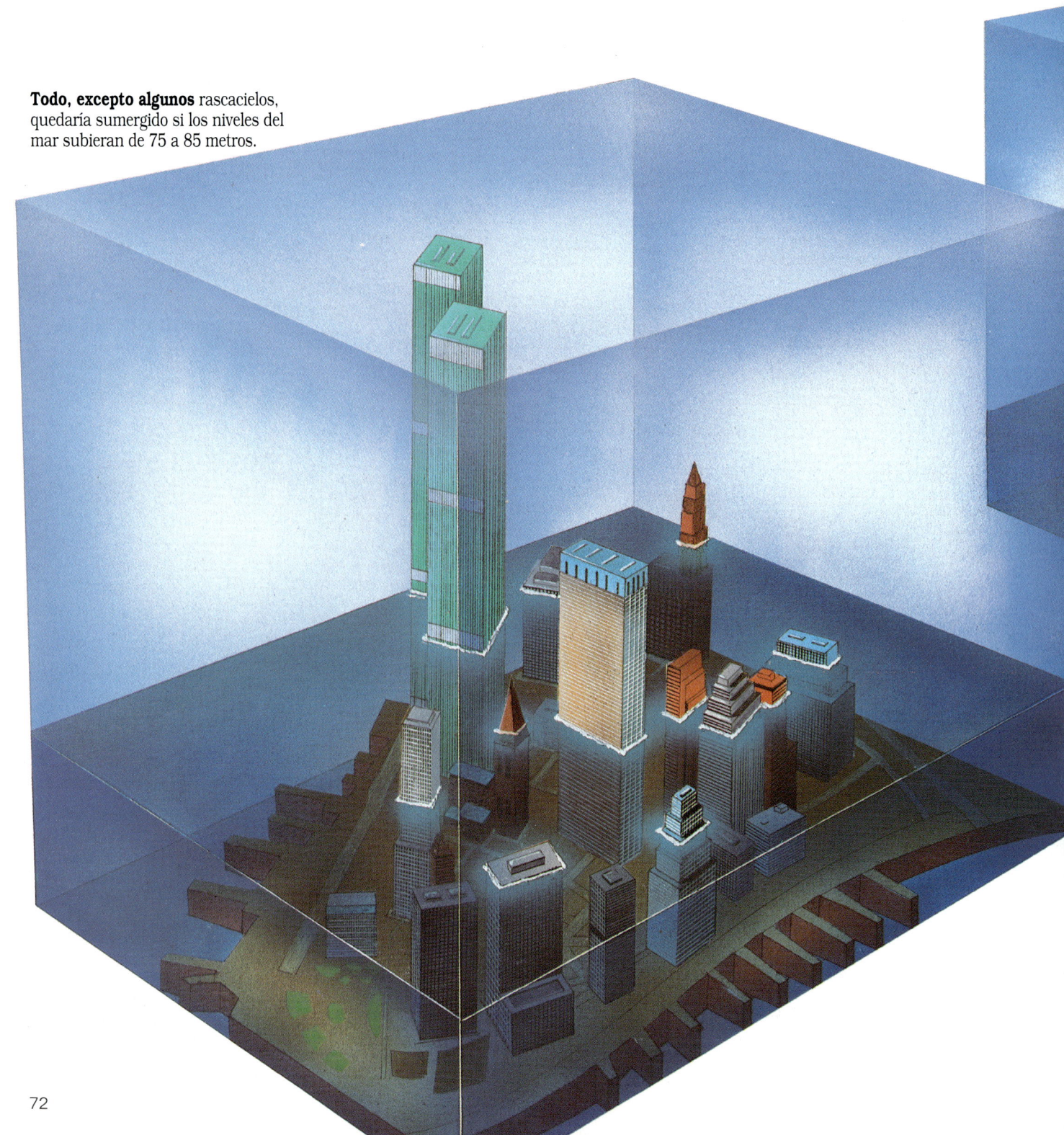

Todo, excepto algunos rascacielos, quedaría sumergido si los niveles del mar subieran de 75 a 85 metros.

Nueva York inundado

Los rascacielos de Nueva York quedarían anegados por el mar si repentinamente todo el hielo de la Antártida y Groenlandia se derritiera. Los niveles del mar de todo el mundo se elevarían unos 85 metros. Finalmente, puesto que el fondo del mar se hundiría bajo el peso del agua añadida, el nivel bajaría unos 45 metros más o menos.

Nueva York en la actualidad.

Nueva York tal como se vería si los mares subieran 40 metros.

La mecánica de la fusión

Una capa de dióxido de carbono, que se origina al quemar combustibles fósiles —como gas natural, petróleo y carbón—, deja pasar la luz solar pero impide que los rayos calientes infrarrojos escapen al espacio. El aumento de los gases que producen el efecto invernadero —como se ha dado en llamar a este fenómeno— puede provocar el aumento de la temperatura mundial.

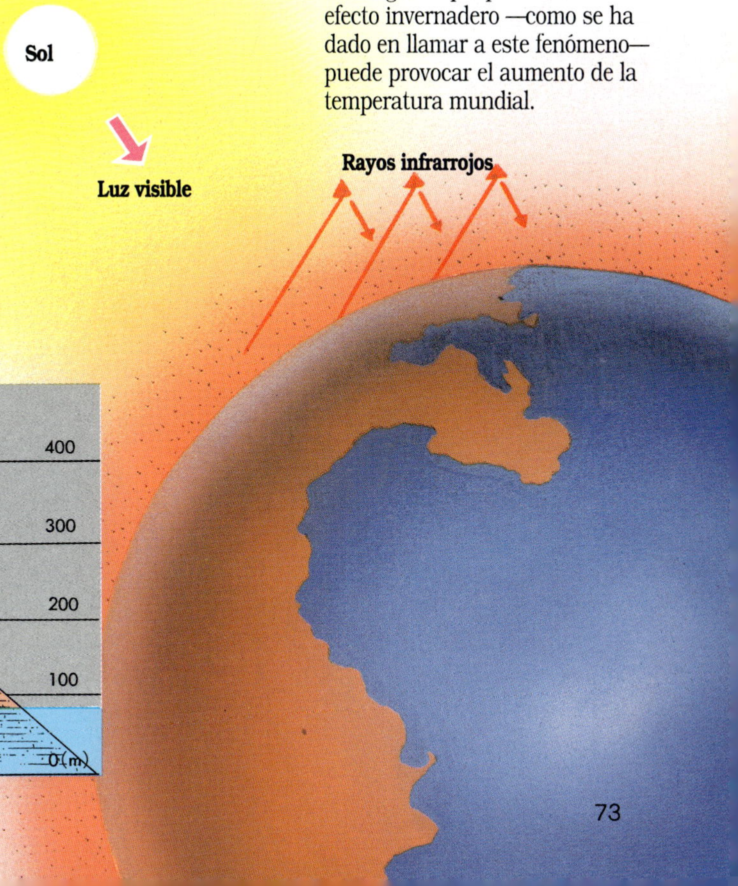

Las pirámides hundidas

Valiéndonos de las más famosas construcciones del mundo como ejemplos, veamos hasta dónde subiría el nivel de los océanos si los casquetes glaciares polares se derritieran.

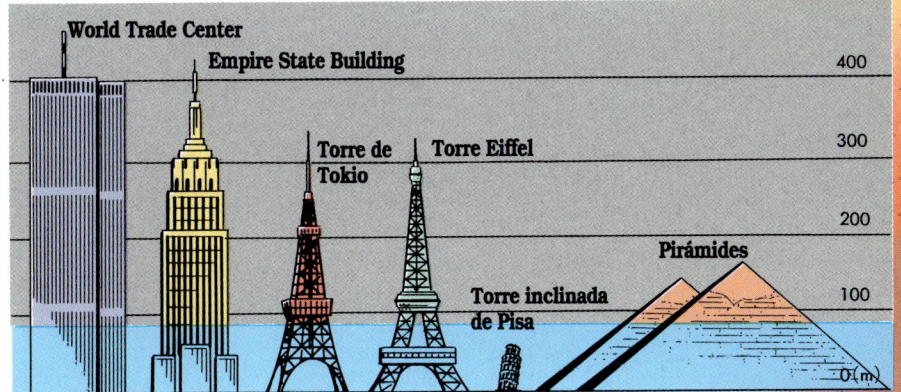

¿Cómo se forman los bancos de arena?

Formación de una cordillera de arena

Obstruida por una bahía (1), una corriente oceánica cargada de arena cambia de dirección al seguir los contornos de la orilla. En la entrada, la corriente deposita sedimento que va formando una lengua de arena (2). Con el tiempo, ésta se convierte en una cresta de arena (3). Más adelante, puede llegar a cerrar la bahía y formar una laguna.

Curvada en su extremo como un anzuelo o afilada con una suave punta, una flecha litoral es obra de las corrientes oceánicas y de las olas. A través de un proceso conocido como acarreos de playa —causado por las olas que rompen en un determinado ángulo con la costa—, las corrientes toman arena y grava y la transportan a la costa. Cuando una ensenada o una bahía canaliza estas corrientes hacia la costa, quitan incluso más sedimento de la orilla rebajada y se la llevan al volver al mar. En la entrada protegida de la ensenada, sin embargo, el movimiento de la ola es más lento, lo que propicia que, al rebotar, las corrientes viertan su carga de arena y grava acumuladas en el fondo del mar.

Gradualmente, un montículo de sedimento llamado bajío se forma debajo de las olas. Con el tiempo —dependiendo de la forma de la ensenada, la fuerza y estructura de las corrientes oceánicas y otras variantes—, el bajío puede elevarse por encima del agua, formando una cresta de arena *(izquierda)* o una flecha litoral o banco de arena *(derecha)*.

A veces, una cresta de arena puede crecer tanto a lo largo que forme un puente de tierra que cruce la entrada de la ensenada, obstruyendo el océano y transformando el agua que ha retrocedido en una laguna aislada. Si ésta se encuentra alimentada por un río, el sedimento se convertirá pronto en una marisma.

Festoneada de playas en el lado que da al mar, esta cresta de arena se ha extendido hasta cerrar la entrada de una bahía.

El cabo Notsuke, en la isla japonesa de Yeso (Hokkaido), es un complejo banco de arena con un extremo en forma de anzuelo.

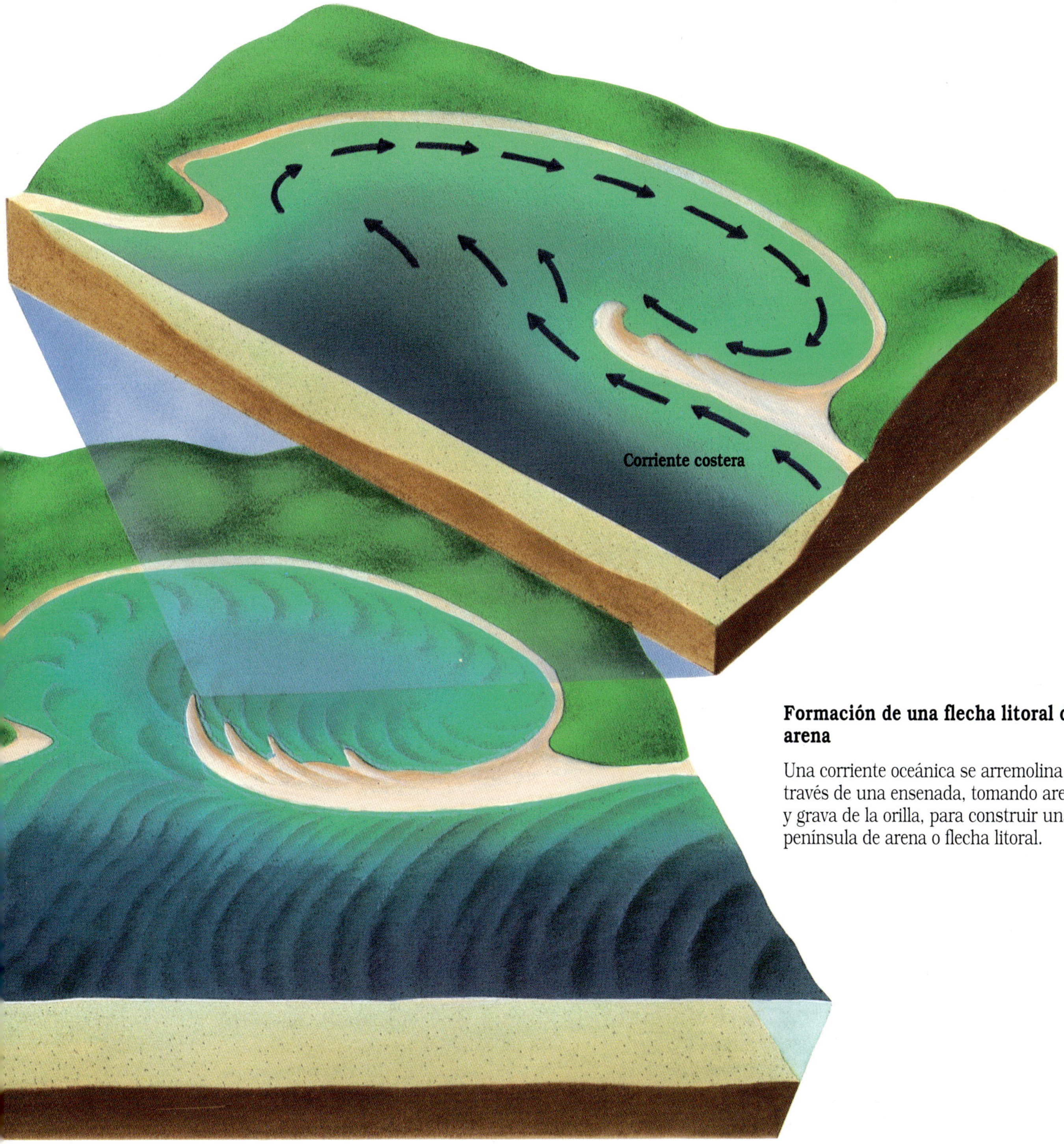

Corriente costera

Formación de una flecha litoral de arena

Una corriente oceánica se arremolina a través de una ensenada, tomando arena y grava de la orilla, para construir una península de arena o flecha litoral.

¿Cómo configura el mar la costa?

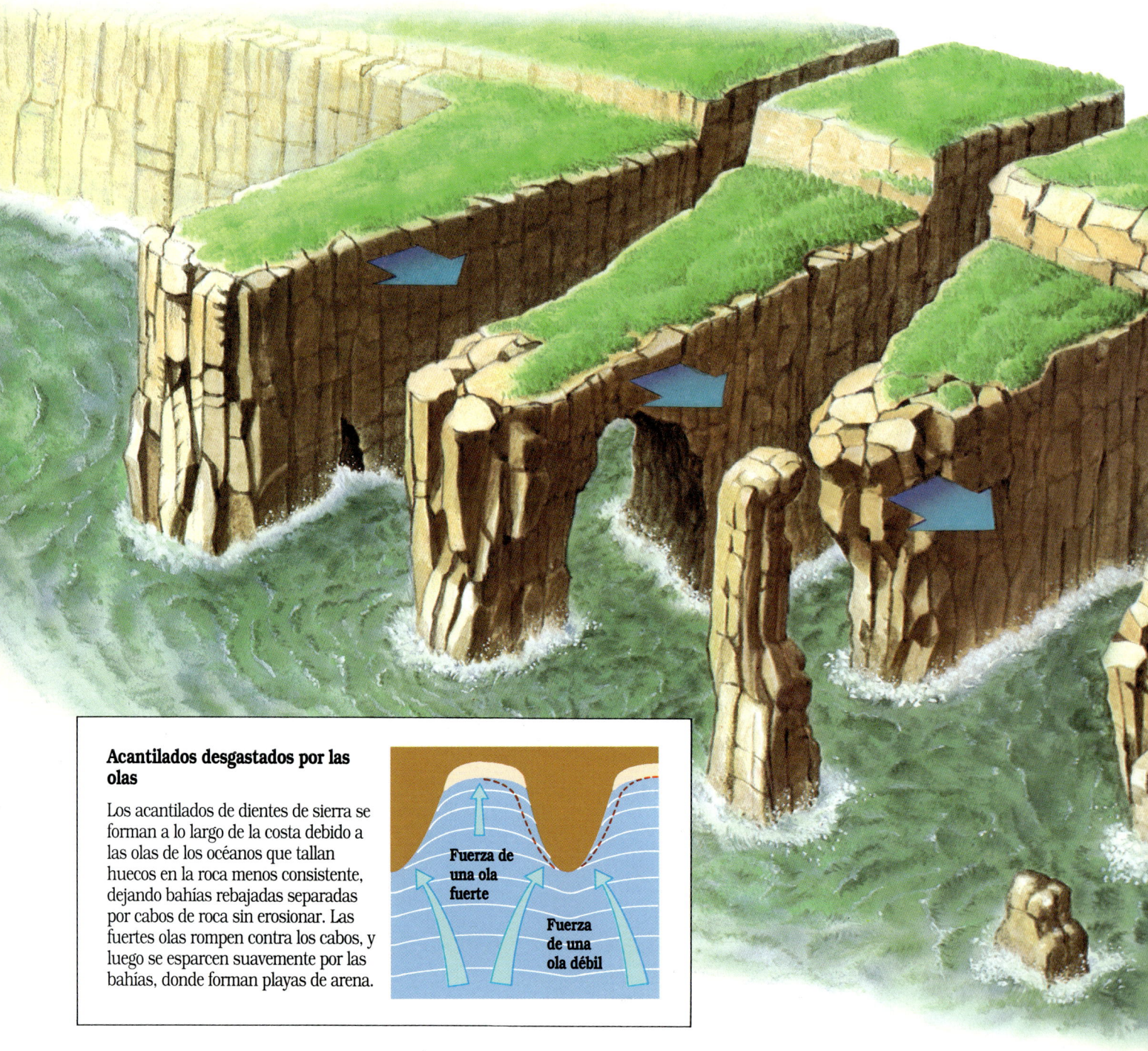

Acantilados desgastados por las olas

Los acantilados de dientes de sierra se forman a lo largo de la costa debido a las olas de los océanos que tallan huecos en la roca menos consistente, dejando bahías rebajadas separadas por cabos de roca sin erosionar. Las fuertes olas rompen contra los cabos, y luego se esparcen suavemente por las bahías, donde forman playas de arena.

En constante movimiento, el mar bate de manera incesante la tierra. Allí donde la costa está formada por roca dura, la influencia destructiva del mar es lenta y apenas se nota. Pero donde la masa de tierra es blanda o con porciones de roca menos dura, el mar esculpe espectaculares acantilados llenos de cuevas y reforzados por arcos de piedra.

Esta acción del mar, conocida como erosión marina, básicamente se produce de tres maneras: el rítmico embate de las olas introduce el agua dentro de las fracturas de las rocas, ensanchando las grietas. Al mismo tiempo, la arena y la grava suspendidas en el agua de mar pulverizan sin cesar la superficie de las rocas al descubierto. Finalmente, el agua de mar disuelve ciertos minerales de la roca y los arrastra posteriormente.

Sujeta a este violento ataque sin tregua, la roca gradualmente se desgasta y retrocede. Los salientes inclinados se erosionan y se convierten en escarpados acantilados, los cuales, a su vez, se desgastan y forman recortados cabos y bahías. Después, olas imponentes socavan estos cabos dentados, formando cuevas, arcos e incluso sopladeros *(página siguiente, abajo)*. Por último, éstos también desaparecen, y solamente los farallones —pilares de roca resistente— permanecen.

De la cueva al arco y a la columna

El agua del mar talla una cueva a cada lado de un cabo saliente *(extremo izquierdo)*. La acción continua de las olas profundiza las cuevas hasta que se encuentran en el medio, formando un arco. La posterior erosión corta al arco por arriba, formando un farallón que será consumido por las olas.

Erosión marina

Farallones y arcos adornan una costa oceánica.

Gradas cerca del mar

Al batir sin cesar contra una masa de tierra, las olas del océano cincelan una formación geológica que se parece a una grada. La parte trasera es un acantilado marino; en tanto que la base, que se alarga constantemente, configura una plataforma de abrasión. La marea baja *(arriba)* descubre la superficie de la plataforma más plana.

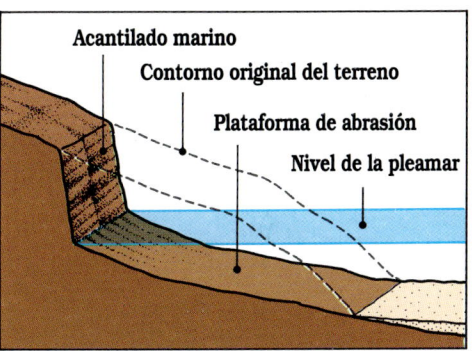

La marea baja permite ver las gradas cortadas por olas cerca de Iwaki, Japón.

Sopladeros silbantes

El agua oceánica atrapada en una cueva en la base de un acantilado marino puede ser expelida a gran presión por las olas que entran. La abertura por la cual el agua se escapa es conocida como sopladero. El aire que sale con el agua a menudo produce un ruido silbante.

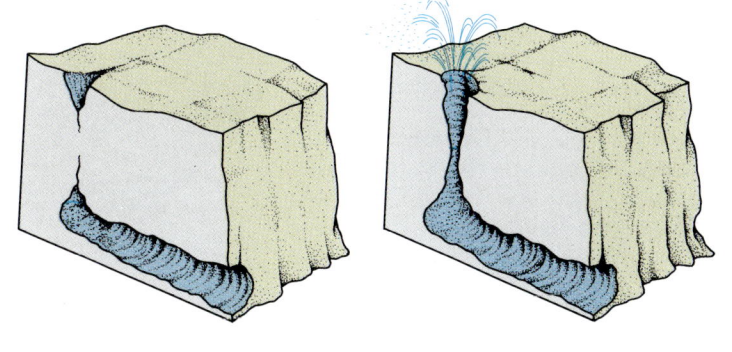

¿Cómo es el fondo del océano?

Debajo de las aguas de los océanos yace un paisaje de asombrosos extremos. Una margen continental, que comprende la plataforma, el talud y la elevación, forma la frontera entre la línea litoral de una masa de tierra y una cuenca abisal. Las cuencas son la base de las dorsales oceánicas, las cuales forman, juntas, una cadena montañosa submarina que se eleva a una altura de 3 kilómetros por encima del nivel del fondo marino, mientras serpentea unos 65.000 kilómetros alrededor del globo.

La expansión de los fondos oceánicos —en relación con las placas tectónicas y la deriva continental— es responsable de la escarpada topografía del lecho marino. A través de las fallas de las dorsales oceánicas rezuma roca fundida, la cual se endurece dentro del nuevo material del fondo que empuja hacia fuera el lecho oceánico existente hasta que golpea —y se desliza por debajo— un continente u otra placa del suelo marino *(págs. 86-87)*. Las fosas oceánicas, que marcan este encuentro, se extienden a una profundidad de 11 kilómetros por debajo de la superficie del mar.

El suelo debajo de las olas

Al igual que la superficie continental de la Tierra, el fondo oceánico está salpicado de cañones y fosas, tachonado de altas montañas y dominado por altiplanicies y cuencas bajas.

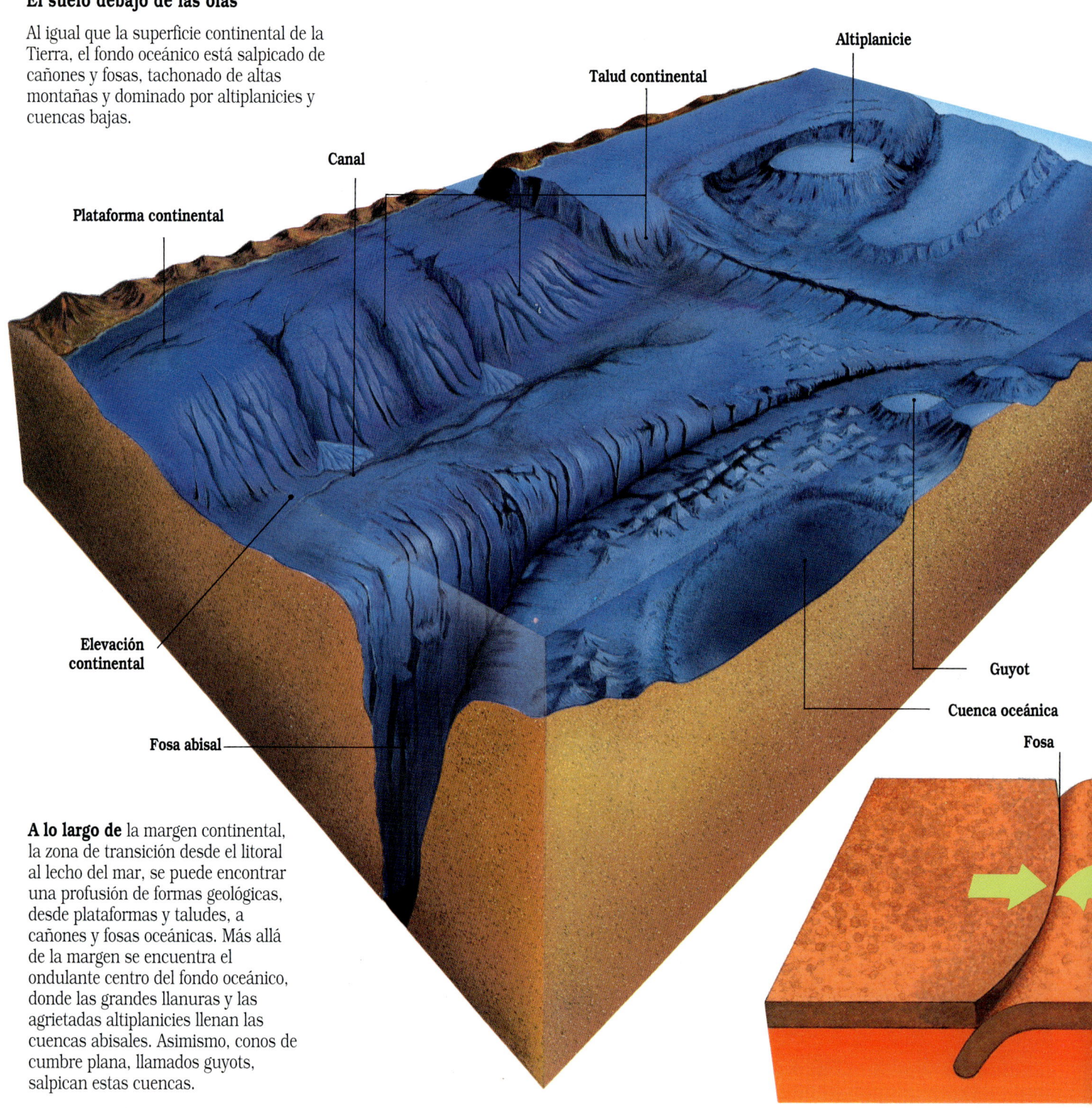

A lo largo de la margen continental, la zona de transición desde el litoral al lecho del mar, se puede encontrar una profusión de formas geológicas, desde plataformas y taludes, a cañones y fosas oceánicas. Más allá de la margen se encuentra el ondulante centro del fondo oceánico, donde las grandes llanuras y las agrietadas altiplanicies llenan las cuencas abisales. Asimismo, conos de cumbre plana, llamados guyots, salpican estas cuencas.

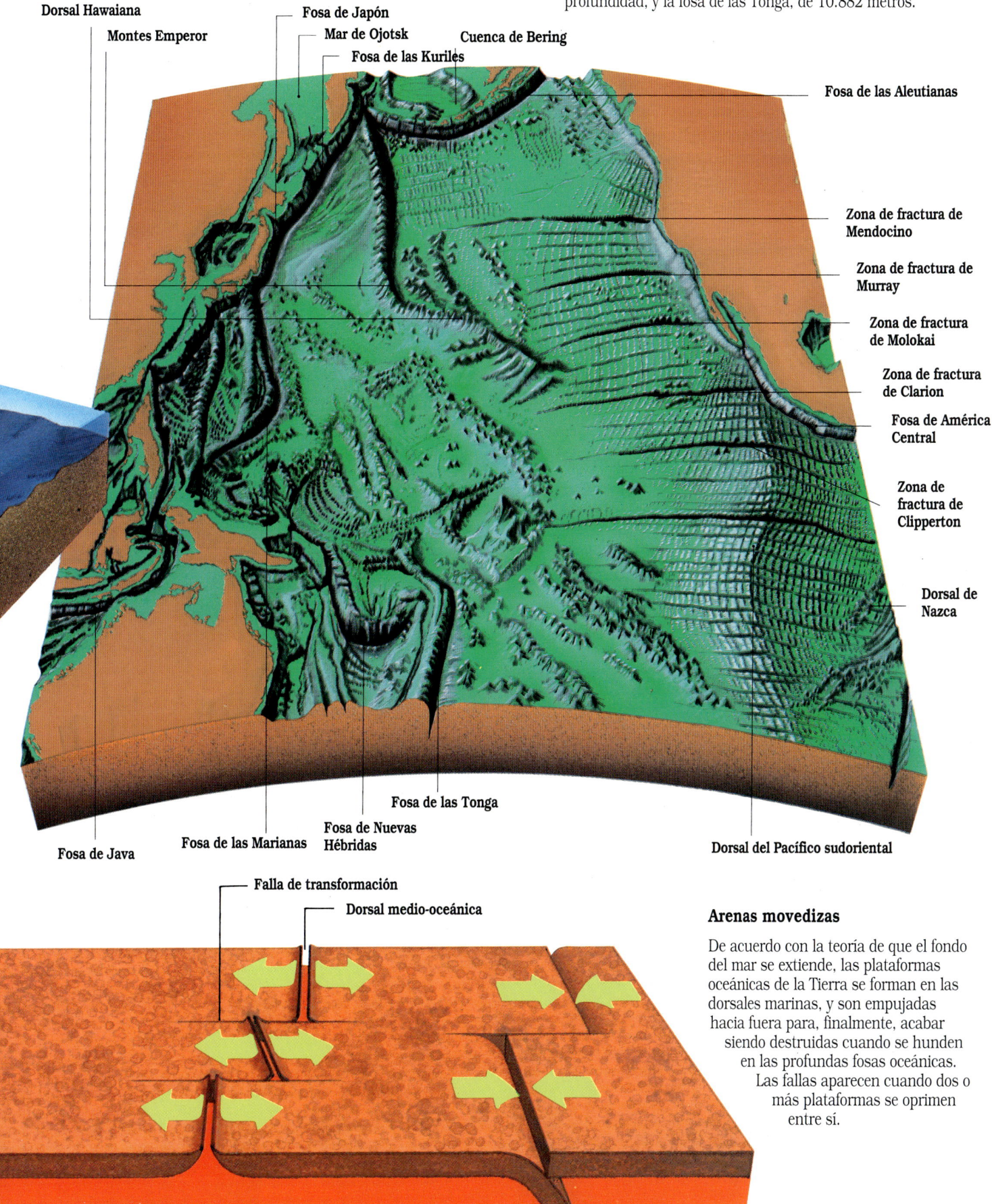

Las fosas abisales

Veintidós de las veintiséis fosas oceánicas abisales bordean el Pacífico. En la zona occidental se encuentran las dos más profundas: la fosa de las Marianas, de 11.034 metros de profundidad, y la fosa de las Tonga, de 10.882 metros.

Arenas movedizas

De acuerdo con la teoría de que el fondo del mar se extiende, las plataformas oceánicas de la Tierra se forman en las dorsales marinas, y son empujadas hacia fuera para, finalmente, acabar siendo destruidas cuando se hunden en las profundas fosas oceánicas. Las fallas aparecen cuando dos o más plataformas se oprimen entre sí.

¿Cómo se forman los arrecifes coralinos?

Tan duro como la roca y con una extensión aproximada de cien kilómetros, un arrecife coralino es el hogar de millones de diminutos animales con forma de tubo, llamados pólipos, recubiertos de duros esqueletos calizos.

Fijado a una superficie rocosa, un pólipo atrapa plancton y diminutos crustáceos con unos tentáculos venenosos situados cerca de su boca. También absorbe sustancias químicas provenientes de unas algas que viven en sus propios tejidos, sustancias que ayudan al pólipo a segregar carbonato cálcico, fundamental para el endurecimiento y formación de su caparazón.

Apiñados en colonias, los pólipos de los arrecifes coralinos adoptan formas fantásticas, que van desde abanicos de encaje a cantos rodados en forma de cerebro. Pueden ser blancos, rojos, naranjas, amarillos, morados o de otros colores. Una colonia coralífera se multiplica de dos maneras: produciendo huevos y larvas, que se convierten en pólipos, y por "brote", es decir, haciendo crecer brotes ramificados de pólipos. Como se muestra aquí, masivas colonias coralíferas se desarrollan y forman los arrecifes costeros *(derecha)*, arrecifes de barrera *(abajo)* o atolones *(página siguiente, abajo)*.

Zona coralífera

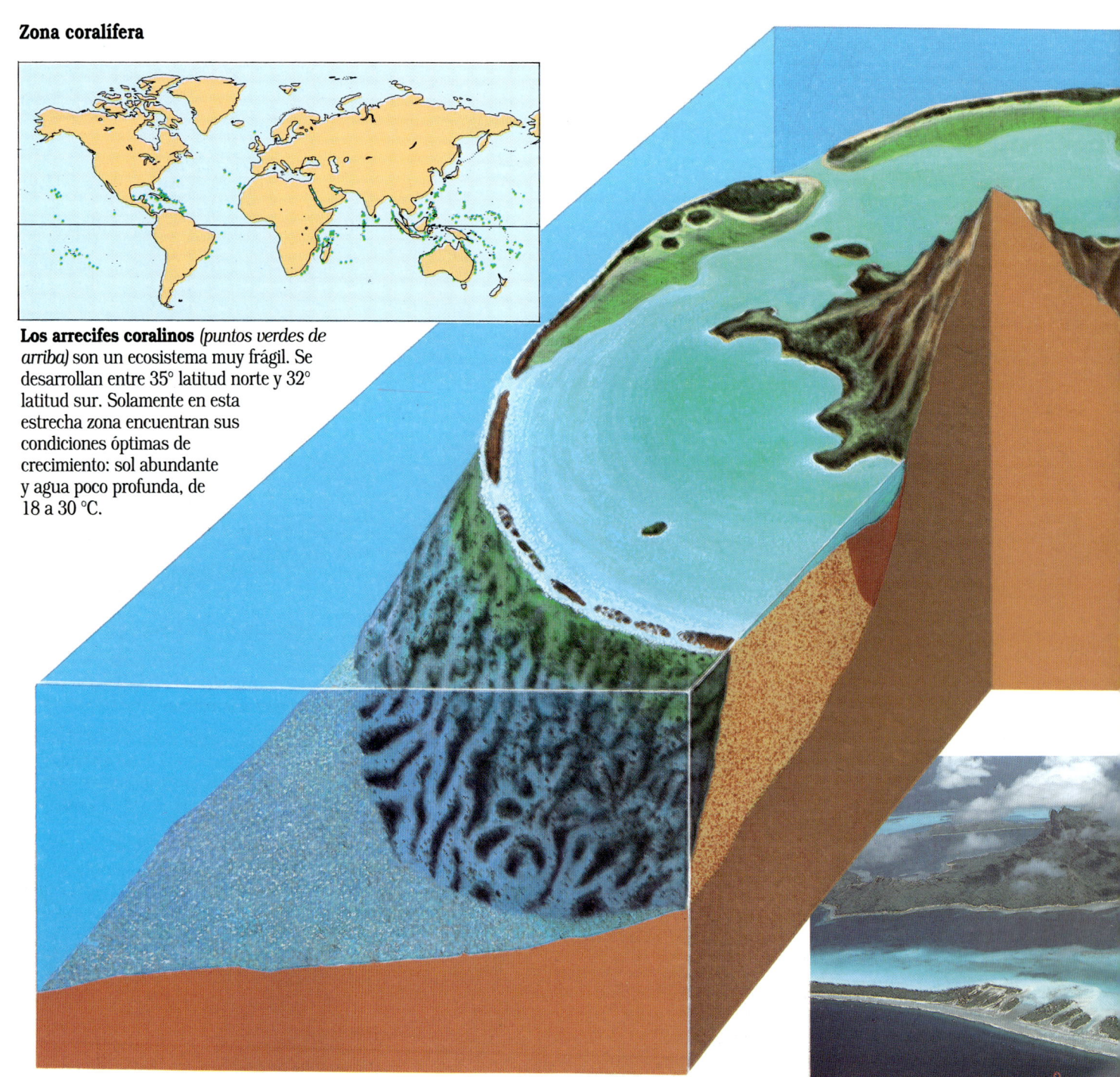

Los arrecifes coralinos *(puntos verdes de arriba)* son un ecosistema muy frágil. Se desarrollan entre 35° latitud norte y 32° latitud sur. Solamente en esta estrecha zona encuentran sus condiciones óptimas de crecimiento: sol abundante y agua poco profunda, de 18 a 30 °C.

El origen de los arrecifes

En 1840, el naturalista británico Charles Darwin sugirió una acertada teoría del desarrollo del arrecife coralino. Identificó tres tipos de arrecifes —costeros, de barrera y atolón—, y dijo que representan las sucesivas etapas en el crecimiento del arrecife resultado del hundimiento de la masa de tierra subyacente.

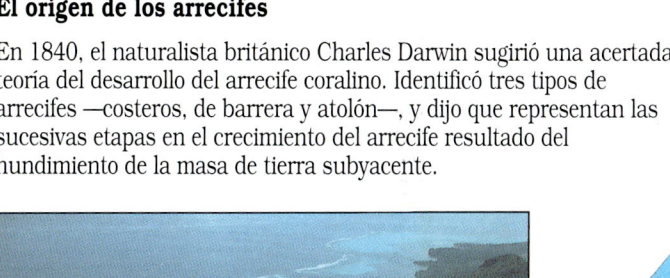

Un arrecife costero en el Pacífico Sur.

Formación de un arrecife costero

Un arrecife coralino se origina cuando las larvas del coral emigran nadando libremente por el mar y se adhieren a rocas en zonas poco profundas de la costa de una isla. Una vez fijadas, las larvas se convierten en pólipos. Luego, estos animales adultos se dividen y ramifican, construyendo un denso arrecife que rodea la isla.

Un arrecife de barrera

En los siglos siguientes al crecimiento de un arrecife costero, la isla empieza a hundirse bajo su propio peso. El arrecife continúa creciendo, formando una barrera alrededor de la isla. El agua atrapada entre la isla y el arrecife forma una laguna.

Un arrecife de barrera protege Bora Bora, en el Pacífico Sur.

Un anillo solitario

Finalmente, la isla que se hunde desaparece, dejando el arrecife coralino —ahora un atolón— rodeando la laguna. La fotografía de la derecha muestra un atolón del Pacífico y su laguna.

¿Por qué no se desbordan los océanos?

Cada año, los océanos son anegados con unos 420.000 kilómetros cúbicos de agua de lluvia, hielo derretido y por la escorrentía de los ríos. A pesar de este diluvio, los mares se mantienen en un nivel constante.

La explicación la encontramos en el sistema circulatorio del agua, el llamado ciclo hidrológico, ilustrado a la derecha. El agua ni aumenta ni disminuye en el planeta. Su abundancia sólo parece que varía porque está en constante movimiento, pasando por un ciclo a través de los océanos, el aire y la tierra.

El ciclo empieza cuando el Sol evapora el agua de océanos, lagos, ríos y suelo. A lo que hay que añadir el vapor de agua que entra en el aire al extraer las plantas agua del suelo y liberarla a través de las hojas en un proceso conocido como transpiración. Posteriormente, el vapor se condensa como lluvia o nieve, el 75% del cual se precipita en los océanos. El resto cae sobre el suelo, ríos y lagos. Parte se filtra en la tierra como agua subterránea, mientras que otra vuelve al mar a través de la escorrentía.

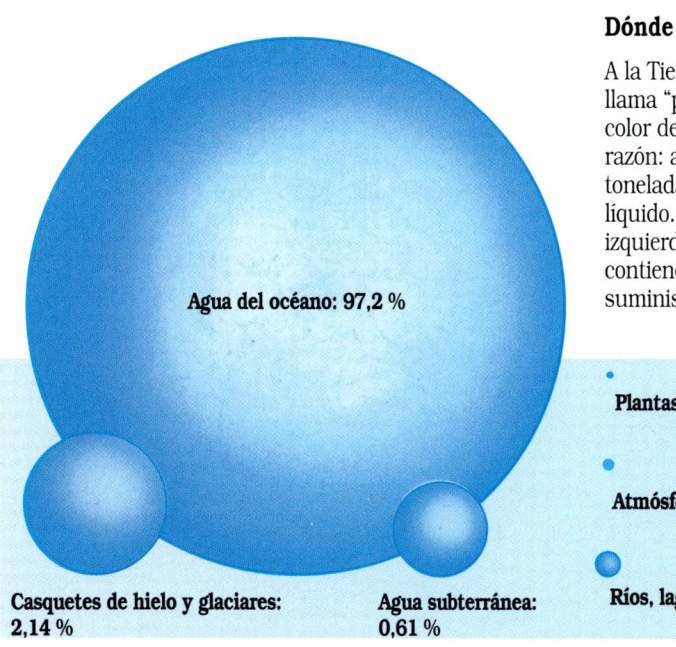

Dónde está el agua

A la Tierra a menudo se le llama "planeta azul" debido al color del agua del mar, y con razón: acoge 1.360 millones de toneladas métricas de ese líquido. Como se muestra a la izquierda, los océanos contienen la mayor parte del suministro mundial de agua.

Agua del océano: 97,2 %

Casquetes de hielo y glaciares: 2,14 %

Agua subterránea: 0,61 %

Plantas: 0,001 %

Atmósfera: 0,01 %

Ríos, lagos, pantanos: 0,02 %

Índices de circulación del agua

Aunque el volumen total del agua del planeta nunca cambia, su porcentaje en el ciclo a través de los océanos, aire y tierra varía enormemente. El gráfico de abajo muestra, en años, el paso de una hipotética molécula de agua a través de una fase del ciclo del agua. Una vez que una molécula de agua se convierte en vapor, por ejemplo, se queda en la atmósfera durante casi 0,025 años (nueve días). Pero si luego es atrapada en el hielo glaciar, pueden pasar 10.000 años antes de que se mueva.

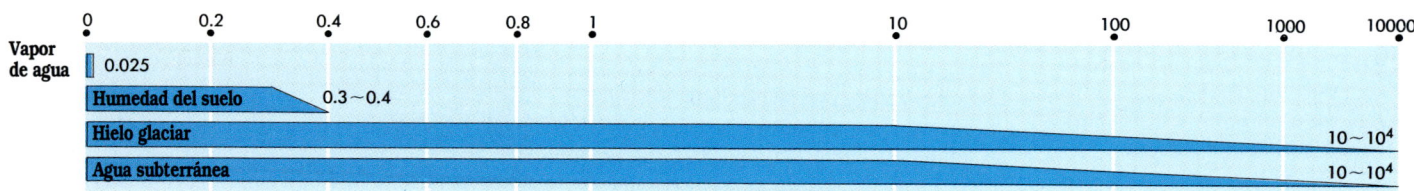

El ciclo global del agua

Precipitación

Evaporación

Agua subterránea

1. Plantas
2. Humedad del suelo
3. Océanos
4. Ríos
5. Lluvia
6. Lagos y pantanos
7. Hielos y nieve

La precipitación supera a la evaporación

La evaporación supera a la precipitación

Índice de intercambio variable

A nivel mundial, la precipitación iguala a la evaporación. No obstante, el índice de intercambio varía de una región a otra *(derecha)*. En los océanos subtropicales y los polos, la evaporación supera a la precipitación *(extremo derecha)*; sin embargo, en las zonas de latitudes altas ocurre justamente lo contrario.

mm/año — Precipitación — Evaporación

83

5 Moldeando la faz de un planeta

A pesar de su aparente inmutabilidad, los accidentes más monumentales de la Tierra —desde las altas paredes del monte Everest a las espectaculares terrazas del Gran Cañón *(derecha)*— se encuentran en un estado de cambio constante. En realidad, toda la superficie del planeta está en permanente cambio cada minuto.

Muchas son las fuerzas que causan estos cambios. Provienen de lo más profundo de la Tierra, donde aumentan el calor y la presión, y pliegan la corteza terrestre provocando que los mares suban y bajen. Estas fuerzas vienen también de la atmósfera, en forma de viento que gradualmente desgasta incluso la roca más dura. Y finalmente, proceden del distante Sol, que evapora el agua de la superficie de la Tierra. Luego, el vapor de agua se precipita en forma de lluvia o nieve, formando corrientes que estrían y canalizan sus orillas, ríos que esculpen las montañas más altas, océanos que engullen costas y glaciares que trituran colinas y las convierten en llanuras.

La transformación del suelo ha continuado durante miles de millones de años; es decir, desde el mismo principio de la formación de la Tierra. Y como se explica en este capítulo, continuará ocurriendo mientras el planeta exista.

El río Colorado ha ido erosionando el Gran Cañón *(derecha)* durante los últimos 65 millones de años aproximadamente. El cañón crecerá en profundidad y anchura durante los millones de años venideros, tal vez hasta que el río alcance el nivel del mar, a casi un kilómetro más de profundidad.

¿Cómo se forman las montañas?

Las cadenas montañosas se elevan por encima de los continentes y cubren gran parte del fondo del océano. Las poderosas fuerzas causantes se originan en las placas tectónicas: en la trituración y el choque continuo de los rígidos bloques de roca, llamados placas, que comprimen la corteza más externa de la Tierra, la litosfera. Como baldosas colocadas sobre alquitrán caliente, las placas flotan encima de una capa de roca parcialmente derretida del manto superior de la Tierra.

Al moverse las placas, sus bordes exteriores chocan frecuentemente, empujando la corteza terrestre hacia arriba y formando pliegues montañosos, en un proceso llamado orogenia *(página siguiente)*. Las cadenas montañosas más altas son el producto de estas colisiones entre placas. Una cordillera como los Andes, que corre paralela a la costa del Pacífico en Sudamérica, surgió cuando una placa oceánica sufrió un empuje o subducción por debajo de una placa continental, y el borde de esta última se contrajo. Sin embargo, cuando dos placas continentales colisionan, ninguna se hunde completamente. Al contrario, la corteza de la zona de colisión se dobla hacia arriba, formando una cadena de montañas de plegamiento, como los Apalaches, los Alpes o el Himalaya.

Otro tipo de montaña se forma por el movimiento a lo largo de una falla, una fractura en la superficie de la Tierra: enormes bloques —porciones de la corteza terrestre— son levantados en la zona de fractura, dando como resultado montañas con estructura en bloque, tales como la cordillera de Sierra Nevada, en el oeste de Estados Unidos.

Los cincelados flancos de la cordillera Teton, en el centro-norte de Estados Unidos *(arriba)*, son unas típicas montañas con estructura en bloque. Ésta y otras cordilleras de este tipo tienen escarpados precipicios por un lado y pendientes graduales por el otro.

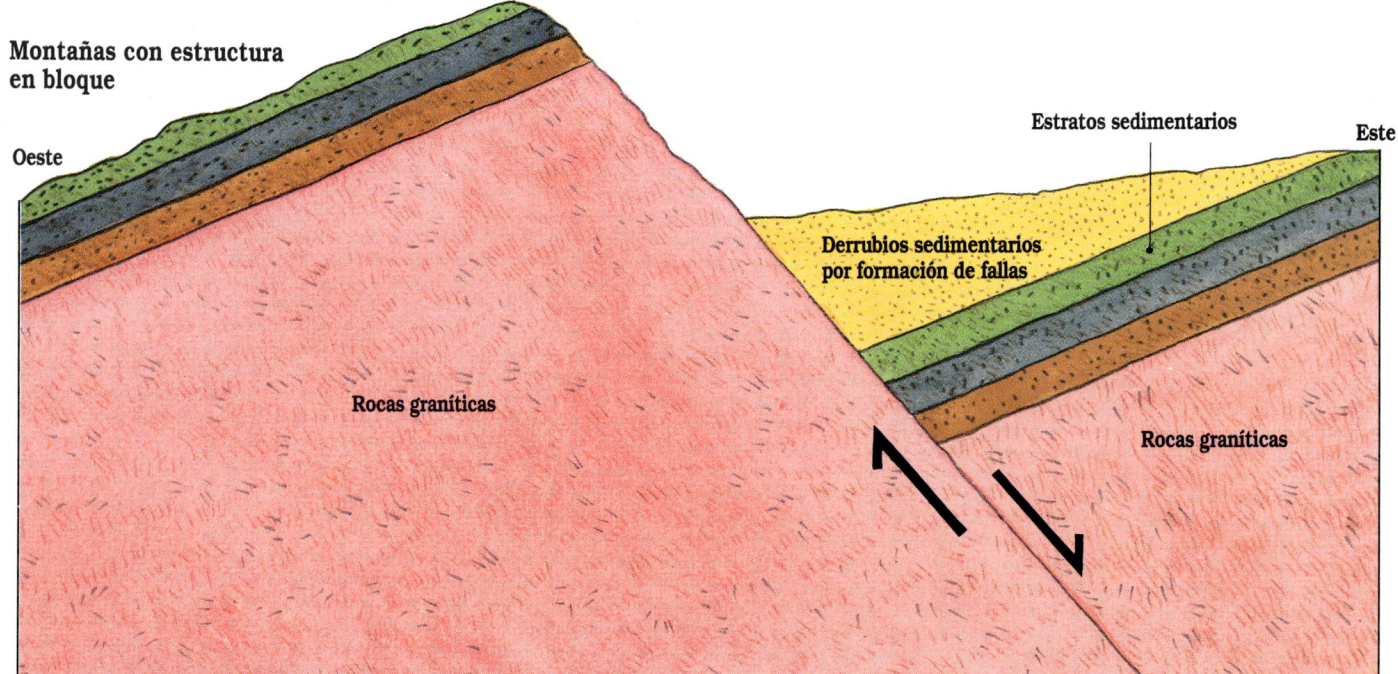

Situada a unos 1.100 kilómetros del extremo oriental de Estados Unidos, la cordillera Teton, en Wyoming occidental *(diagrama, arriba),* tiene su origen en los repetidos movimientos verticales del suelo a lo largo de una escarpada falla que bordea la cara de la cordillera. El bloque de corteza del lado este de la falla se deslizó más de 3.000 metros con respecto al bloque de corteza del lado oeste. Las rocas graníticas que forman la mayor parte de las montañas Teton están cubiertas por una capa de estratos sedimentarios, inclinados hacia el oeste por los movimientos a lo largo de la falla.

Montañas formadas por la colisión de las placas continentales

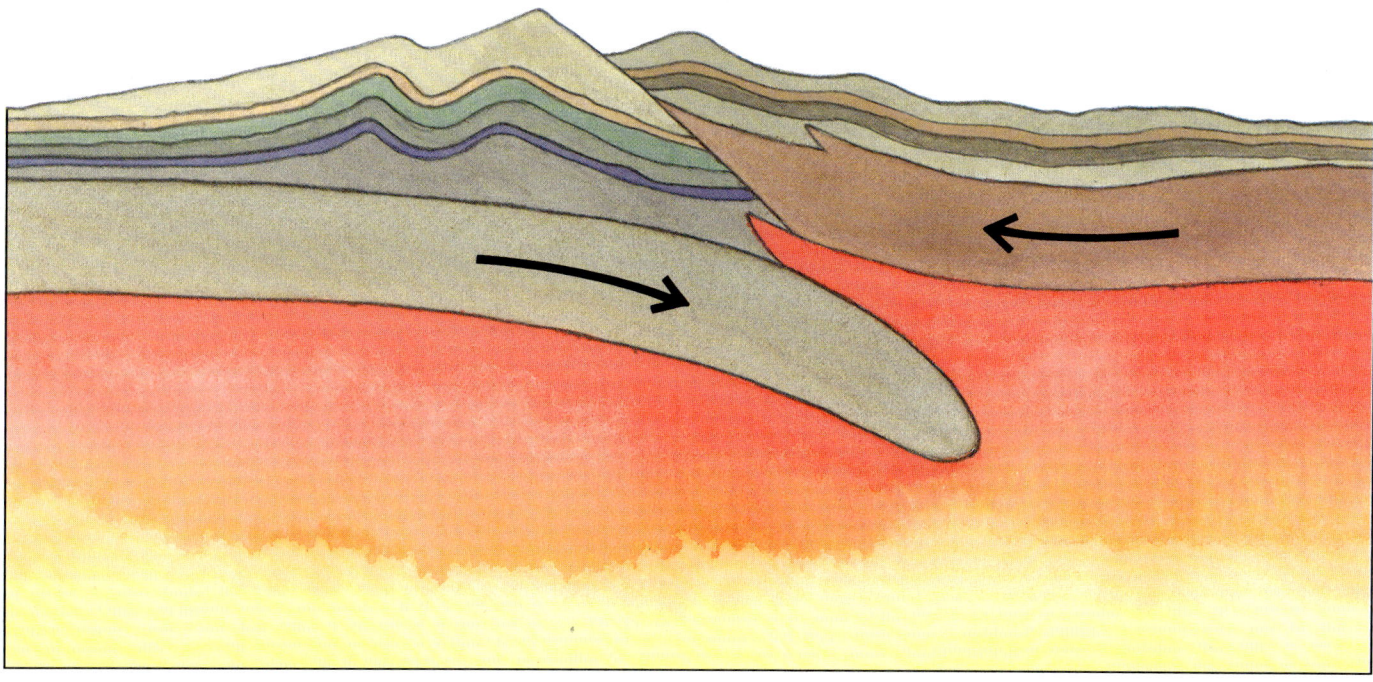

La colisión de dos placas continentales que fueron separadas por un océano originan cadenas montañosas de plegamiento y grandes zonas de rocas metamórficas; es decir, rocas cuya composición mineral ha sido alterada por las intensas presiones y temperaturas generadas durante la colisión. Los montes Apalaches se formaron por un fenómeno de este tipo, cuando el predecesor del océano Atlántico se cerró. Después de la colisión y la formación de la cordillera, el fondo marino continuó extendiéndose, y el Atlántico actual empezó a abrirse lentamente.

Montañas formadas por el hundimiento de una placa oceánica

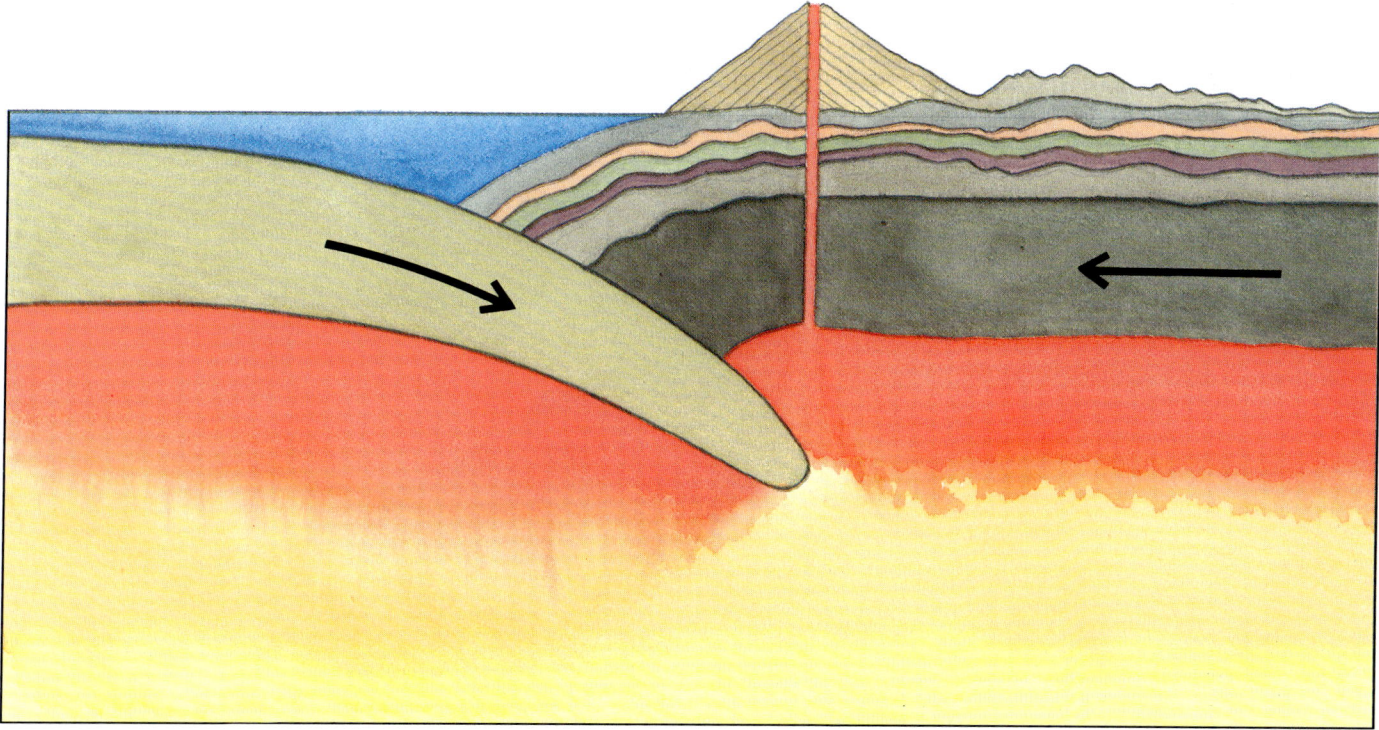

Cuando una placa oceánica colisiona con una continental, la placa oceánica, al ser más densa, es forzada por debajo de la placa continental en un proceso conocido como hundimiento o subducción. Las poderosas fuerzas horizontales que se producen durante este tipo de colisión elevan y pliegan el margen del continente. Cuando la placa oceánica subducida se desliza por debajo de la placa continental, es llevada a profundidades cada vez más grandes; finalmente, se funde el borde de choque de la placa oceánica. Este material fundido luego puede abrirse paso a través del continente que lo cubre y formar una cadena de volcanes, como los de las montañas Cascade, en el oeste de Estados Unidos, y los de Japón.

¿Cómo se originan las terrazas?

Un río no sólo transporta agua. El limo, la arena, la grava y la arcilla, desalojados del lecho y de las orillas del río por la fuerza de la corriente, forman un cargamento de sedimento que el agua transporta corriente abajo. Cuando un cambio climático o estacional provoca la disminución de la corriente, estos sedimentos fluviales —conocidos como aluvión— son depositados y esparcidos al lado del río. Luego, cuando la corriente aumenta de nuevo, el río penetra más profundamente en este material aluvial, dejando el cauce a un nivel más bajo. El resto del aluvión, un nivel más arriba, se convierte en una terraza fluvial.

Las terrazas costeras se parecen a las fluviales, pero se forman por erosión y no por deposición. Cuando un descenso del nivel del mar deja al descubierto el fondo inclinado cerca del litoral, el lecho del mar se convierte en una terraza costera. Después, las olas del océano suavizan y aplanan la terraza. Si las olas baten la terraza donde se une a la tierra, se puede formar un escarpado acantilado.

Formación de una terraza fluvial

1 Un río erosiona el aluvión, o los sedimentos, y los transporta corriente abajo. Cuando ésta se debilita, el aluvión se esparce y forma una superficie ancha y llana a ambos lados del río *(abajo)*.

2 Cuando la corriente del río recobra fuerza —debido a una elevación del terreno, por ejemplo—, su poder de erosión aumenta. El agua talla un canal más profundo, el lecho del río baja y el aluvión se convierte en una terraza.

Formación de una terraza costera

1 Un descenso del nivel del mar hace que el fondo del océano emerja del agua como una terraza costera. Las olas cincelan la orilla de la nueva línea litoral, formando acantilados en la playa.

2 Cuando el nivel del mar desciende de nuevo —durante un período de glaciación, por ejemplo—, el lecho marino recién descubierto forma una segunda terraza más baja.

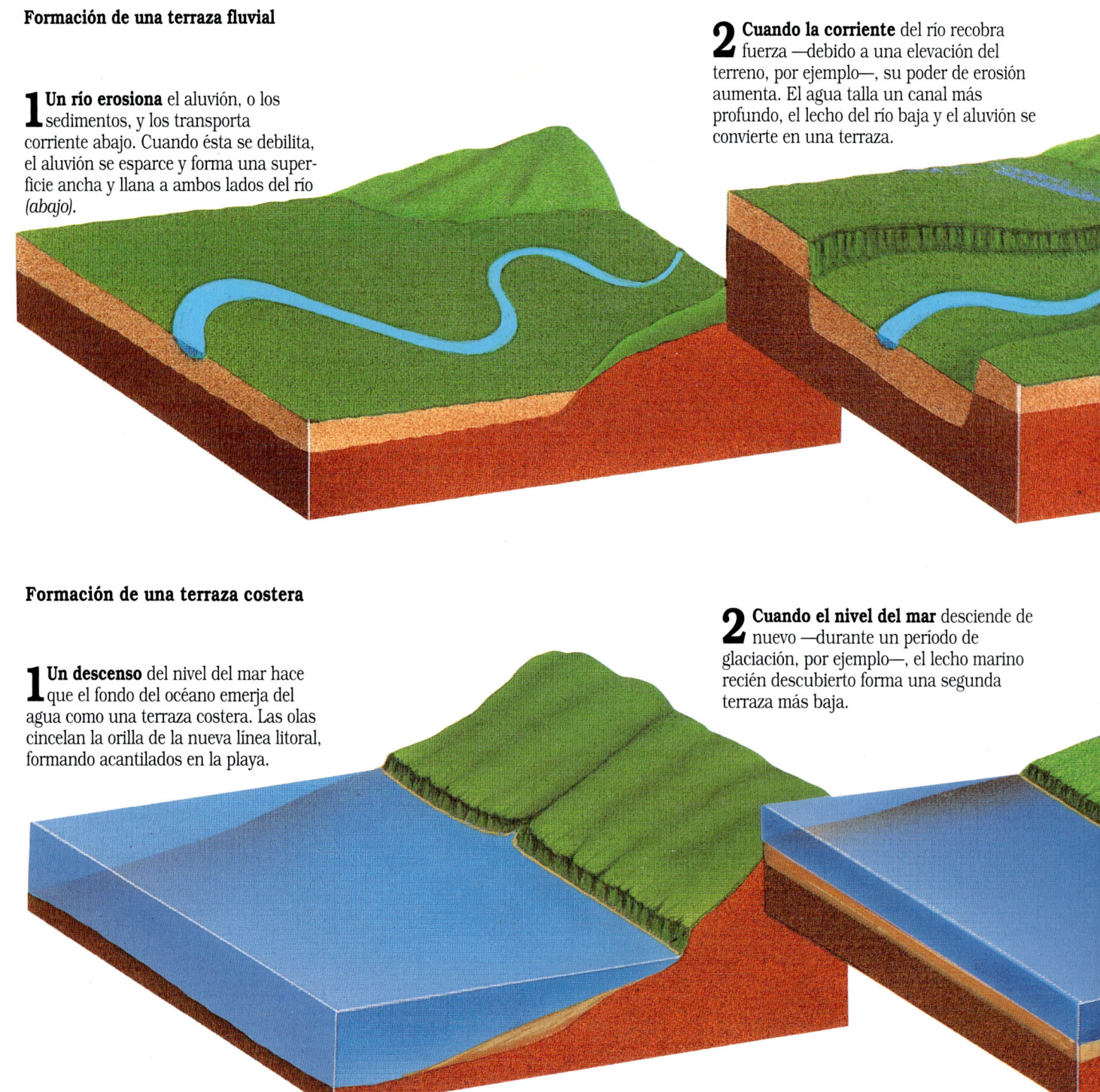

Encuadradas por fértiles tierras de cultivo, las terrazas fluviales se elevan gradualmente a ambos lados del río Katashina, en Japón.

El litoral con terrazas de la isla Sado, en Japón, muestra el efecto final de un descenso del mar.

3 **Con cada descenso subsiguiente,** en el lecho del río se forma una nueva terraza.

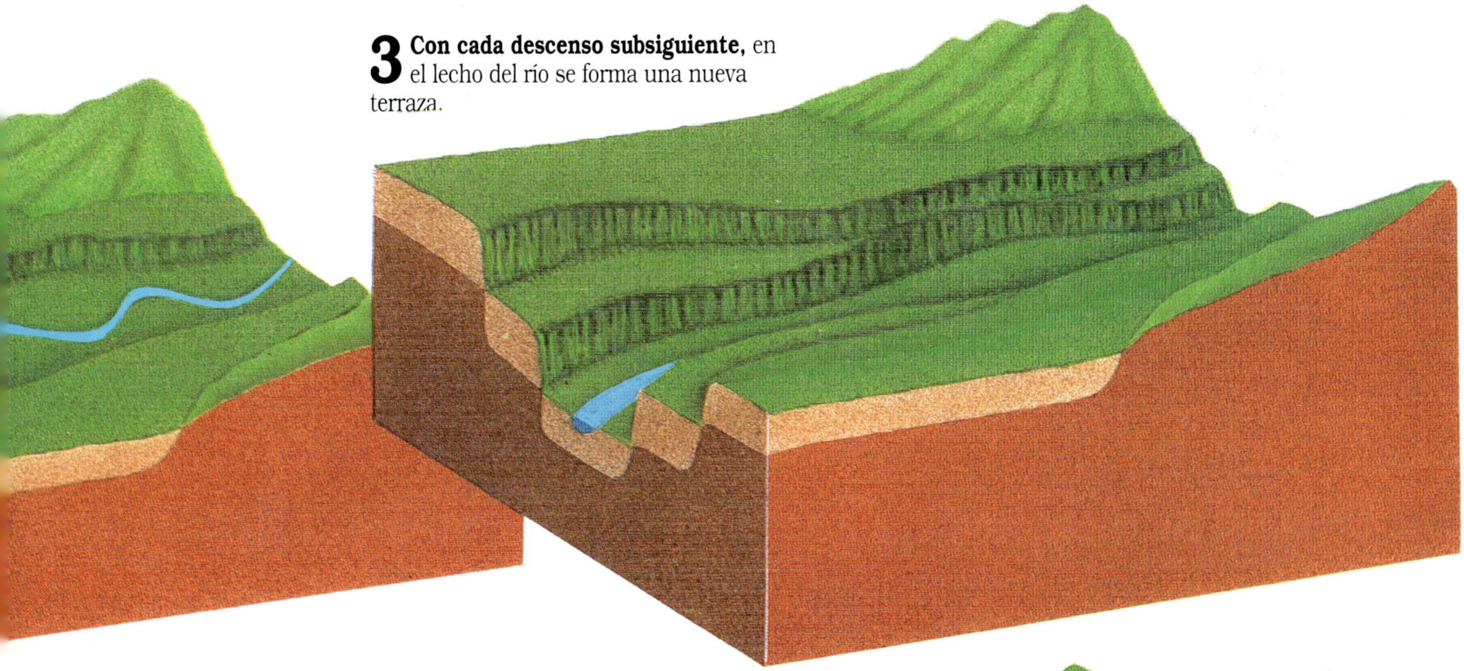

3 **Sucesivos descensos** del nivel del mar van descubriendo gradualmente más porciones del fondo oceánico, formando nuevas terrazas costeras y acantilados marinos.

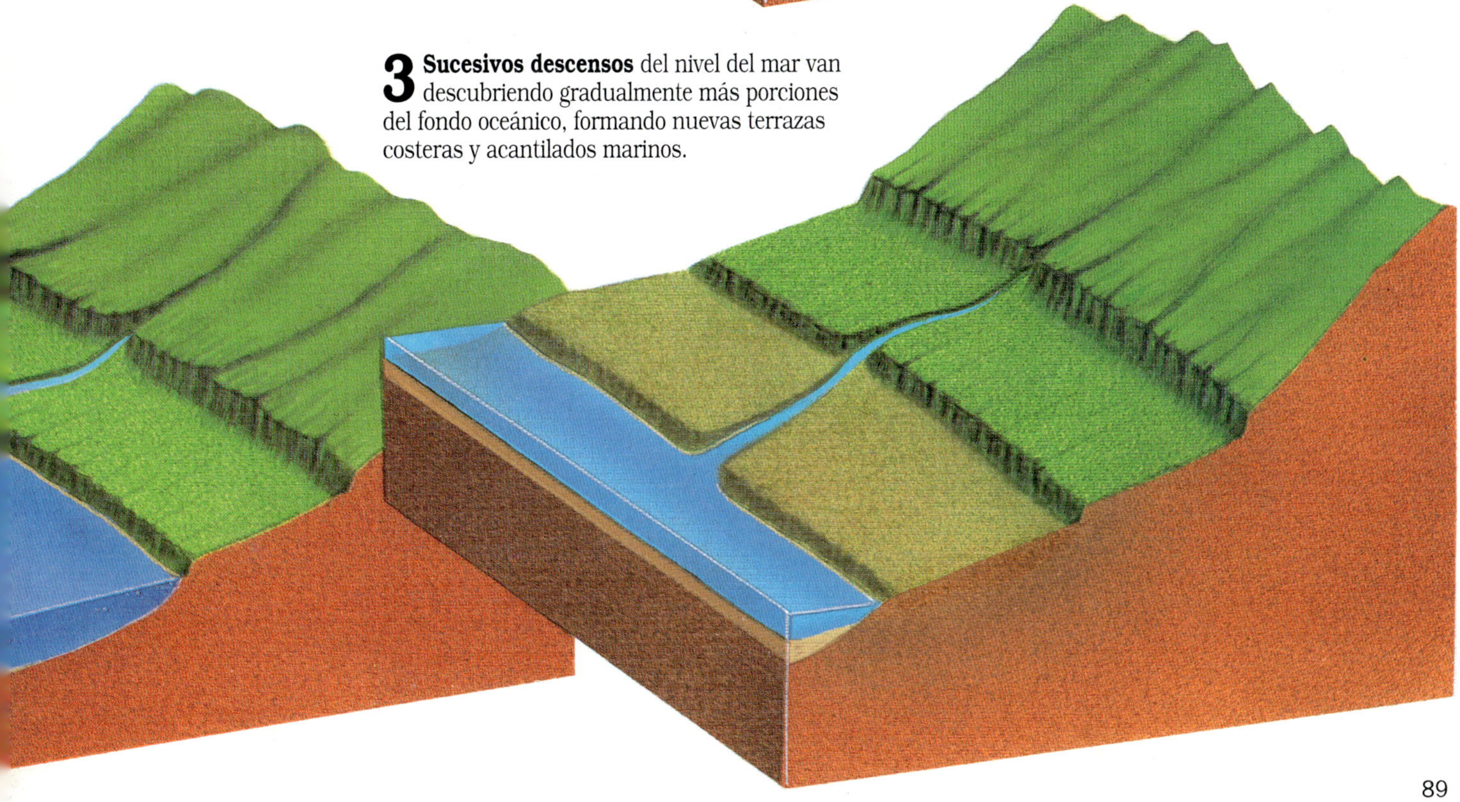

¿Puede el mar invadir la tierra?

Los cambios repentinos o graduales en la corteza terrestre o en el volumen de los océanos pueden elevar el nivel del mar de una zona costera y permitir que el océano inunde la tierra y forme un nuevo litoral. El aspecto de la remodelada costa —bahías, ensenadas, penínsulas o fiordos— está determinado por la forma del terreno antes de que el mar lo invadiera.

Cuando el mar inunda una zona de suaves colinas, el resultado son valles sumergidos; éstos a menudo están salpicados de islas y festoneados por ensenadas y bahías, como en la bahía de Chesapeake, en la costa este de Estados Unidos. Una costa de rías, otro tipo de valle sumergido, toma forma cuando el agua del océano empieza a sumergir las escarpadas cordilleras que se encuentran perpendiculares a la costa. Las lomas se convierten en penínsulas en forma de dedos y en islas que sobresalen del mar, mientras que los valles se transforman en largas ensenadas en forma de embudo. Este tipo de costa es frecuente en Irlanda y España.

Allí donde las cordilleras corren paralelas al mar, la inundación del océano produce una costa como la de Dalmacia. El ascenso del agua convierte los valles en estrechos y separa las cordilleras en forma de largas y finas islas, como ha sucedido en la costa de Croacia. Un fiordo se forma cuando el mar llena un valle en forma de "U" excavado por los glaciares.

Este mosaico de ensenadas e islas es típico de un valle sumergido.

Una costa de rías *(arriba)* está jalonada por profundas y afiladas ensenadas alternadas con largos dedos de tierra.

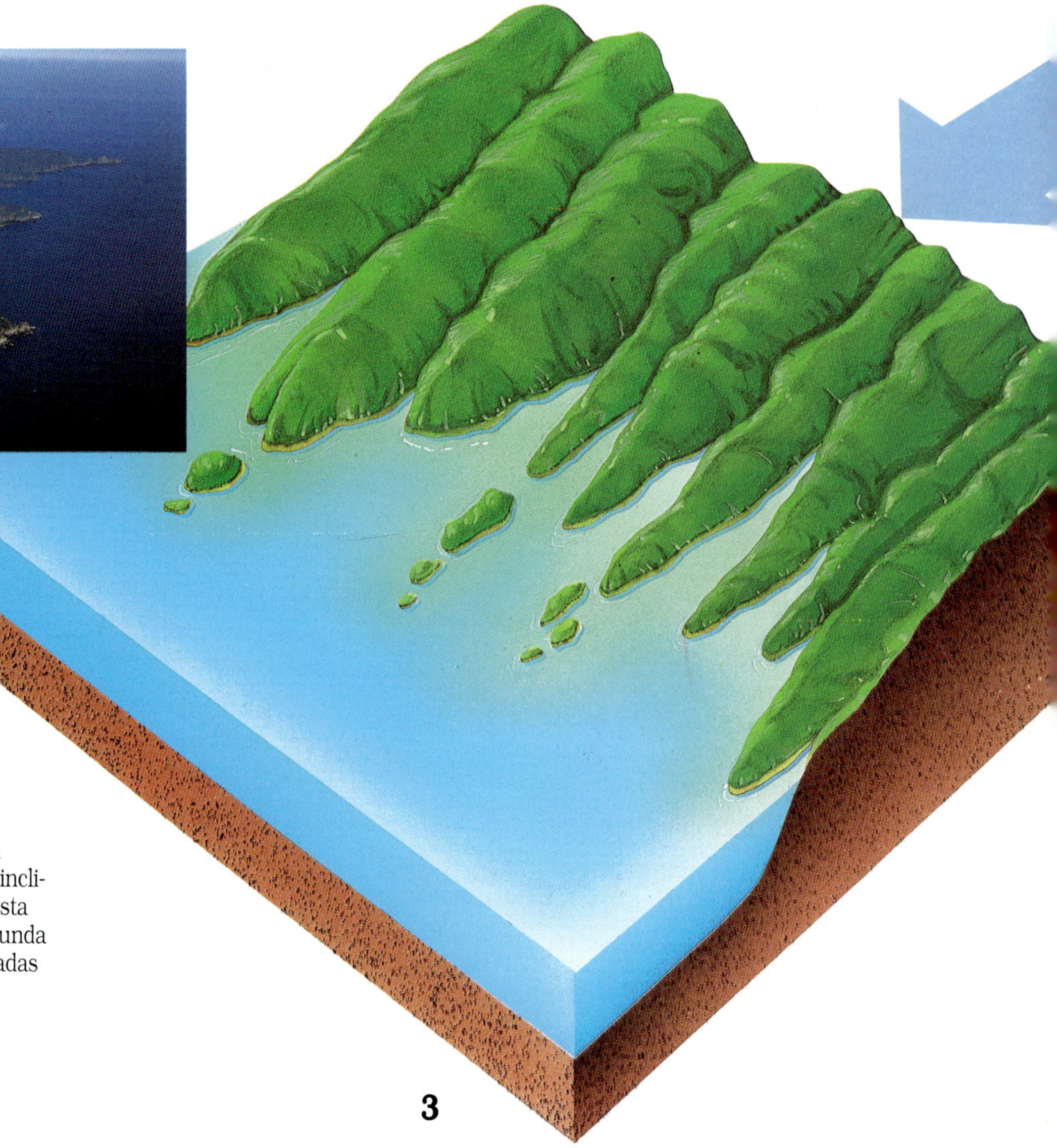

Inundación de la costa

Una costa de rías se forma a partir de un litoral cuyas cordilleras escarpadamente inclinadas corren perpendicularmente a la costa (1). Cuando sube el nivel del mar, éste inunda los valles (2), formando profundas ensenadas entre estrechas penínsulas e islas (3).

Formación de un fiordo

Cuando los glaciares se deslizan hacia el mar, escavan valles en forma de "U" de altas y abruptas paredes *(arriba)*. Si más adelante el agua del mar llena los valles, los convierte en fiordos.

La serpenteante costa de Noruega

Fiordos como éste abundan a lo largo de la acantilada costa de Noruega. Si todos los fiordos del país se extendieran en línea recta, la costa —de 1.992 kilómetros— pasaría a tener 13.000 kilómetros.

¿Qué es una cuesta?

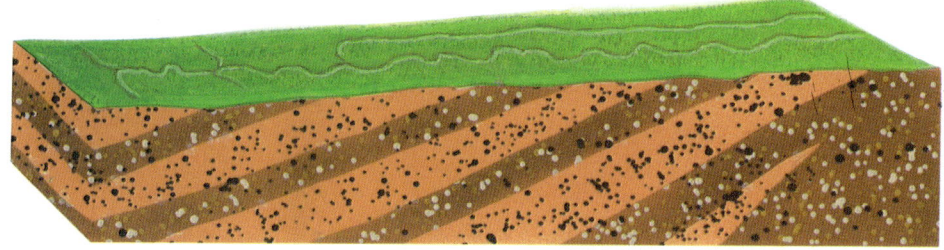

1 **A la izquierda se muestra** una porción de terreno que probablemente originará la elevación de los relieves bajos conocidos como cuestas. Por debajo de tierra, bandas alternadas de roca blanda y dura se inclinan en un ángulo de 15 grados o menos.

2 **Las capas más blandas** de roca —arcilla o esquisto, por ejemplo— se erosionan relativamente deprisa, dejando buzamientos en el terreno. Los estratos duros como la caliza o la arenisca, se erosionan a un ritmo más lento, formando colinas suavemente onduladas.

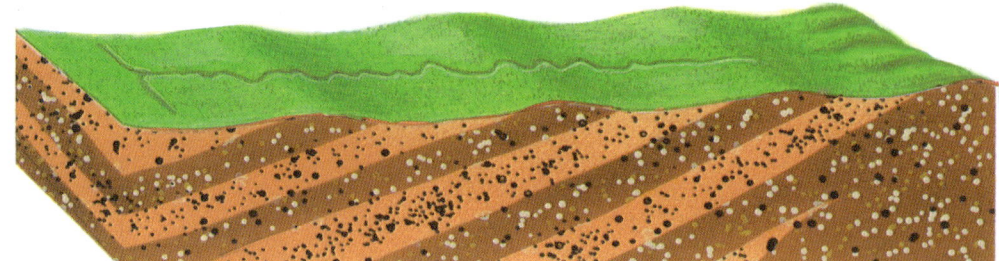

3 **Cuando el viento y la lluvia** erosionan el terreno, los estratos más blandos se desgastan, dejando suaves pendientes. Los estratos más duros y resistentes permanecen en su sitio, formando las cuestas.

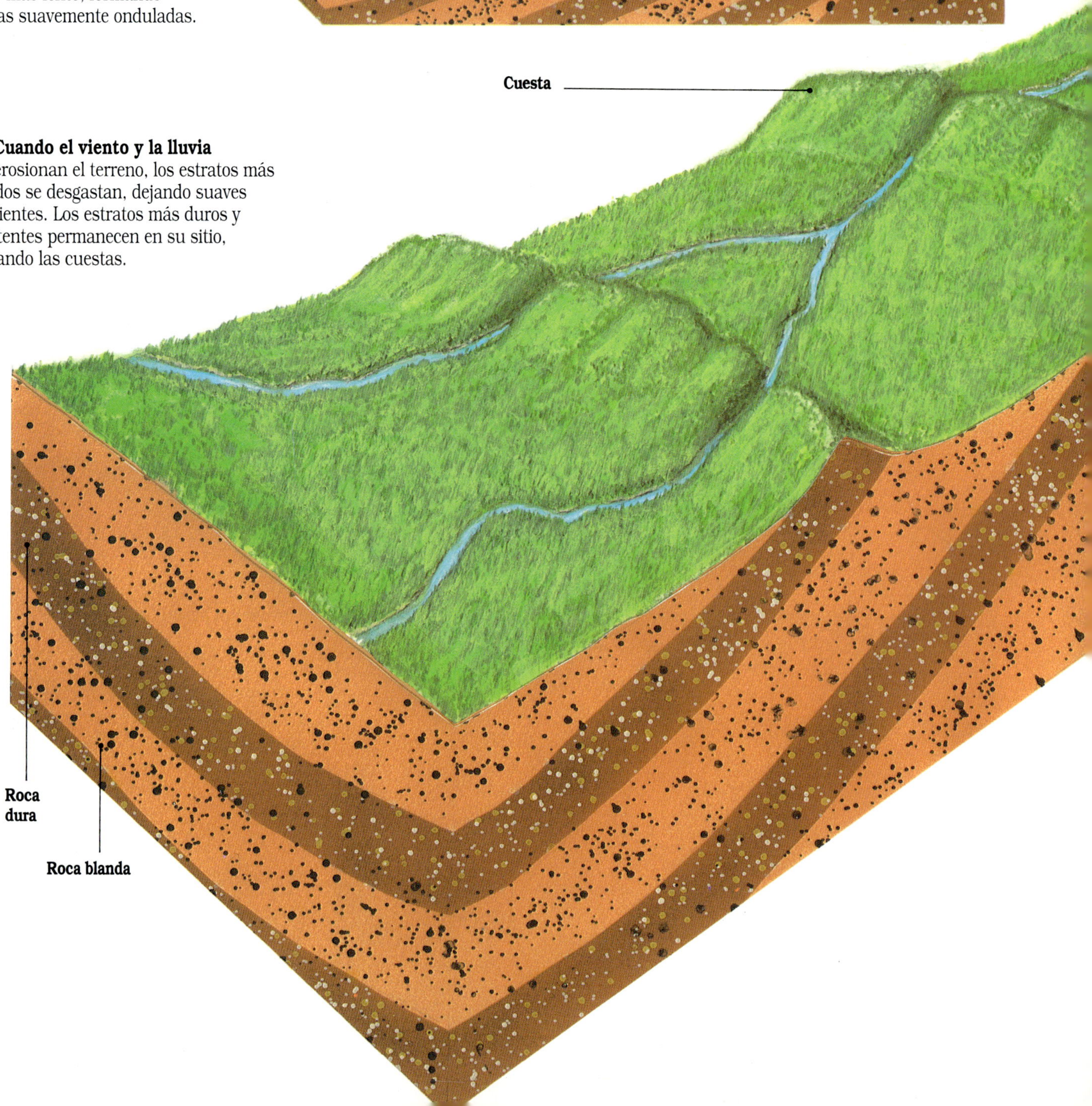

Cuesta

Roca dura

Roca blanda

Los contornos de la superficie de la Tierra, igual que los de una escultura, dependen, en ambos casos, tanto de las fuerzas que esculpen como del material que es tallado. Cuando la fuerza es la erosión y el material consiste en estratos de roca sedimentaria suavemente inclinados, el escenario está preparado para la formación de largos y bajos relieves paralelos llamados cuestas.

Una cuesta tiene un perfil característico. En un lado se encuentra una cara escarpada; y en el otro, una pendiente gradual. El relieve debe su forma a la alternancia de los estratos rocosos inferiores, los cuales resisten la erosión de diferente manera. La cuesta misma está hecha de una capa de roca dura, resistente a la erosión. Intercaladas con este estrato se encuentran capas de roca más blandas, las cuales han erosionado y han formado valles entre los dos relieves. Las cuestas caracterizan el paisaje del suroeste de Estados Unidos, las costas del Atlántico y del Golfo de México, el sureste de Gran Bretaña y la cuenca de París, en Francia.

Hay formaciones en cuesta debajo de la ondulada tierra de cultivo de Normandía, Francia.

Las cuestas en la cuenca de París

Una de las formaciones en cuesta más grande es la cuenca de París, en Francia, donde la alternancia de semicírculos de roca dura y blanda ha dejado un panorama de elevaciones concéntricas y valles. El centro es el punto más bajo.

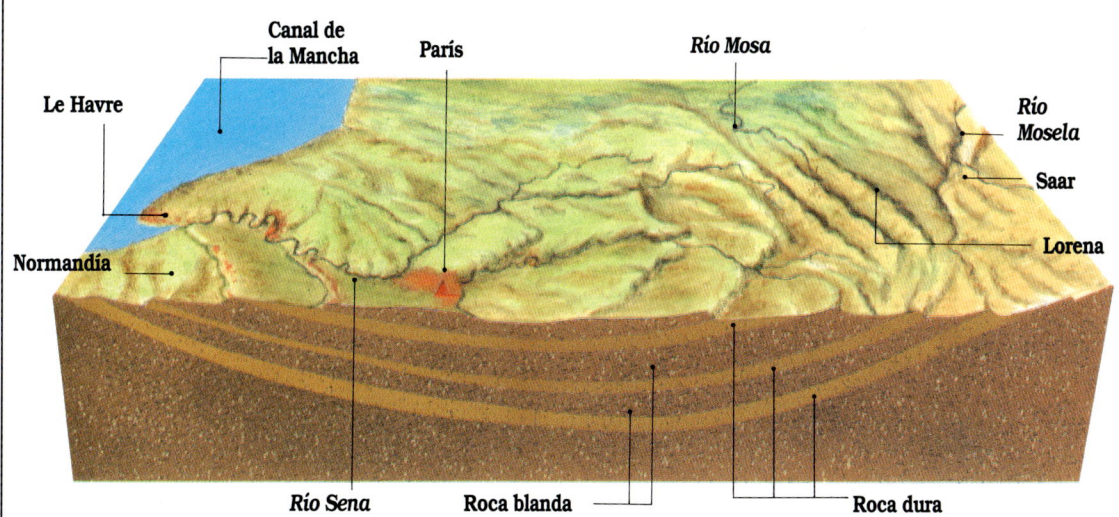

¿Cómo se formó el Gran Cañón?

Hace unos 65 millones de años, una enorme extensión de Estados Unidos se elevó más de 2 kilómetros por encima del nivel del mar. Esta vasta meseta elevada, que cubría zonas de Colorado, Utah, Arizona y Nuevo México, fue la altiplanicie de Colorado, el emplazamiento actual del Gran Cañón.

Sobre esta árida llanura, el poderoso río Colorado empezó a tallar las capas de roca. Mediante la corrosiva fuerza del agua cargada de guijarros y arena, el río fue recorriendo su curso hacia abajo a través de la roca formando un cañón. Después, el viento, la lluvia y la nieve fueron erosionando las paredes del cañón y ensanchando la garganta.

Actualmente, la meseta del Colorado y su impresionante Gran Cañón ofrecen una vasta panorámica de la historia geológica de la Tierra. En las paredes del cañón se puede apreciar evidencia geológica de volcanes, desiertos, formas de vida prehistórica y antiguos mares interiores. La capa más baja contiene antiguas rocas ígneas y metamórficas, algunas de dos mil millones de años de antigüedad, pero sin signos de vida.

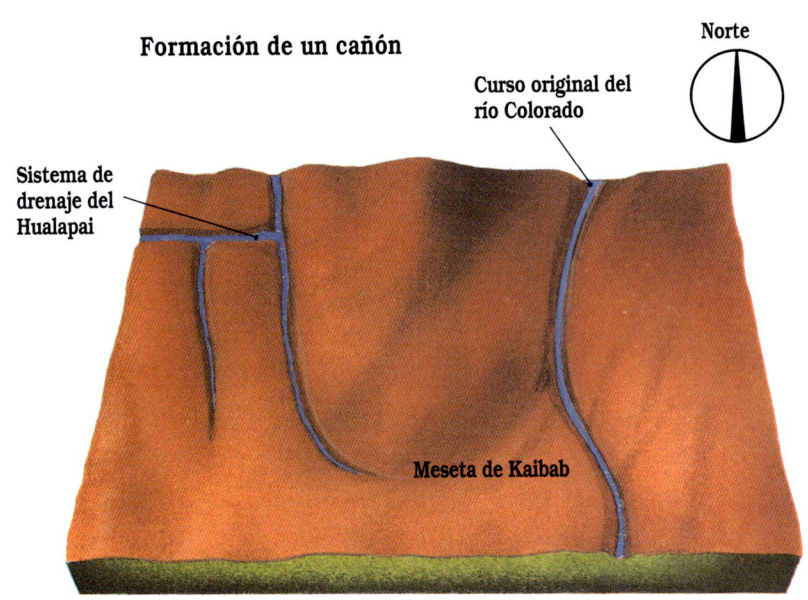

Formación de un cañón

1 **La meseta del Colorado** empezó a elevarse por encima de sus alrededores hace 65 millones de años. Con anterioridad, esa zona se encontraba al nivel del mar, primero cubierta por un desierto y luego, hace más de 250 millones de años, por un mar interior caliente.

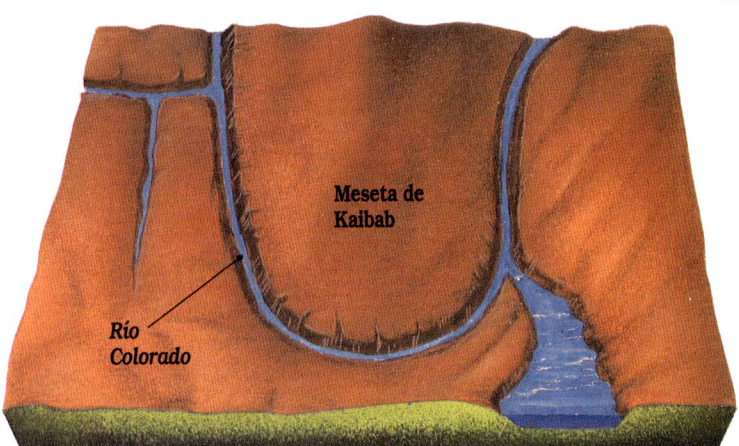
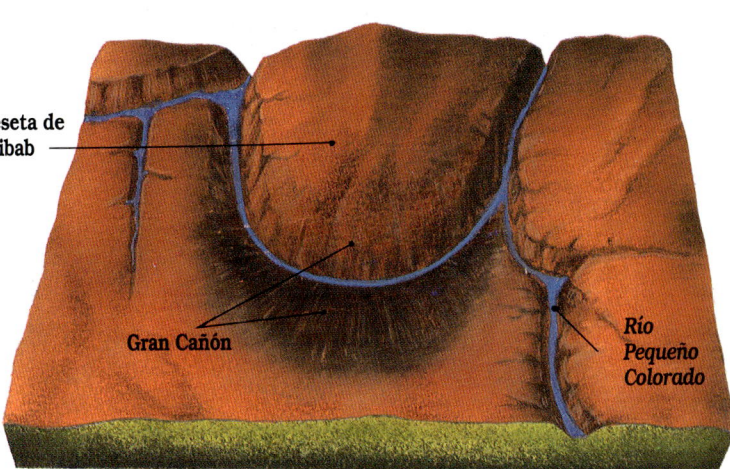

2 Durante la ascensión de la meseta del Colorado, el río del mismo nombre penetró a través de la meseta de Kaibab. Como resultado, el curso se unió al sistema de drenaje del Hualapai, lo que dio lugar al curso actual del Colorado.

3 Ayudado por varios agentes de erosión —el sol, el viento, la lluvia, la nieve, el hielo, e incluso el poder que tienen las raíces de las plantas para destruir las rocas—, el río Colorado tardó millones de años en tallar el Gran Cañón.

Verde por los sedimentos erosionados, el río Colorado corre sin cesar el fondo del Gran Cañón *(arriba)*. A la derecha se muestra una fotografía de satélite de la zona del cañón.

4 El actual Gran Cañón tiene 1,6 kilómetros de profundidad y hasta 30 kilómetros de anchura. Sus capas de roca varían desde los 250 millones de años en la parte superior hasta los 2.000 millones en la base.

- Caliza de Kaibab
- Arenisca de Coconino
- Formación de Supai
- Pared roja de caliza
- Grupo de Tonto
- Grupo de Unkar
- Rocas ígneas y metamórficas antiguas

¿Cómo se formaron los Apalaches?

Hace unos 300 millones de años, una colisión de continentes —Norteamérica chocó lentamente con Europa y luego con África— produjo una tremenda presión sobre los montes Apalaches, que habían empezado a formarse unos 200 millones de años antes. Los violentos choques continentales generaron un calor y una presión intensos, y propiciaron el que una gruesa serie de rocas sedimentarias se elevaran y plegaran la superficie de la Tierra en una cadena montañosa de miles de metros de altura.

Durante el siguiente milenio, la erosión y los nuevos levantamientos configuraron los Apalaches en su forma actual: una cadena montañosa de 2.575 kilómetros de longitud que se extiende desde Terranova, en Canadá, hasta el centro del estado de Alabama, en el sureste de Estados Unidos. En la actualidad, esta cadena montañosa, una de las más extensamente estudiadas del planeta, presenta varias formaciones geográficamente distintivas, en especial la red de nuevas calizas que socavan el suelo por debajo de los Apalaches centrales y el sur. El pico más alto de la cadena es el monte Mitchell, en Carolina del Norte, con sus 2.038 metros de altura.

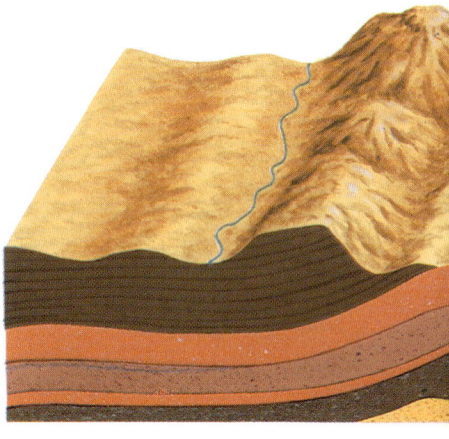

Árboles de hoja caduca cubren gran parte de los montes Apalaches, y ofrecen panoramas otoñales como éste de Carolina del Norte.

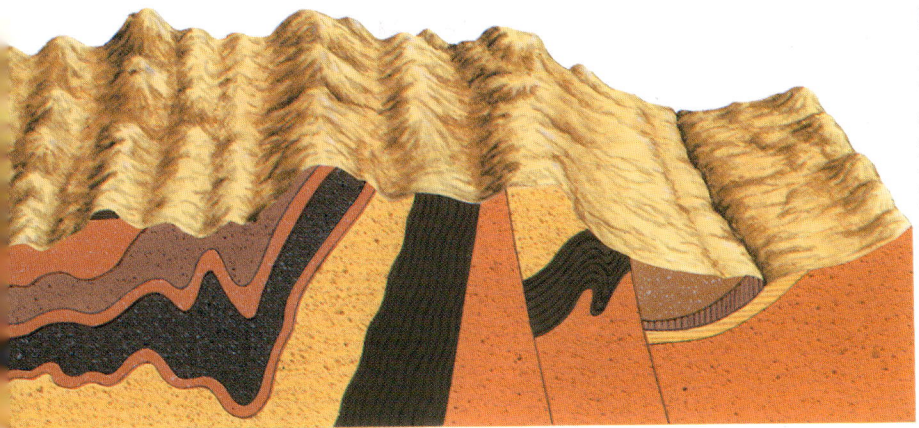

La biografía de una cadena montañosa

Los montes Apalaches empezaron a formarse hace unos 500 millones de años. Los continentes se separaron, luego emprendieron un movimiento de retroceso y colisionaron, originando el calor y la presión necesarios para propiciar una elevación desde el interior de la Tierra. Finalmente, estas fuerzas de colisión elevaron y arrugaron la corteza del planeta, formando una cadena montañosa similar a los Alpes actuales.

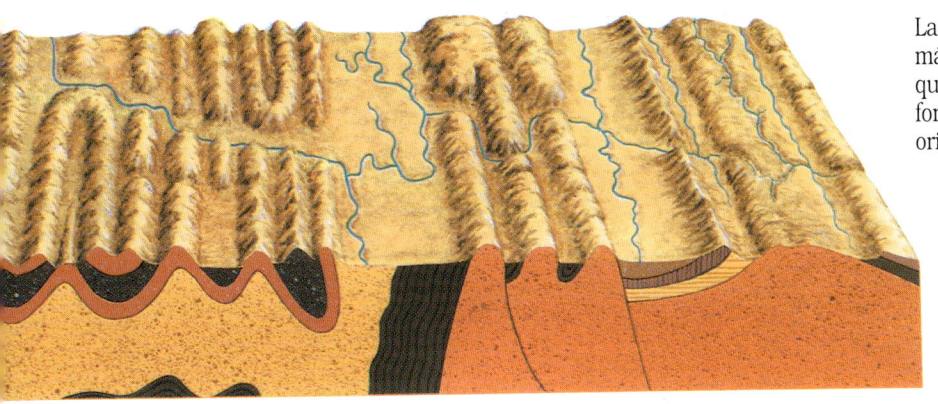

La continuada erosión desgastó las capas de rocas más blandas, pero dejó las duras intactas, quedando al descubierto el lecho de roca de las formas de relieve que encajaban con los pliegues originales.

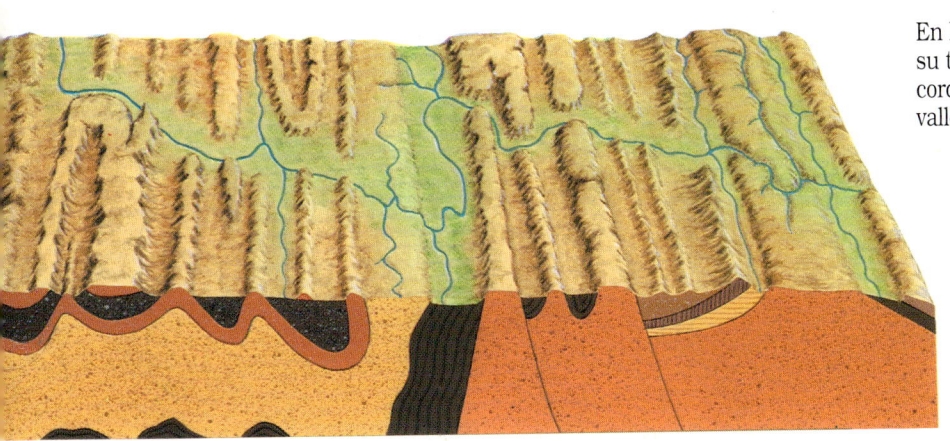

En la actualidad, las fuerzas de erosión continúan su trabajo en los montes Apalaches, moldeando cordilleras, suavizando mesetas y ensanchando valles.

¿Por qué los ríos cruzan el Himalaya?

Hace unos 40 o 60 millones de años, la India, que se había desplazado a través del mar desde la Antártida, chocó con la costa sureste de Eurasia. Aunque la colisión duró millones de años, desencadenó una fuerza tan colosal que dio origen al Himalaya, una cadena montañosa con treinta picos por encima de los 7.300 metros. Entre ellos se encuentra el más alto del mundo, el monte Everest, con sus 8.848 metros.

Normalmente, unas montañas tan grandes como el Himalaya obligarían a los ríos a fluir paralela y no perpendicularmente a ella. Pero muchos de los ríos más antiguos de la región —entre ellos el Indo, el Sutlej y el Brahmaputra— estaban bien constituidos antes de que las montañas empezaran a elevarse. El levantamiento fue lo suficientemente lento como para que los ríos continuaran erosionando sus cauces mientras la elevación progresaba; en realidad, algunos de los ríos aumentaron su velocidad al mismo tiempo que las montañas se hacían más altas. De esta manera, la elevación de las cadenas montañosas y el ahondamiento de los valles fluviales se produjo a la vez, y el Himalaya se convirtió en un desarrollado sistema de ríos que cruzan las montañas por estrechas gargantas.

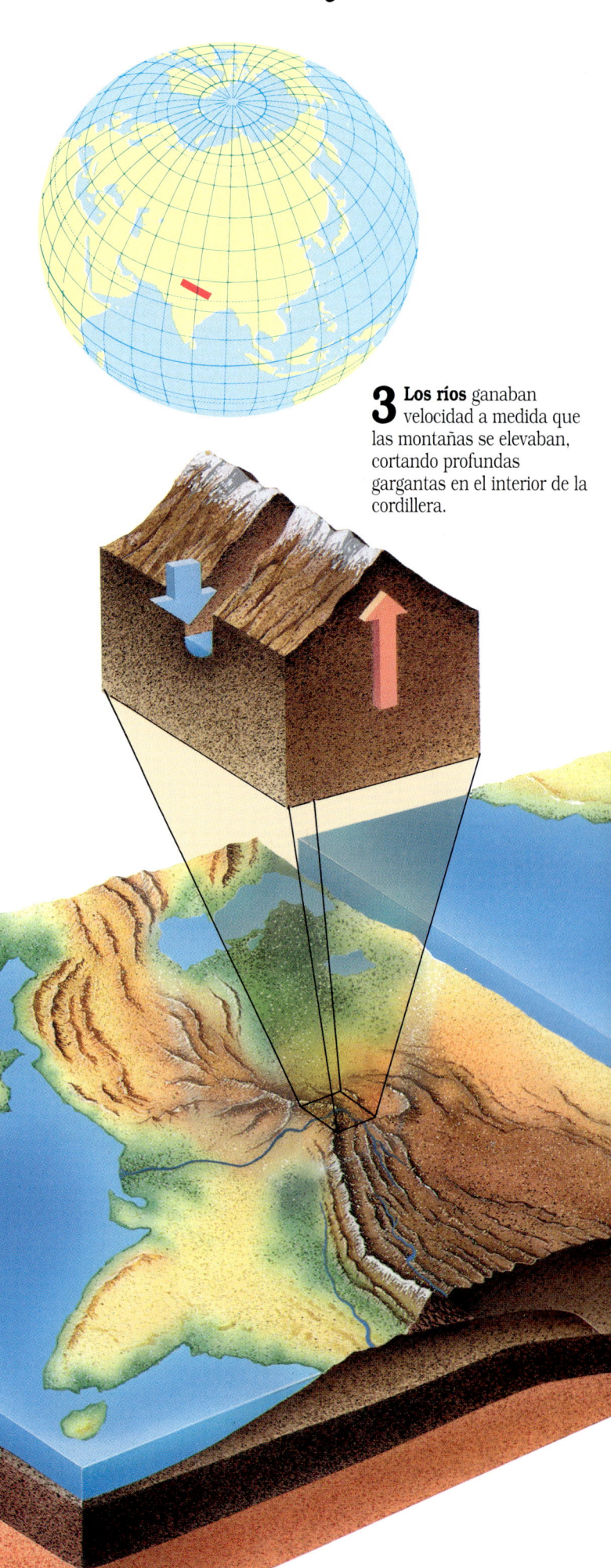

3 Los ríos ganaban velocidad a medida que las montañas se elevaban, cortando profundas gargantas en el interior de la cordillera.

Continentes en colisión

Elevación

Erosión

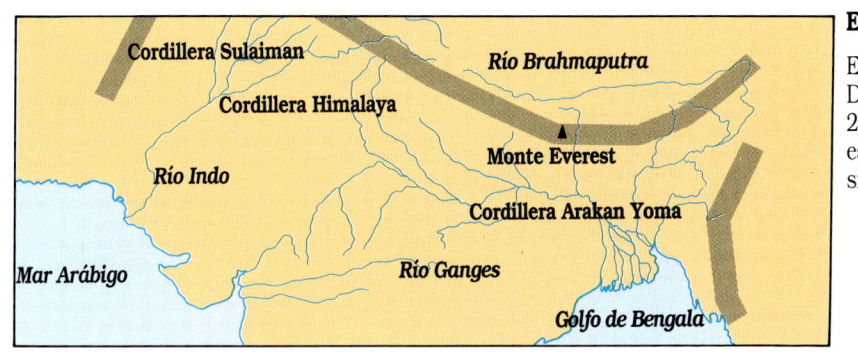

El Himalaya en la actualidad

El Himalaya está formado por varias cadenas montañosas. Dos cordilleras más o menos paralelas rodean un valle de 2.400 kilómetros de largo, en el que el río Indo fluye de este a oeste y el Brahmaputra fluye de oeste a este. Este sistema joven, se eleva 2,5 centímetros cada cinco años.

1 **Para cuando la India y Asia** colisionaron, los ríos ya atravesaban la región.

2 **Mientras las** montañas se elevaban *(flecha rosa)*, los ríos mantenían su ritmo, excavando valles *(flecha azul)* dentro de ellas.

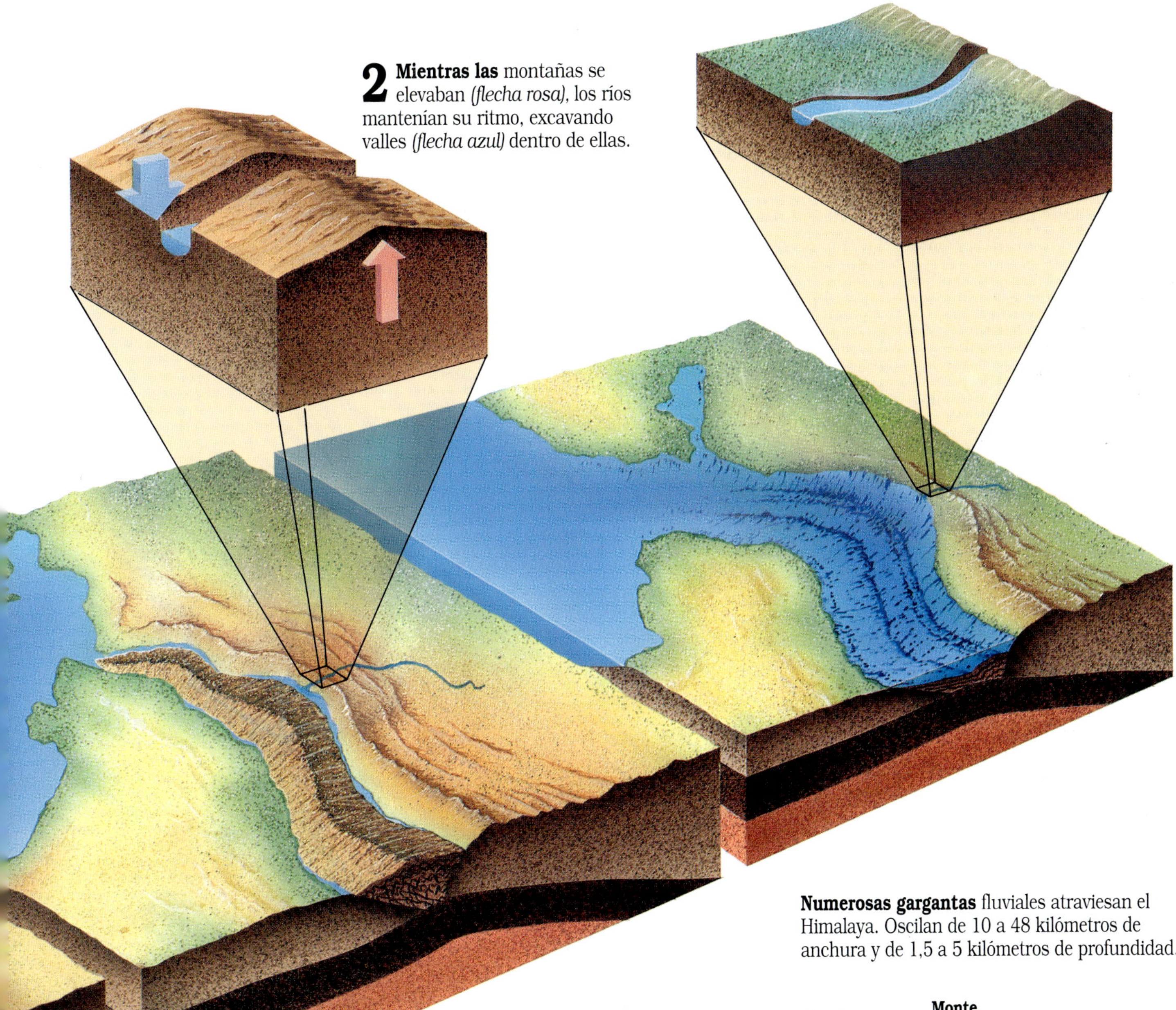

Numerosas gargantas fluviales atraviesan el Himalaya. Oscilan de 10 a 48 kilómetros de anchura y de 1,5 a 5 kilómetros de profundidad.

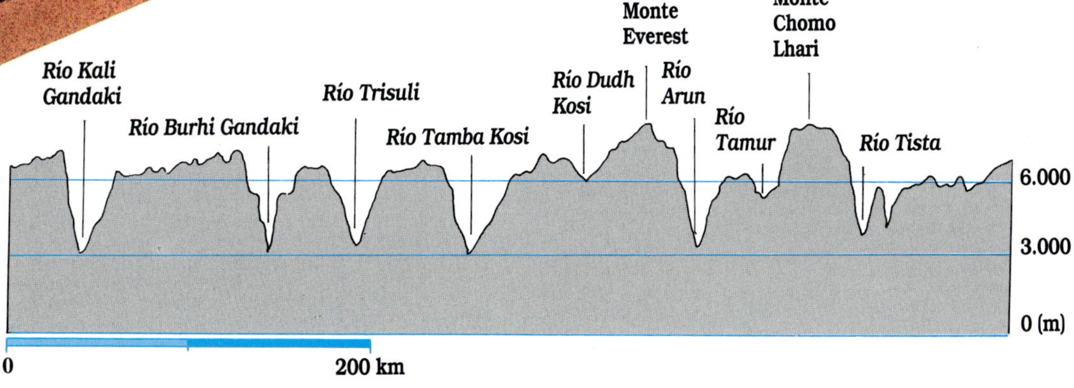

6
El clima, una fuerza de cambio

El viento y las corrientes oceánicas —que dependen para su movimiento de la acción del Sol— entrecruzan el planeta y configuran su medio ambiente. Asimismo, proporcionan a los trópicos lluvias abundantes y calor durante todo el año, mientras que en los polos son responsables de un invierno sin fin. En las tierras que se encuentran entre estos dos extremos, las corrientes pueden dar lugar a cualquier tipo de clima, desde el desierto y el bosque hasta las praderas y la tundra.

La lluvia y la temperatura, los dos componentes emparejados de cualquier clima, pueden determinar no solamente la vegetación sino también la topografía de una zona. En regiones montañosas húmedas, por ejemplo, los aguaceros torrenciales provocan desprendimientos de tierras, y, en una escala de tiempo mucho más larga, la congelación y el agua derretida pueden agrietar poderosos bloques de roca. Desgastados por la lluvia, posteriormente los fragmentos se convierten en arenisca.

En regiones donde escasea el agua, las temperaturas fluctuantes y los vientos persistentes se combinan para configurar el paisaje. En el desierto, las rocas blandas, calcinadas durante el día y heladas por la noche, son desmenuzadas y transportadas como arena llevada por el viento. Las rocas más resistentes van cediendo más lentamente a los vientos del desierto, adoptando formas fantásticas. Hasta la arena es moldeada por el viento y forma ondulantes campos de dunas.

El clima —el agente de estos cambios ambientales— sufre la influencia de la tierra y el mar. Las montañas son las causantes de que los vientos pierdan su humedad, originando frentes lluviosos localizados. En el mar, las corrientes oceánicas cálidas mitigan en parte el frío de los climas nórdicos, mientras que las corrientes frías suponen un alivio refrescante para las tierras cálidas. Por medio de este intercambio, el planeta y su clima se influyen mutuamente.

Configuradas por el viento, estas dunas de arena en el Sáhara, Egipto, son sólo un ejemplo de la capacidad del clima para transformar la faz de la Tierra.

¿Qué causa los corrimientos de tierras?

Cuando las fuertes lluvias saturan las capas del suelo y el sedimento en una ladera escarpada, el agua actúa como un lubricante, haciendo que los granos de tierra caigan en cascada colina abajo. Estos corrimientos de tierras, como se les conoce normalmente, varían en magnitud: desde deslizamientos de rocas pequeñas que pueden bloquear una carretera a corrientes de lodo que pueden tragarse ciudades enteras. Sin embargo, no todos los corrimientos de tierras son provocados por el agua. Una colina inclinada —fruto de un temblor de tierra o por la acción del hombre— puede hacer que caigan materiales de superficie colina abajo. La tierra inclinada con un ángulo de 25° a 40° es muy susceptible de sufrir este tipo de corrimientos.

Los científicos clasifican los corrimientos de tierras dependiendo de cómo se produzca el movimiento. El tipo más corriente es el de reptación superficial: un movimiento cuesta abajo, muy lento, de roca y tierra por efecto de la gravedad. Se denomina caída a la lluvia de roca y detritos. Al movimiento de una gran losa de tierra sólida o roca que patina cuesta abajo se le conoce como deslizamiento. Si la masa que se desliza deja un surco a su paso, nos encontramos ante un hundimiento. Y por último, cuando el sedimento y la roca fluyen como un río colina abajo, el fenómeno recibe el nombre de flujo; esta clase de corrimiento de tierras se produce cuando el agua inunda el suelo o el sedimento.

Los cuatro estadios de un hundimiento

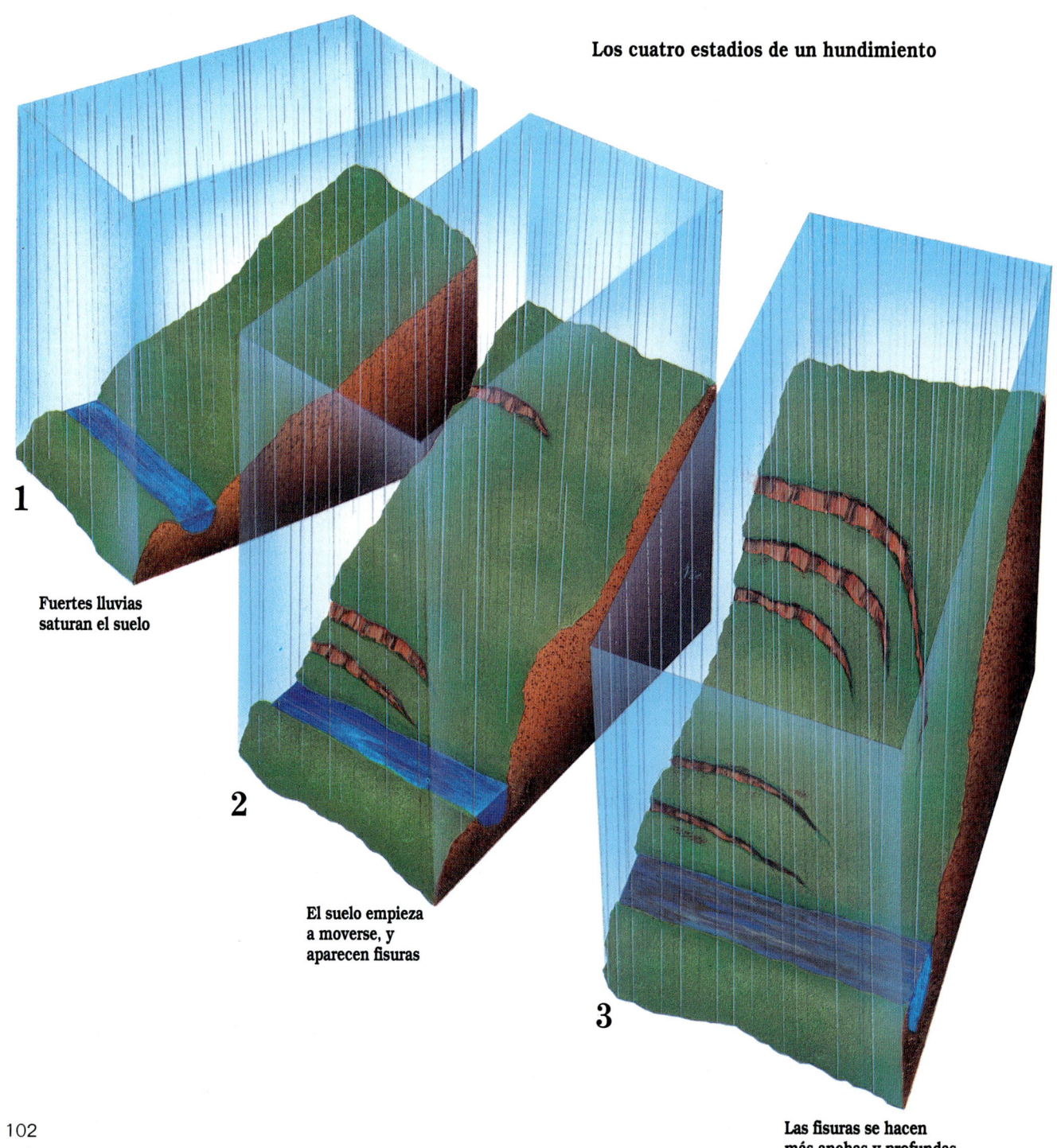

1 Fuertes lluvias saturan el suelo

2 El suelo empieza a moverse, y aparecen fisuras

3 Las fisuras se hacen más anchas y profundas

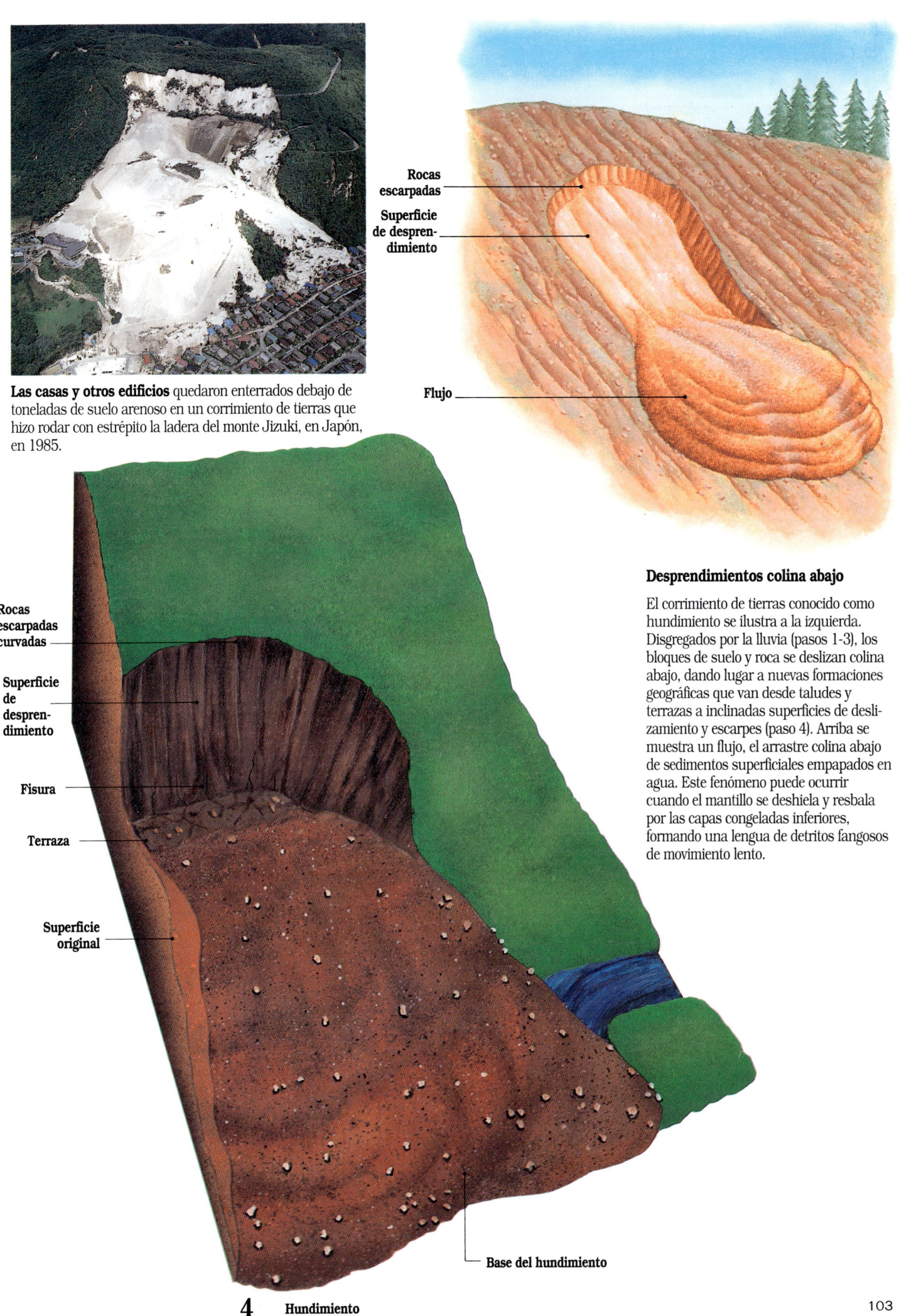

Las casas y otros edificios quedaron enterrados debajo de toneladas de suelo arenoso en un corrimiento de tierras que hizo rodar con estrépito la ladera del monte Jizuki, en Japón, en 1985.

Desprendimientos colina abajo

El corrimiento de tierras conocido como hundimiento se ilustra a la izquierda. Disgregados por la lluvia (pasos 1-3), los bloques de suelo y roca se deslizan colina abajo, dando lugar a nuevas formaciones geográficas que van desde taludes y terrazas a inclinadas superficies de deslizamiento y escarpes (paso 4). Arriba se muestra un flujo, el arrastre colina abajo de sedimentos superficiales empapados en agua. Este fenómeno puede ocurrir cuando el mantillo se deshiela y resbala por las capas congeladas inferiores, formando una lengua de detritos fangosos de movimiento lento.

4 Hundimiento

¿Puede el viento crear un desierto?

Los desiertos más extensos de la Tierra —Sáhara, en África; Rub'al-Jali, en Arabia Saudí; y el Gran Desierto Victoria, en Australia— están situados en una franja relativamente estrecha, la encuadrada entre los 15° y 30° de latitud en los hemisferios Norte y Sur. Estas dos zonas están dominadas por vientos alisios: corrientes de aire caliente y seco que circunnavegan el globo, debidas a las diferencias de temperatura entre el ecuador y las latitudes más altas.

Las masas de aire sobre los calientes y húmedos trópicos absorben aire húmedo y cálido y se elevan. A medida que el aire caliente asciende, se enfría y libera su humedad en forma de lluvia *(página siguiente, arriba a la derecha)*. Después, la corriente de aire seco se dirige hacia los polos, volviéndose más fría y pesada, hasta que desciende en las latitudes subtropicales. Calentada de nuevo durante su descenso, la corriente de aire —llamada ahora viento alisio— gira hacia el ecuador; en ese trayecto, sopla a través de los continentes como una brisa caliente y seca. Estos vientos ardientes han transformado gradualmente muchas tierras subtropicales en desiertos.

■ **De roca a arena**

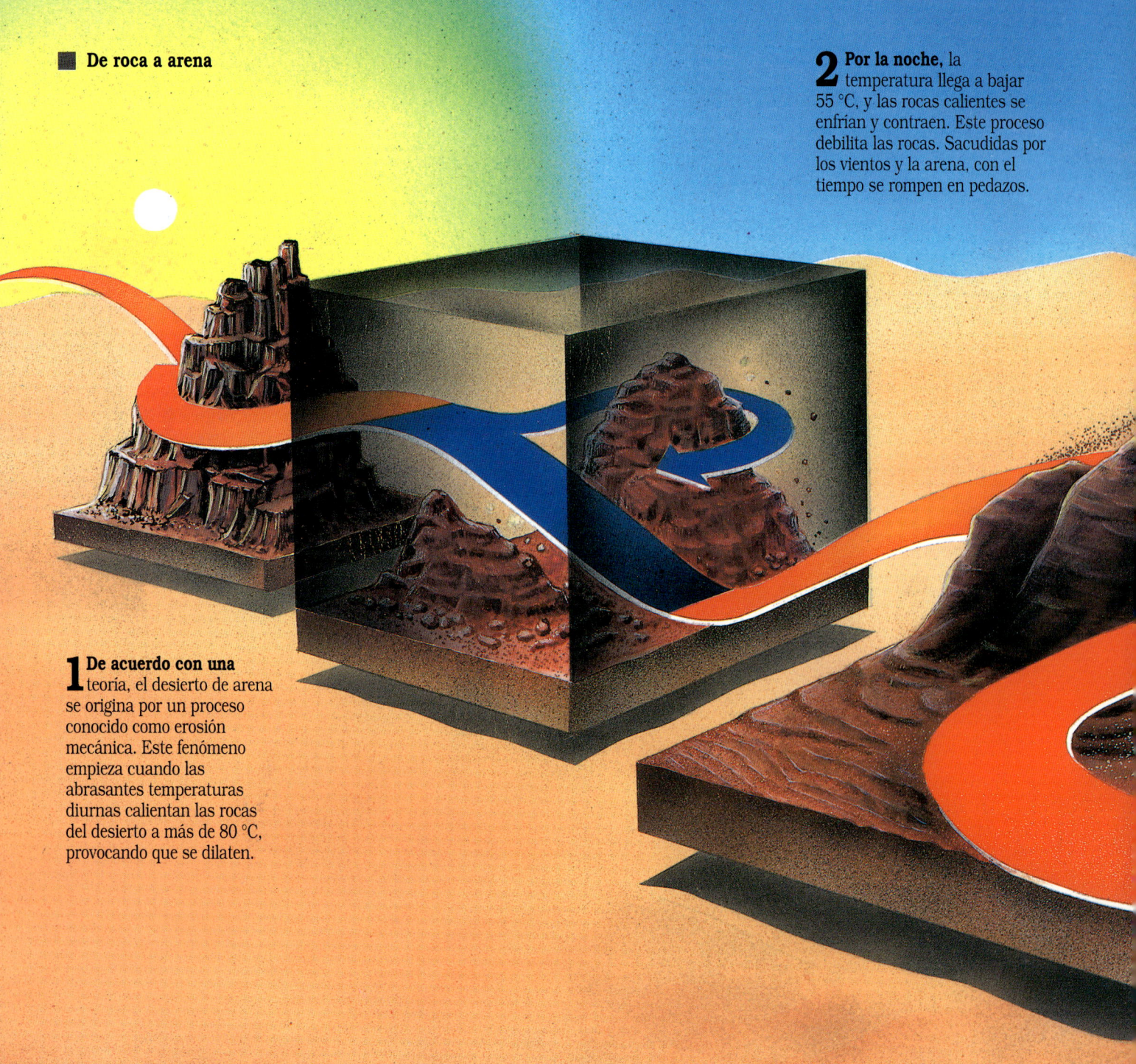

1 **De acuerdo con una** teoría, el desierto de arena se origina por un proceso conocido como erosión mecánica. Este fenómeno empieza cuando las abrasantes temperaturas diurnas calientan las rocas del desierto a más de 80 °C, provocando que se dilaten.

2 **Por la noche,** la temperatura llega a bajar 55 °C, y las rocas calientes se enfrían y contraen. Este proceso debilita las rocas. Sacudidas por los vientos y la arena, con el tiempo se rompen en pedazos.

Cómo los vientos forman los desiertos

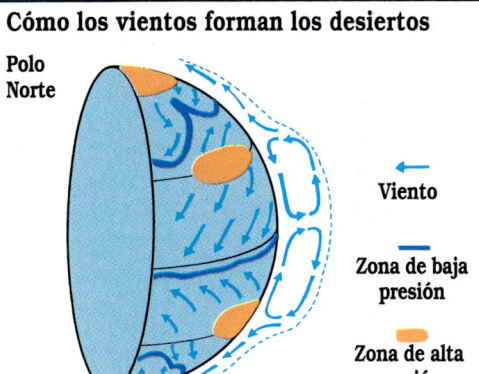

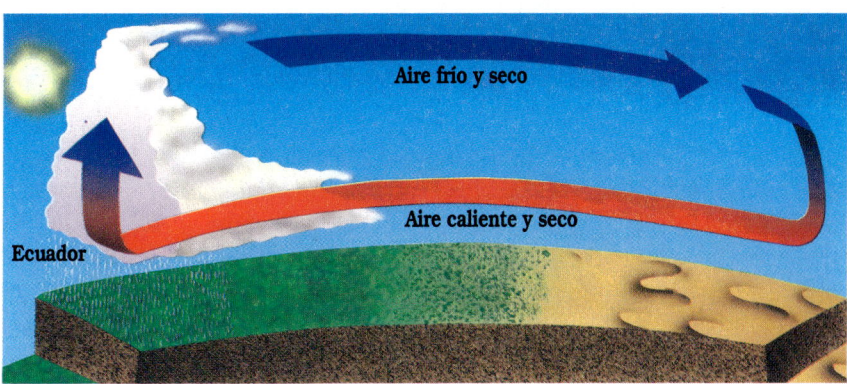

El desigual calentamiento del Sol en la atmósfera provoca el ascenso de vientos que crean zonas de altas y bajas presiones.

Cuando el aire caliente asciende en los trópicos, se enfría y libera su humedad. Al dirigirse hacia los polos, este aire —ahora frío y seco— desciende y forma una zona subtropical de alta presión.

Las dunas de arena del Sáhara *(arriba)* podrían ser los restos de rocas que fueron pulverizadas hace años por el calor y el viento.

3 Durante eones, los vientos del desierto erosionan las rocas que se desintegran, llevándose finas partículas de arena. Lentamente, estos granos de arena van formando grandes dunas.

¿Por qué los desiertos cambian de tamaño?

Los científicos han descubierto evidencias fósiles de que muchos de los desiertos antaño fueron jardines exuberantes. La transición de paraíso a tierra yerma podría haber ocurrido al terminar la última época glaciar hace unos 20.000 años. En esa época, los casquetes polares empezaron a derretirse. Esto hizo que las zonas de altas presiones —hábitat de los vientos alisios calientes y secos— se desplazaran a latitudes más altas *(globos, página siguiente),* y que gran parte de los subtrópicos quedaran expuestos a estos vientos formadores de desiertos. Las lluvias desaparecieron y la tierra fértil se convirtió en desierto.

Hoy en día, la desertización —el avance del desierto en zonas no desérticas— sigue un proceso acelerado debido a la acción del hombre. Una explosión demográfica en las regiones limítrofes con los desiertos ha llevado a un excesivo pastoreo, a la quema de bosques en los campos y a la sobreplantación. Despojado de su vegetación y sus nutrientes, el suelo se erosiona. La situación se ve agravada por la irrigación negligente, que agota las escasas reservas de agua subterránea y cubre el suelo de sales que matan las plantas.

Estas prácticas, combinadas con la sequía, desertizan rápidamente las tierras ya secas. Para detener esta tendencia se precisan cambios importantes en el comportamiento humano; de lo contrario, tal vez se produzca el ataque violento de otra época glaciar.

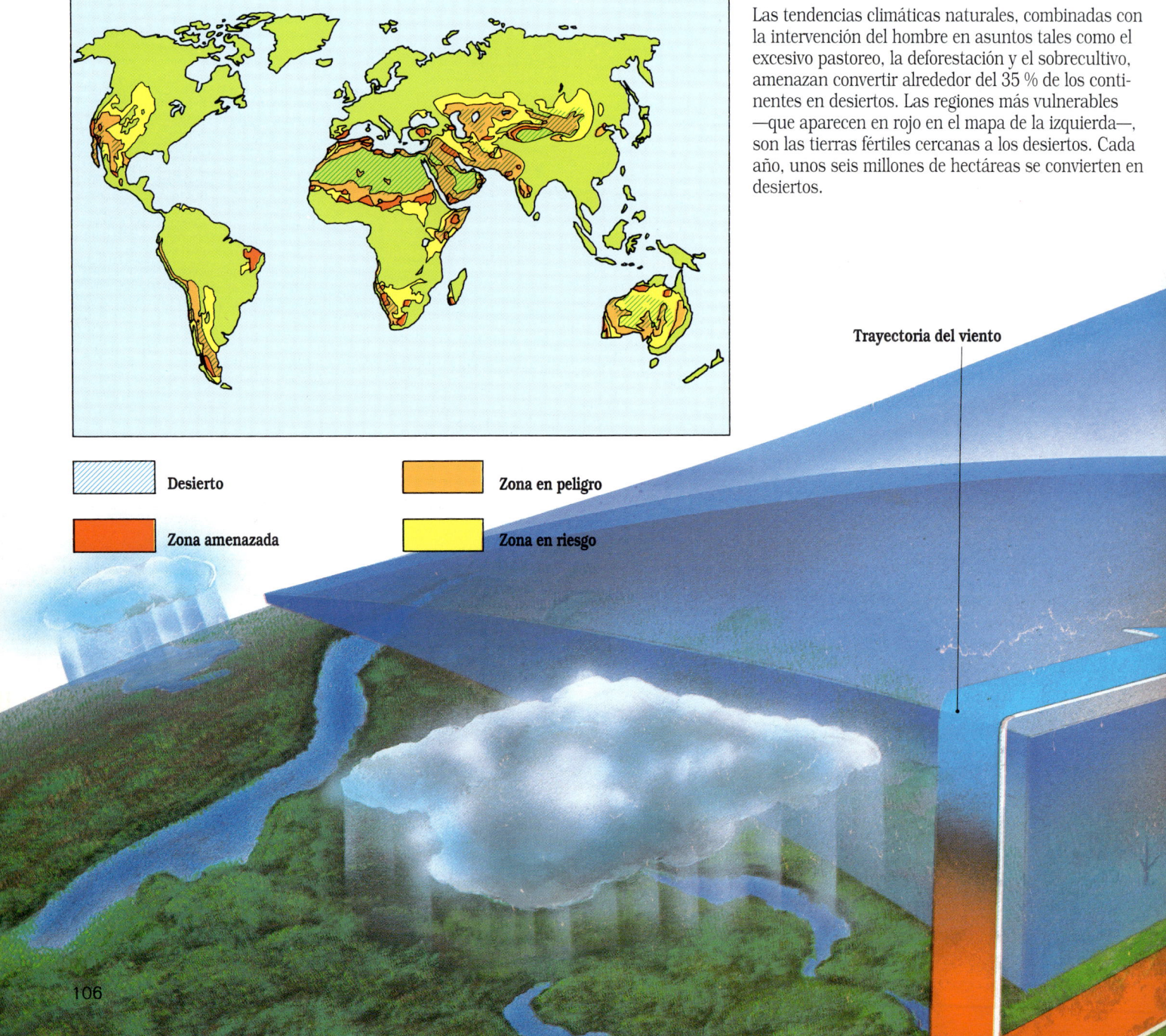

La progresión de los desiertos

Las tendencias climáticas naturales, combinadas con la intervención del hombre en asuntos tales como el excesivo pastoreo, la deforestación y el sobrecultivo, amenazan convertir alrededor del 35 % de los continentes en desiertos. Las regiones más vulnerables —que aparecen en rojo en el mapa de la izquierda—, son las tierras fértiles cercanas a los desiertos. Cada año, unos seis millones de hectáreas se convierten en desiertos.

- Desierto
- Zona amenazada
- Zona en peligro
- Zona en riesgo

Trayectoria del viento

El efecto del hielo

Cuando los casquetes de hielo se extendieron durante la época glaciar, los desiertos se redujeron. Esto fue el resultado del cambio en los patrones del calentamiento atmosférico del planeta, que estrecha las zonas de los vientos alisios.

Zonas de vientos alisios

Durante un período interglaciar, los casquetes de hielo retroceden, por lo tanto los vientos alisios formadores de desiertos soplan desde latitudes más altas. Las áreas continentales dentro de estas dilatadas zonas de vientos alisios se convierten en desiertos.

Desertización producida por el hombre

Ganado pastando en una colina denudada. Antaño una extensión de hierba, esta zona se transformó en un desierto debido al excesivo pastoreo y la sequía.

Un granjero practica la agricultura de tala y quema, una de las principales causas de la desertización.

¿Cómo se forman las dunas?

Cada duna se forma alrededor de un núcleo, es decir, un grupo de guijarros, un arbusto o una leve irregularidad en la superficie del desierto. Cuando el viento del desierto sopla por encima y alrededor de este núcleo, forma en el lado más lejano lo que se conoce como cara de avalancha. Allí, se asientan y acumulan los granos de arena llevados por el viento. Este pequeño montículo atrae más granos, y la duna de arena empieza a tomar forma.

Dependiendo de la velocidad y dirección del viento, de la abundancia de arena y la configuración del desierto, la duna adopta finalmente una de las formas que se muestran aquí. Por lo general, tienen una pendiente suave en la dirección del viento, una pendiente abrupta (cara de avalancha) en la otra vertiente y una cresta puntiaguda en medio. El viento arrastra granos de arena hacia la pendiente suave de la colina, donde se balancean hasta que la gravedad los empuja hacia la cara de avalancha. Dunas enteras se desplazan de esta manera a través del desierto, a veces hasta 25 metros en un año.

Configuración de una duna

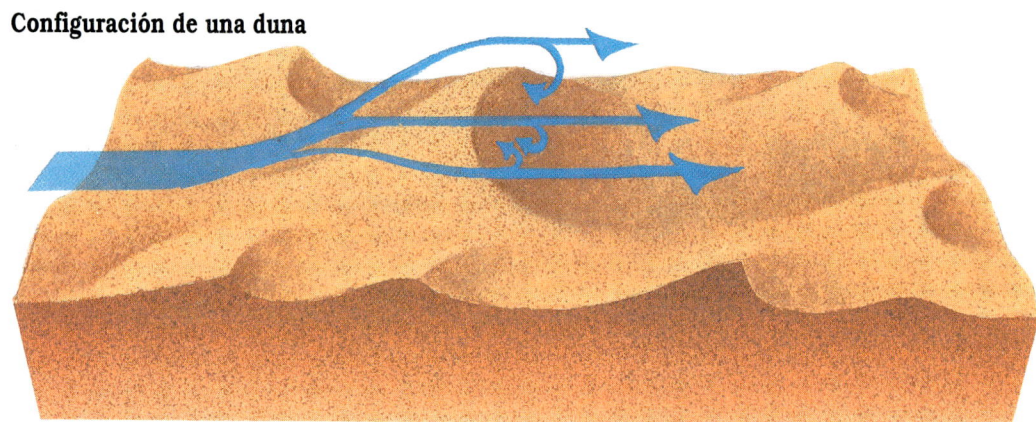

Dunas barjanes

Un viento constante que sopla a través de un nivel del desierto produce las dunas barjanes en forma de media luna *(izquierda)*. Los cuernos se orientan en la dirección del viento. Cuando el viento sopla de lado, un cuerno puede ser más largo que otro. Las dunas barjanes más grandes miden 30 metros de altura y 300 metros transversalmente.

Dunas barjanoides

Los vientos secundarios que soplan perpendiculares al viento predominante algunas veces barren hacia atrás los cuernos de las dunas barjanes, formando alineaciones festoneadas de arena conocidas como dunas barjanoides *(derecha)*.

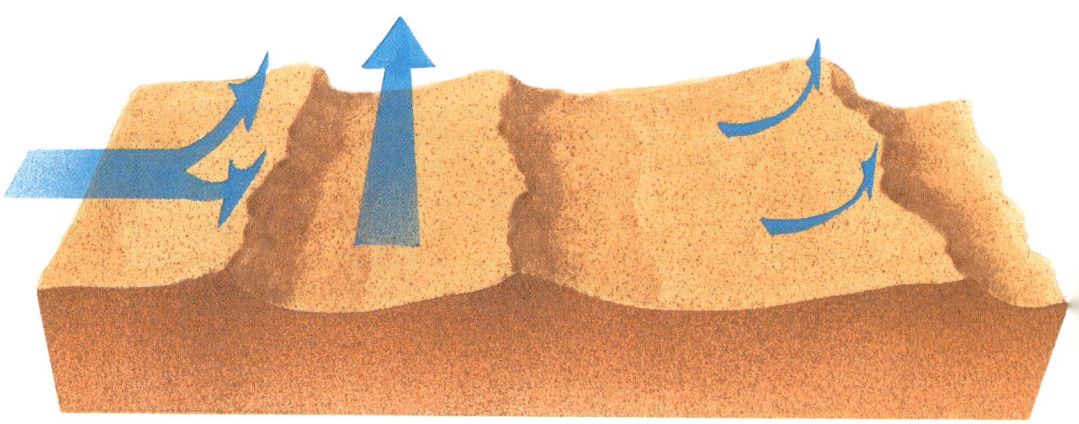

Dunas transversales

En regiones donde la arena es abundante, los vientos secundarios transforman las dunas barjanoides en dunas transversales *(izquierda)*. A las extensas llanuras de estas formaciones de colinas alineadas se las conoce como mares de arena.

Dirección del viento

Dirección en que se mueve la duna

Desplazamiento de una duna

Empujada por el viento, una duna barján puede moverse a través del desierto como una ola. El viento sube arena del lado de la pendiente suave de la duna hacia la cresta, donde los remolinos hacen que se acumule. Después, la arena cae hacia la cara de avalancha, y la duna avanza.

Dunas en forma de estrella

Esculpidas por vientos cambiantes, las dunas en forma de estrella están formadas por múltiples colinas agrupadas como los brazos de una estrella alrededor de un pico central. Estas aisladas colinas de arena llegan a alcanzar 90 metros por encima del suelo del desierto.

Dunas longitudinales

Un viento fuerte que sopla en una dirección determinada crea las dunas longitudinales, que corren paralelas a la dirección del viento. Algunas tienen más de 100 kilómetros de largo.

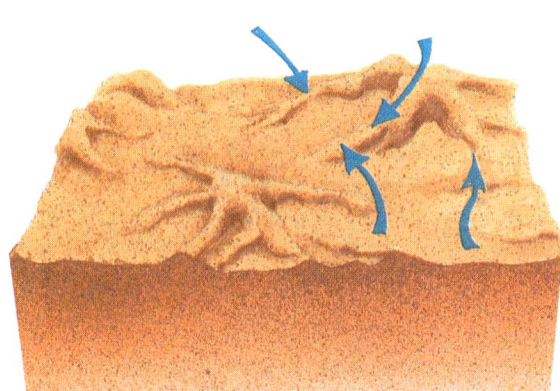

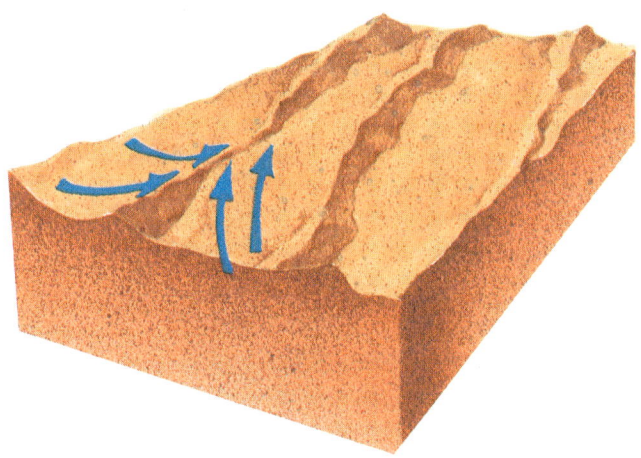

Dunas como las de arriba ocupan gran parte del Sáhara.

¿Qué es el Monument Valley?

A primera vista, los curiosos monolitos del Monument Valley —los pilares rocosos que se elevan a una altura de 300 metros por encima del suelo del desierto de Arizona, en Estados Unidos *(derecha)*— parecen montañas erosionadas por las condiciones ambientales. Sin embargo, son los restos de antiguas llanuras. En otro tiempo, formaron parte de una tierra llana centrada en la meseta del Colorado, pero los duros monolitos emergieron cuando los sedimentos blandos que estaban a su alrededor fueron arrancados por la erosión.

La edad y el contenido sedimentario de las ahora desaparecidas llanuras se pueden distinguir en los estratos que forman un monolito. En la base hay un soporte en forma de falda de arenisca y esquisto que tiene 250 millones de años de antigüedad. Por encima de la base, en el centro en forma de columna, reposan los endurecidos restos de dunas de arena de hace 245 millones de años, que una vez cubrieron la región. Los sedimentos más jóvenes —areniscas que datan de 215 a 200 millones de años— coronan solamente los monolitos más altos.

El suelo del desierto del Monument Valley, Arizona, se encuentra cien metros por debajo de la amplia y plana llanura que antaño cubrió sus cerros *(arriba)*.

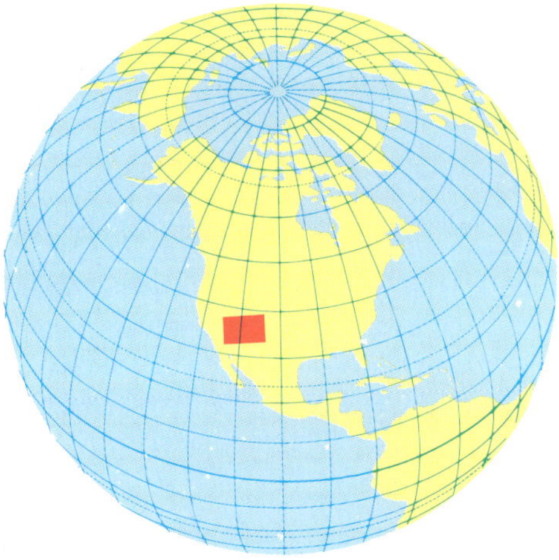

Lluvia de rocas resquebrajadas

El dióxido de carbono disuelto en agua de lluvia forma un ácido diluido que elimina los minerales de la roca blanda. Despojada de los elementos que la mantienen intacta, la roca se resquebraja.

Formación de monumentos

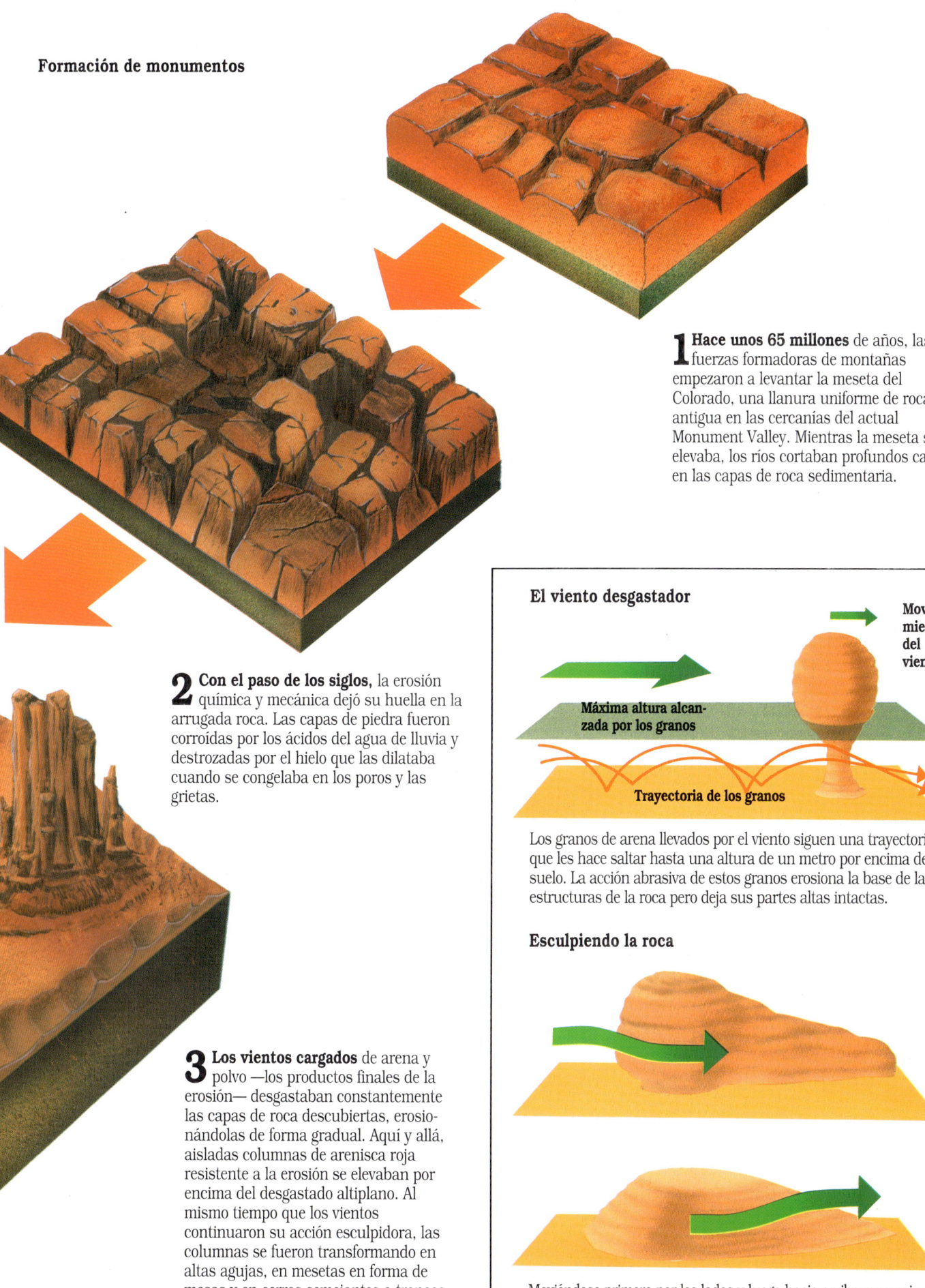

1 **Hace unos 65 millones** de años, las fuerzas formadoras de montañas empezaron a levantar la meseta del Colorado, una llanura uniforme de roca antigua en las cercanías del actual Monument Valley. Mientras la meseta se elevaba, los ríos cortaban profundos canales en las capas de roca sedimentaria.

2 **Con el paso de los siglos,** la erosión química y mecánica dejó su huella en la arrugada roca. Las capas de piedra fueron corroídas por los ácidos del agua de lluvia y destrozadas por el hielo que las dilataba cuando se congelaba en los poros y las grietas.

3 **Los vientos cargados** de arena y polvo —los productos finales de la erosión— desgastaban constantemente las capas de roca descubiertas, erosionándolas de forma gradual. Aquí y allá, aisladas columnas de arenisca roja resistente a la erosión se elevaban por encima del desgastado altiplano. Al mismo tiempo que los vientos continuaron su acción esculpidora, las columnas se fueron transformando en altas agujas, en mesetas en forma de mesas y en cerros semejantes a troncos, que configuraron los "monumentos" del Monument Valley.

El viento desgastador

Los granos de arena llevados por el viento siguen una trayectoria que les hace saltar hasta una altura de un metro por encima del suelo. La acción abrasiva de estos granos erosiona la base de las estructuras de la roca pero deja sus partes altas intactas.

Esculpiendo la roca

Moviéndose primero por los lados y luego hacia arriba por encima de las masas rocosas, los vientos cargados de arena cincelan la roca en formas aerodinámicas conocidas como *yardangs*.

¿Cómo se relacionan clima, vegetación y suelo?

El clima —tanto si el tiempo es húmedo o seco, caliente o frío— determina el tipo y la cantidad de vegetación de todo el mundo. Por esa razón, los científicos han delimitado las principales zonas climáticas y sus divisiones más importantes estudiando los patrones de la vegetación.

Abajo se muestra el promedio mensual de precipitación y temperatura para cada zona. La climatología de estas zonas se correlaciona no sólo con las zonas de vegetación del mundo *(página siguiente, mapa superior)* sino también con el tipo de suelo *(página siguiente, mapa inferior)*. El suelo —formado por roca erosionada y material de descomposición de las plantas— refleja exactamente el clima. Por ejemplo, el suelo rojizo conocido como latosol se encuentra en pluviselvas tropicales, mientras que el suelo de desierto o tundra es frecuente en regiones secas, frías o calientes, con vegetación cubierta de maleza. Los suelos más ricos —el negro y el castaño— aparecen en zonas semiáridas, templadas, donde la lluvia suave no elimina la materia orgánica. El spodosol y el suelo de bosque marrón se desarrollan en climas suaves y húmedos.

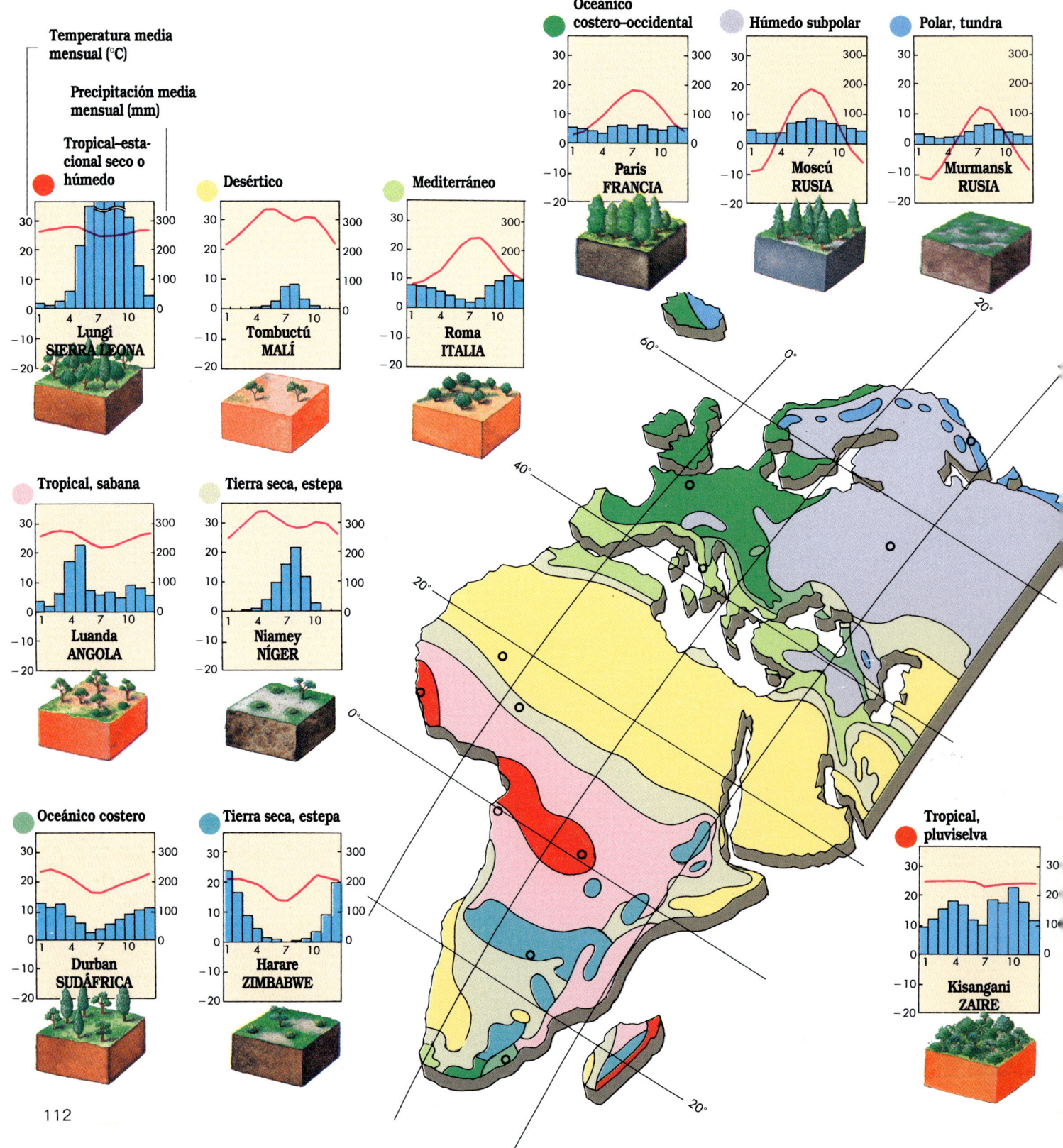

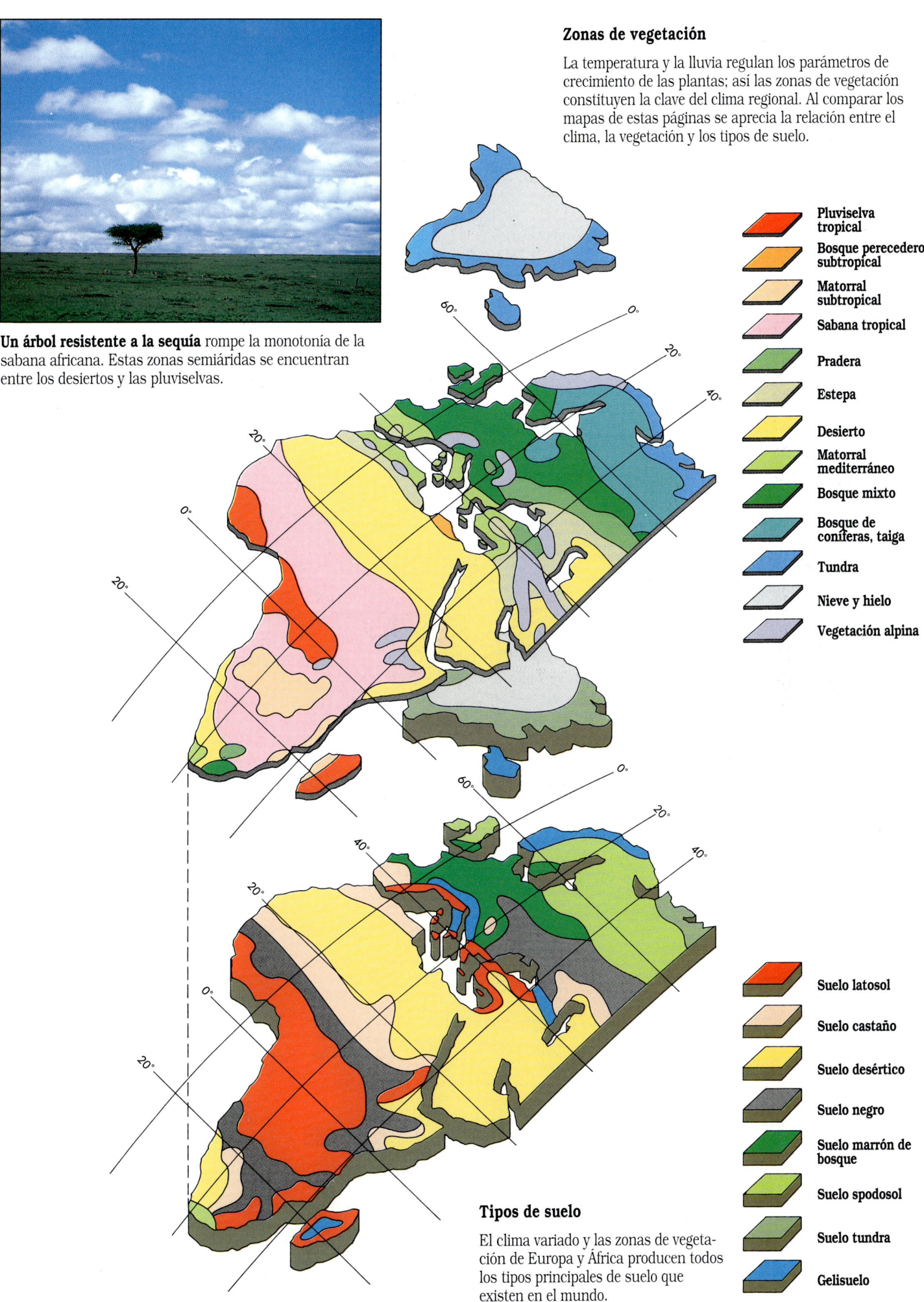

Un árbol resistente a la sequía rompe la monotonía de la sabana africana. Estas zonas semiáridas se encuentran entre los desiertos y las pluviselvas.

Zonas de vegetación

La temperatura y la lluvia regulan los parámetros de crecimiento de las plantas; así las zonas de vegetación constituyen la clave del clima regional. Al comparar los mapas de estas páginas se aprecia la relación entre el clima, la vegetación y los tipos de suelo.

- Pluviselva tropical
- Bosque perecedero subtropical
- Matorral subtropical
- Sabana tropical
- Pradera
- Estepa
- Desierto
- Matorral mediterráneo
- Bosque mixto
- Bosque de coníferas, taiga
- Tundra
- Nieve y hielo
- Vegetación alpina

Tipos de suelo

El clima variado y las zonas de vegetación de Europa y África producen todos los tipos principales de suelo que existen en el mundo.

- Suelo latosol
- Suelo castaño
- Suelo desértico
- Suelo negro
- Suelo marrón de bosque
- Suelo spodosol
- Suelo tundra
- Gelisuelo

¿Cómo afecta el terreno al clima?

Las lluvias abundantes están a la orden del día a lo largo de las costas de vientos alisios, es decir, los litorales orientales de los continentes ubicados entre el ecuador y los 30° latitud norte o sur. Lo mismo ocurre en las costas occidentales de todas las masas de tierra barridas por los vientos dominantes del oeste.

La razón se encuentra en la interacción del aire, el mar y la tierra. Cuando los vientos soplan a través del océano, absorben agua evaporada. Más tarde, cuando estos vientos húmedos marinos tropiezan con una costa continental, se elevan y enfrían, provocando que el agua se condense en forma de lluvia. Si la costa es montañosa, las laderas hacen que los vientos se eleven y enfríen rápidamente, y la lluvia es incluso más intensa.

La mayoría de las precipitaciones se concentran en un estrecho cinturón a lo largo de la costa o en el lado de barlovento de las montañas. Más allá de esta zona se extiende lo que se conoce como sombra pluviométrica: una región árida donde los vientos, privados de su humedad, vierten muy poca lluvia.

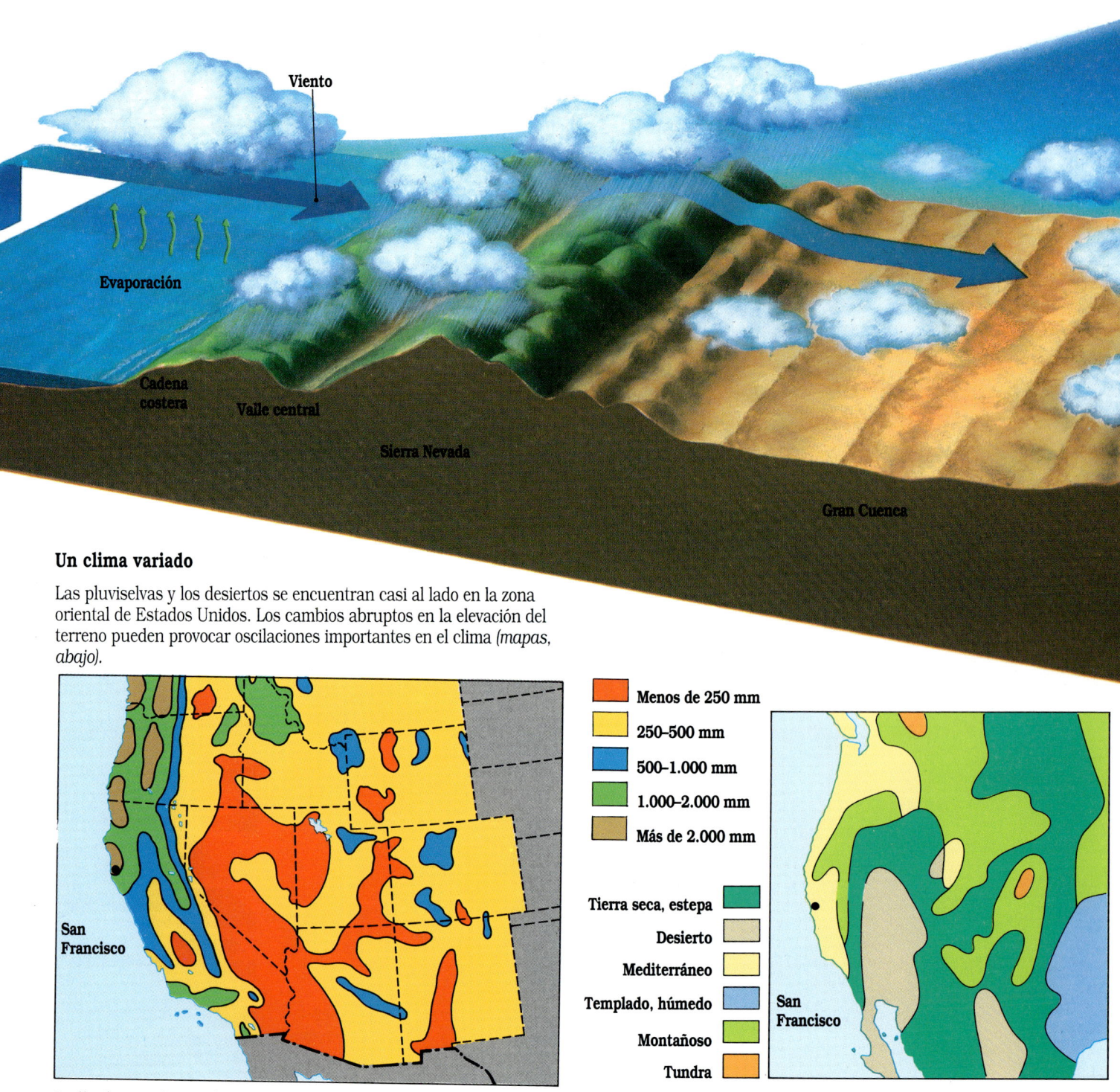

Un clima variado

Las pluviselvas y los desiertos se encuentran casi al lado en la zona oriental de Estados Unidos. Los cambios abruptos en la elevación del terreno pueden provocar oscilaciones importantes en el clima *(mapas, abajo)*.

La lluvia anual varía drásticamente en el oeste montañoso.

Las cadenas montañosas dividen el oeste de Estados Unidos en distintas zonas climáticas.

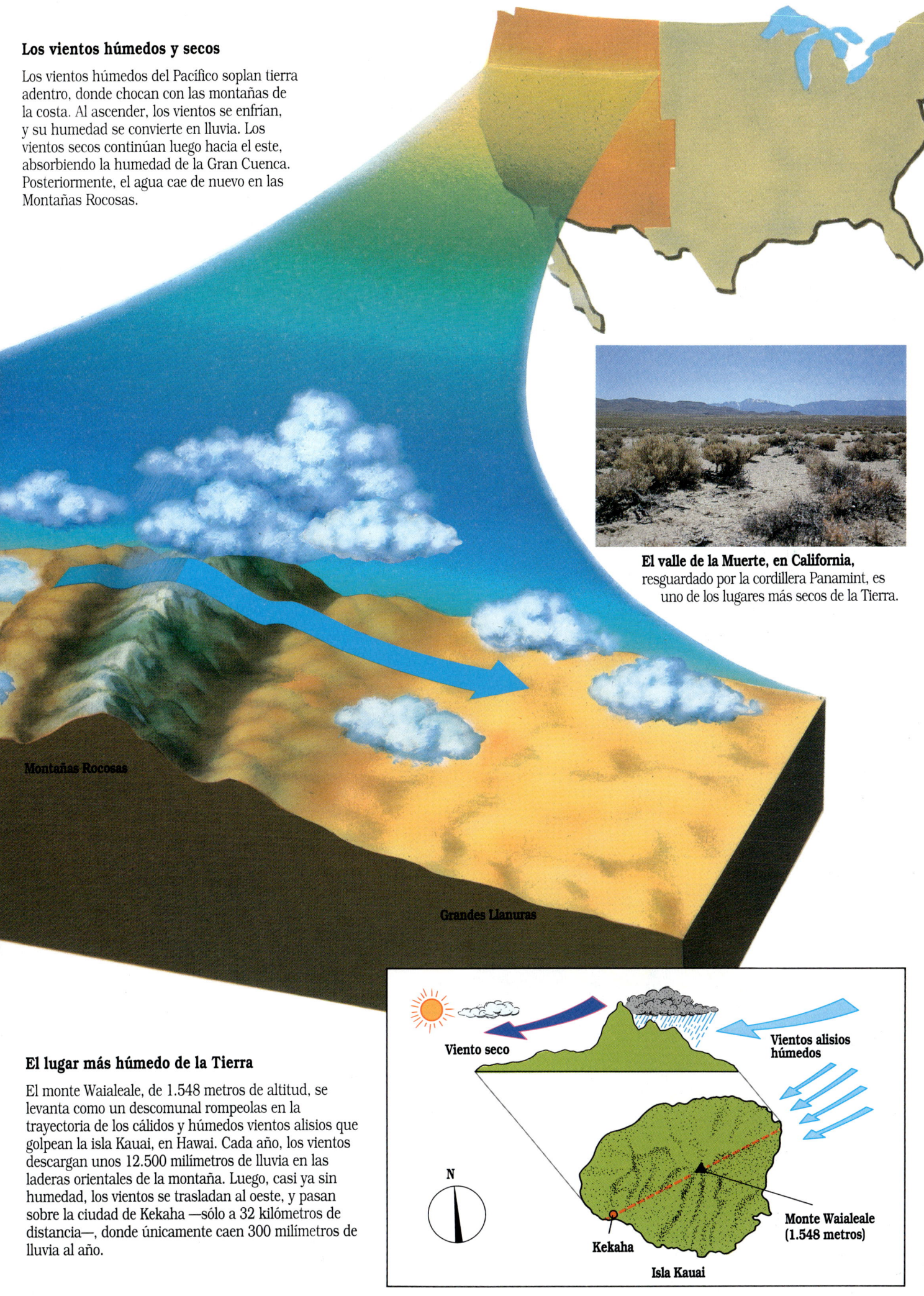

Los vientos húmedos y secos

Los vientos húmedos del Pacífico soplan tierra adentro, donde chocan con las montañas de la costa. Al ascender, los vientos se enfrían, y su humedad se convierte en lluvia. Los vientos secos continúan luego hacia el este, absorbiendo la humedad de la Gran Cuenca. Posteriormente, el agua cae de nuevo en las Montañas Rocosas.

El valle de la Muerte, en California, resguardado por la cordillera Panamint, es uno de los lugares más secos de la Tierra.

El lugar más húmedo de la Tierra

El monte Waialeale, de 1.548 metros de altitud, se levanta como un descomunal rompeolas en la trayectoria de los cálidos y húmedos vientos alisios que golpean la isla Kauai, en Hawai. Cada año, los vientos descargan unos 12.500 milímetros de lluvia en las laderas orientales de la montaña. Luego, casi ya sin humedad, los vientos se trasladan al oeste, y pasan sobre la ciudad de Kekaha —sólo a 32 kilómetros de distancia—, donde únicamente caen 300 milímetros de lluvia al año.

¿Pueden cambiar el clima las corrientes marinas?

Aunque las islas Británicas están situadas tan al norte como la helada península del Labrador, en el nordeste de Canadá, gozan de un clima suave. Las temperaturas invernales raramente descienden por debajo de los 2 °C, mientras que en verano apenas superan los 23 °C. El clima templado se lo proporciona la corriente o deriva del Atlántico Norte, una corriente oceánica cálida que se origina en los trópicos.

Cuando la corriente del Atlántico Norte —unos 10 °C más cálida que el mar de los alrededores— pasa por delante de Gran Bretaña, los vientos del oeste extraen calor de la corriente y soplan tierra adentro, caldeando las islas. En verano, la corriente del Atlántico Norte, que es más fría que la tierra, produce brisas refrescantes. De la misma manera, las corrientes oceánicas suavizan los climas continentales de todo el mundo. Las frías corrientes del Perú (o Humboldt) y Benguela, por ejemplo, enfrían las costas del oeste de Sudamérica y África, mientras que la corriente de California lleva vientos refrescantes a la costa oeste de Estados Unidos.

Temperaturas medias de todo el mundo

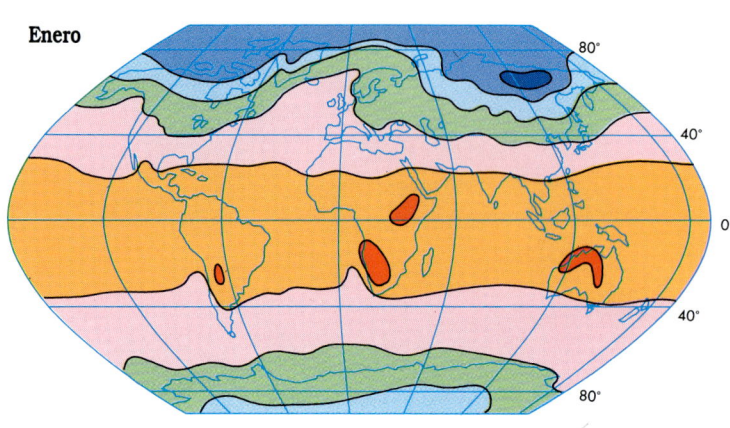

Enero

Corrientes oceánicas y clima

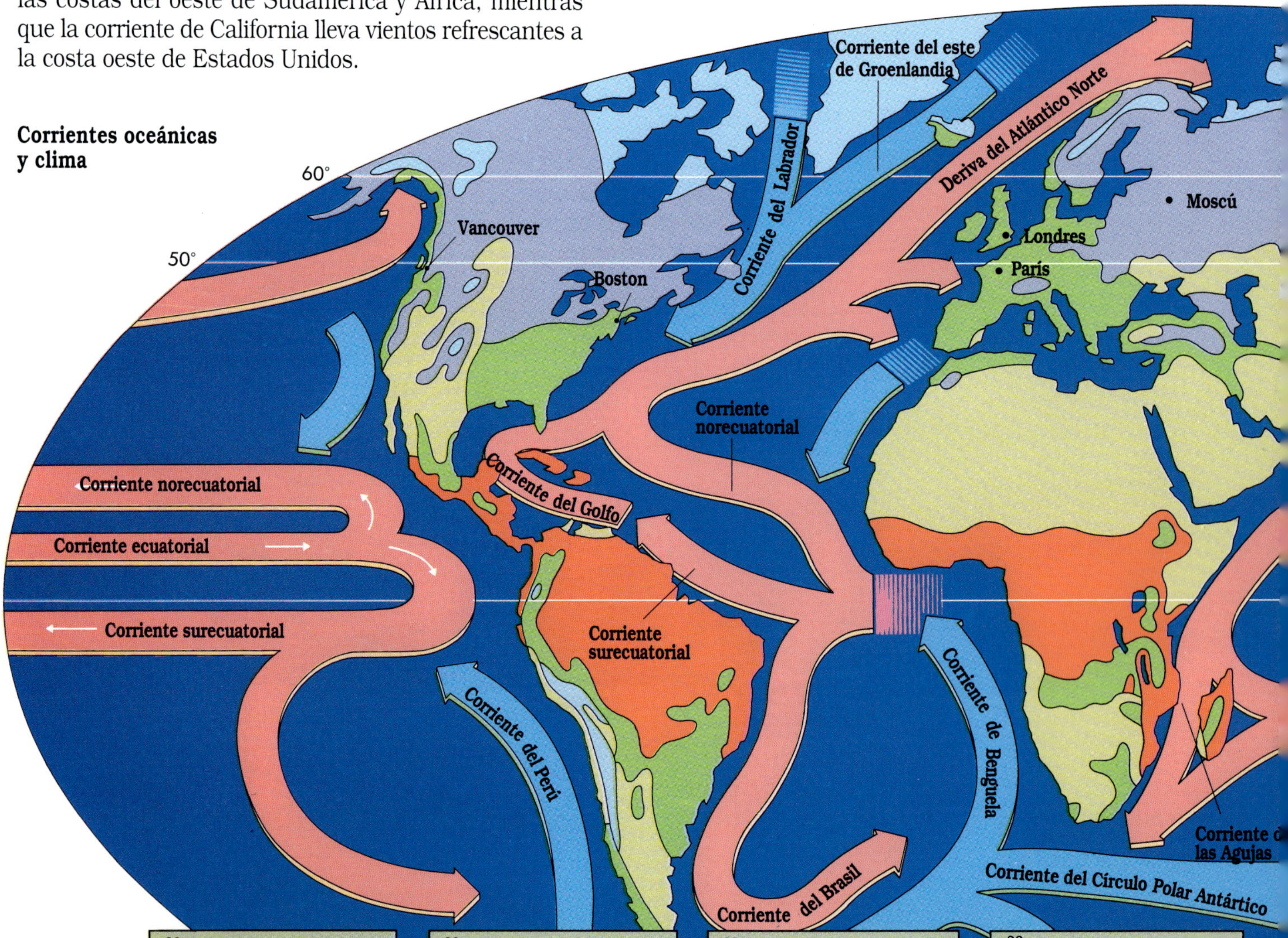

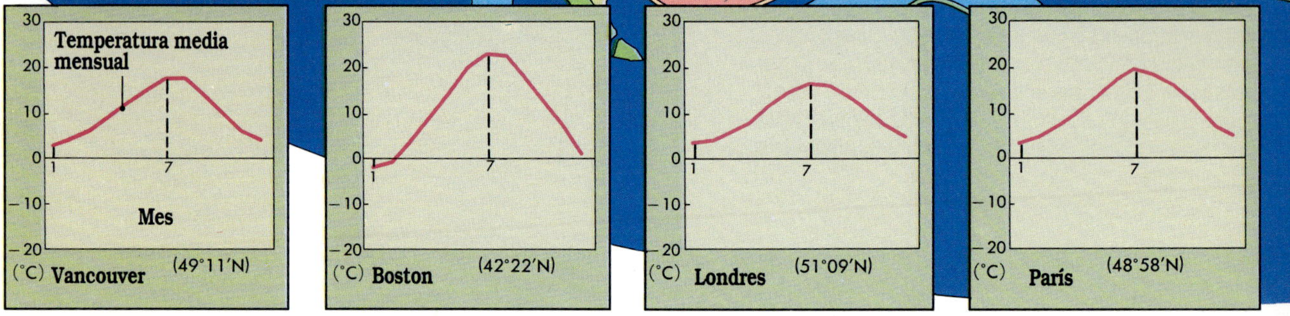

Al comparar las temperaturas de enero en Londres, Moscú e Irkutsk —todas más o menos en la misma latitud— se aprecia el efecto moderador de la corriente del Atlántico Norte. Londres (con 3,6 °C) es 13° más cálido que Moscú (con −9,4 °C) y 23,2° más cálido que Irkutsk (con −19 °C).

En la misma época, diferentes climas: enero en Londres, Gran Bretaña *(arriba)*...

... en Moscú, Rusia...

... y en el lago Baikal, cerca de la ciudad de Irkutsk, Rusia.

Julio

Corriente Oyashivo
Corriente de Japón
Corriente norecuatorial
Contracorriente ecuatorial
Corriente surecuatorial
Corriente del este australiano
Corriente surecuatorial
Corriente del oeste australiano

Irkutsk

Tropical
Árido
Templado
Subpolar
Polar

Corriente caliente
Corriente fría

Moscú (55°45′N)
Irkutsk (52°16′N)

7
El ritmo y el precio del progreso

De todas las especies de la Tierra, los humanos son los que han cambiado más radicalmente su medio ambiente para ajustarlo a sus necesidades. Desde que las primeras personas aparecieron en el planeta, se han esforzado por hacer la vida más fácil y confortable. Ahora, millones de años más tarde, casi todas las regiones de la faz de la Tierra atestiguan del progreso que se ha efectuado al respecto.

Los avances se han manifestado de muchas formas. Por ejemplo, en Estados Unidos, el extensivo embalse del río Tennessee en los años 1930 y 1940 llevó finalmente la electricidad y el control de las inundaciones a una región de 200.000 kilómetros cuadrados que cubre todo Tennessee y parte de otros seis estados del suroeste. En los Países Bajos, un elaborado sistema de diques construidos durante siglos ha permitido al pueblo neerlandés ganar más de 770.000 hectáreas de terreno al mar. Y gracias al regadío, las tierras antaño estériles ahora florecen con cultivos.

No todo el progreso ha de ser necesariamente tecnológico, por supuesto; muchas mejoras en la calidad de vida han sido resultado simplemente del ingenio humano. Mediante el uso cuidadoso de la tierra, por ejemplo, los granjeros han incrementado la producción de sus campos. Y al planificar el crecimiento de las ciudades, los urbanistas esperan anticiparse y solucionar los problemas originados por la rápida expansión urbana.

Pero el progreso tiene un precio, el más importante: la degradación del medio ambiente. Como las páginas siguientes dejan bien claro, solamente una planificación prudente permitirá a la raza humana disfrutar de los beneficios del progreso al mismo tiempo que minimiza los aspectos negativos.

Agrupadas en círculo alrededor de un núcleo de tiendas y escuelas, las casas configuran un modelo organizado en la comunidad planificada de Sun City, Arizona, en el suroeste de Estados Unidos.

¿Qué es la explosión demográfica?

Hace unos 10.000 años, según estiman los científicos, solamente 8 millones de humanos habitaban el planeta Tierra. En el año 1. d.C., la población se había acercado a los 300 millones; y luego tardó hasta la mitad del siglo XVII en llegar a 600 millones. Al empezar el siglo XIX, sin embargo, la población de la Tierra "explotó", o sea, se acortó el tiempo en el que el conjunto de la población mundial se duplica. En 1850 el mundo tenía 1.000 millones de habitantes, y en 1930 se llegó a los 2.000 millones. Siguiendo este ritmo de crecimiento, el planeta podría ser el hogar de más de 6.000 millones de personas en el año 2.000 *(línea de tiempo, abajo y en la página siguiente)*.

El aumento de la esperanza de vida es la razón principal de la explosión demográfica. En una época tan reciente como en la mitad del siglo XVII, el promedio de vida que un ser humano podía esperar era solamente de 40 años. Pero los avances de la medicina y las mejoras en las condiciones de vida durante los últimos siglos se han combinado para elevar el promedio de esperanza de vida en todo el mundo a 63 años.

El aumento de población más grande se ha producido en los países en vías de desarrollo, donde las mejoras en la salud pública, sanidad y alimentación no se han visto contrarrestadas con el declive de las tasas de natalidad, como ha ocurrido en la mayoría de los países industrializados. La política de China de permitir sólo un hijo por familia representa una de las maneras en que estos países están intentando ahora llegar a una solución del problema de la explosión demográfica

Edad, sexo y población

Las pirámides del mapa que se representa abajo muestran la edad y el sexo de diferentes poblaciones. Un país como la India, cuya pirámide es mucho más ancha en la base que en el vértice, puede esperar un gran aumento de la población cuando los ciudadanos envejezcan. Una pirámide más uniforme, como la del Reino Unido, indica un crecimiento demográfico más estable.

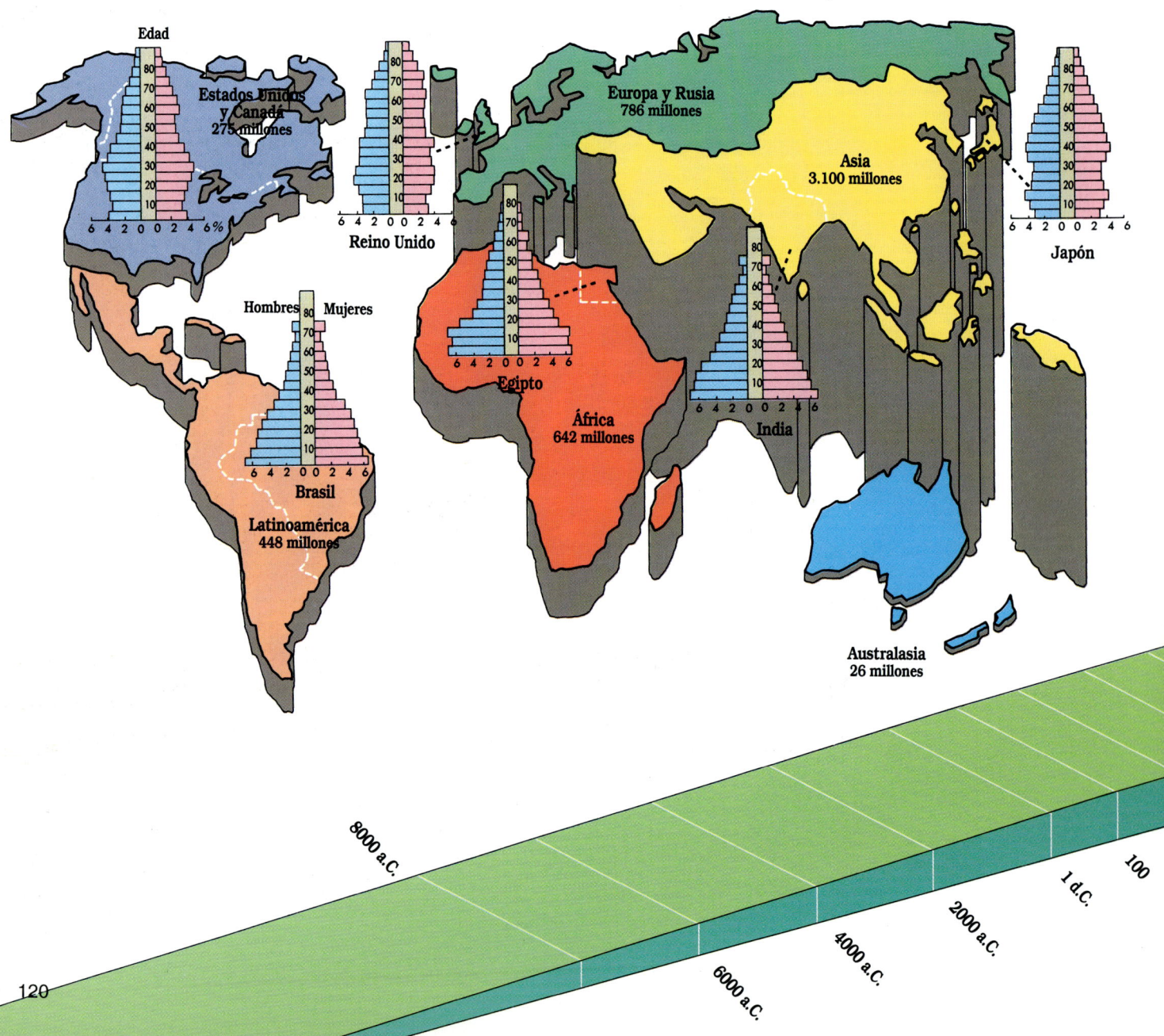

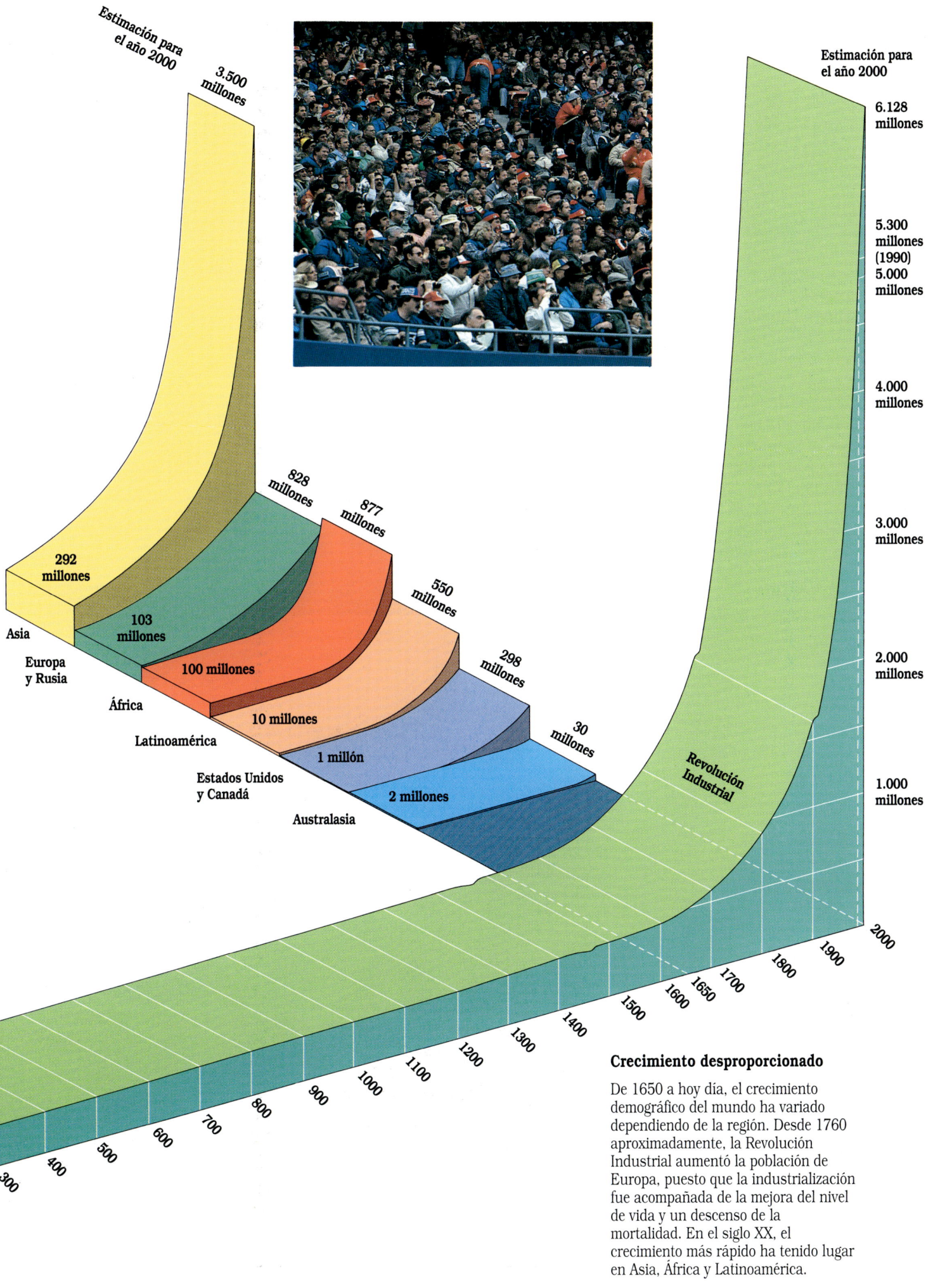

Crecimiento desproporcionado

De 1650 a hoy día, el crecimiento demográfico del mundo ha variado dependiendo de la región. Desde 1760 aproximadamente, la Revolución Industrial aumentó la población de Europa, puesto que la industrialización fue acompañada de la mejora del nivel de vida y un descenso de la mortalidad. En el siglo XX, el crecimiento más rápido ha tenido lugar en Asia, África y Latinoamérica.

¿Dónde se producen los cereales?

Tres cereales —trigo, arroz y maíz— abastecen las necesidades nutricionales de media humanidad. En muchos países, una mala cosecha de uno de estos cereales puede causar importantes penurias.

El trigo, una planta excepcionalmente resistente, crece en más lugares que ningún otro cereal. Se cultiva en todos los continentes menos en la Antártida. En la mayoría de los países, el trigo se puede cultivar en primavera, verano e invierno. En conjunto, todos los campos de trigo del mundo producen aproximadamente 600 millones de toneladas métricas de grano al año.

El arroz es el alimento básico para la mitad de la población mundial. Más del 95 % se cultiva en Asia, especialmente en la India y China, donde la humedad y las fértiles llanuras costeras proporcionan las condiciones ideales para su cultivo. Es sabida su alta producción: el arroz solamente necesita la mitad de hectáreas que el trigo para producir la misma cantidad de cereal.

La producción de maíz está centrada en Estados Unidos. A diferencia del trigo y el arroz, sin embargo, la mayor parte del maíz no es consumido por los humanos; un 80 % se usa para alimentar el ganado o para elaborar otros productos, como el aceite de maíz. Aproximadamente 500 millones de toneladas métricas de maíz se cultivan en la Tierra cada año.

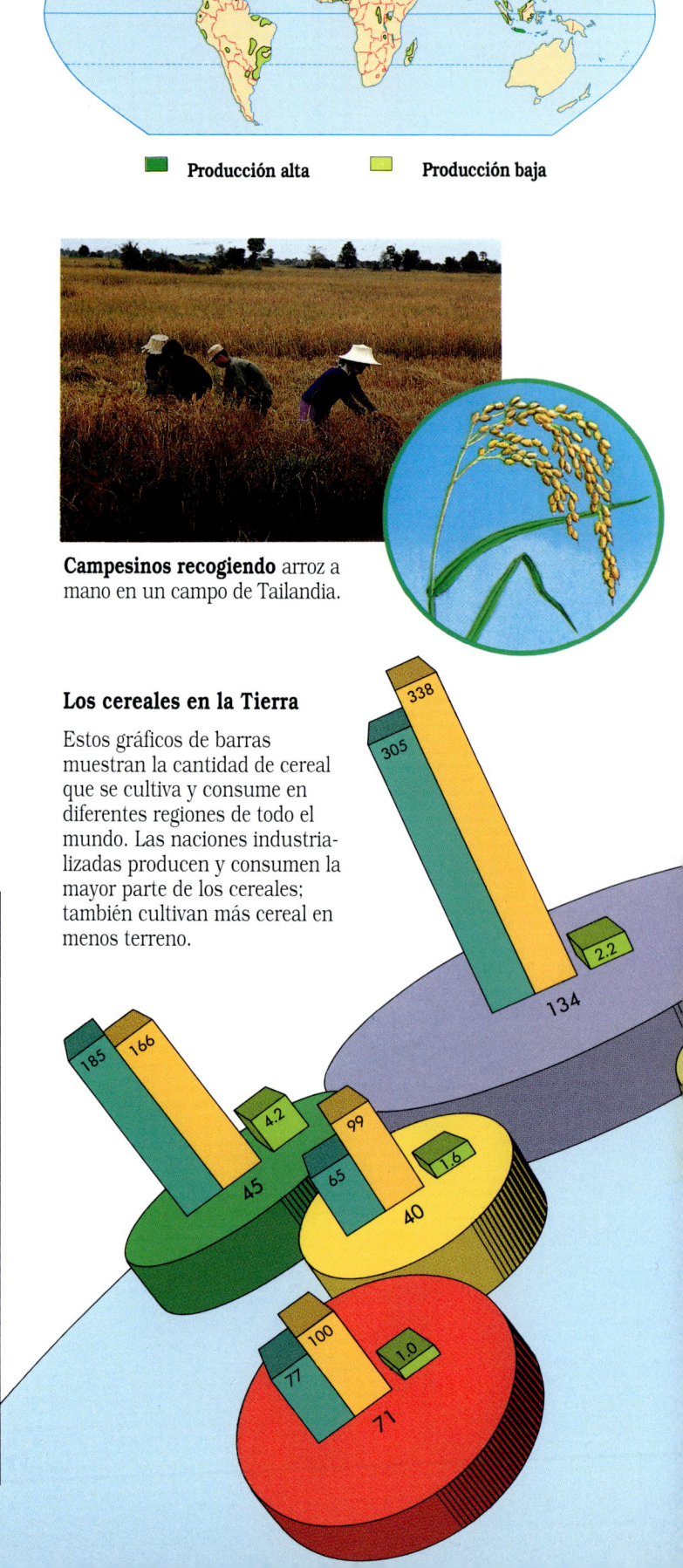

Producción mundial de arroz

Producción alta — Producción baja

Campesinos recogiendo arroz a mano en un campo de Tailandia.

Los cereales en la Tierra

Estos gráficos de barras muestran la cantidad de cereal que se cultiva y consume en diferentes regiones de todo el mundo. Las naciones industrializadas producen y consumen la mayor parte de los cereales; también cultivan más cereal en menos terreno.

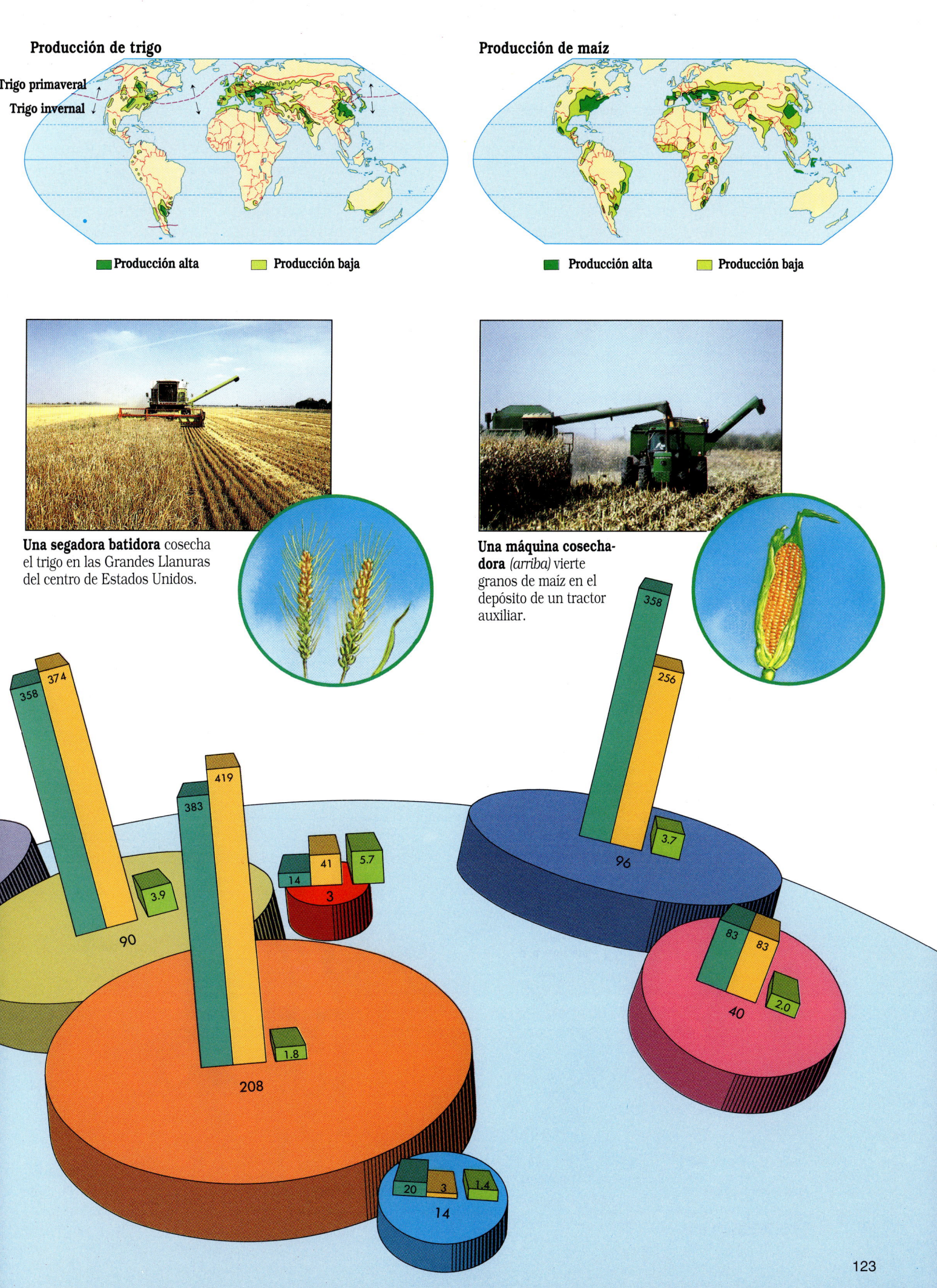

¿Qué países exportan madera?

Aunque los países ricos en árboles han vendido siempre madera a los países que carecían de ella, las zonas de abastecimiento y demanda han cambiado a lo largo del siglo XX. En 1965, por ejemplo, el mayor importador de madera era Gran Bretaña, mientras que los mayores exportadores eran Canadá, Finlandia, Suecia, Rusia y Estados Unidos. En la actualidad, el mayor importador es Japón. Los principales exportadores son Malasia, Canadá y Rusia, que en conjunto representan la mitad de la exportación mundial de madera.

Las pluviselvas tropicales de Malasia —que atesoran teca, caoba y otras magníficas maderas duras— resistieron la tala a gran escala hasta los años 1970. Con anterioridad, los madereros estaban limitados por la enorme variedad de árboles, que entorpecía la clasificación de la madera, y por la dificultad que representaba sacar un árbol talado de la densa y enmarañada arboleda en la que crecía. Sin embargo, con la llegada de los avances en la tala y de las técnicas de transformación, estos obstáculos fueron superados. Para el año 1990, los bosques tropi-

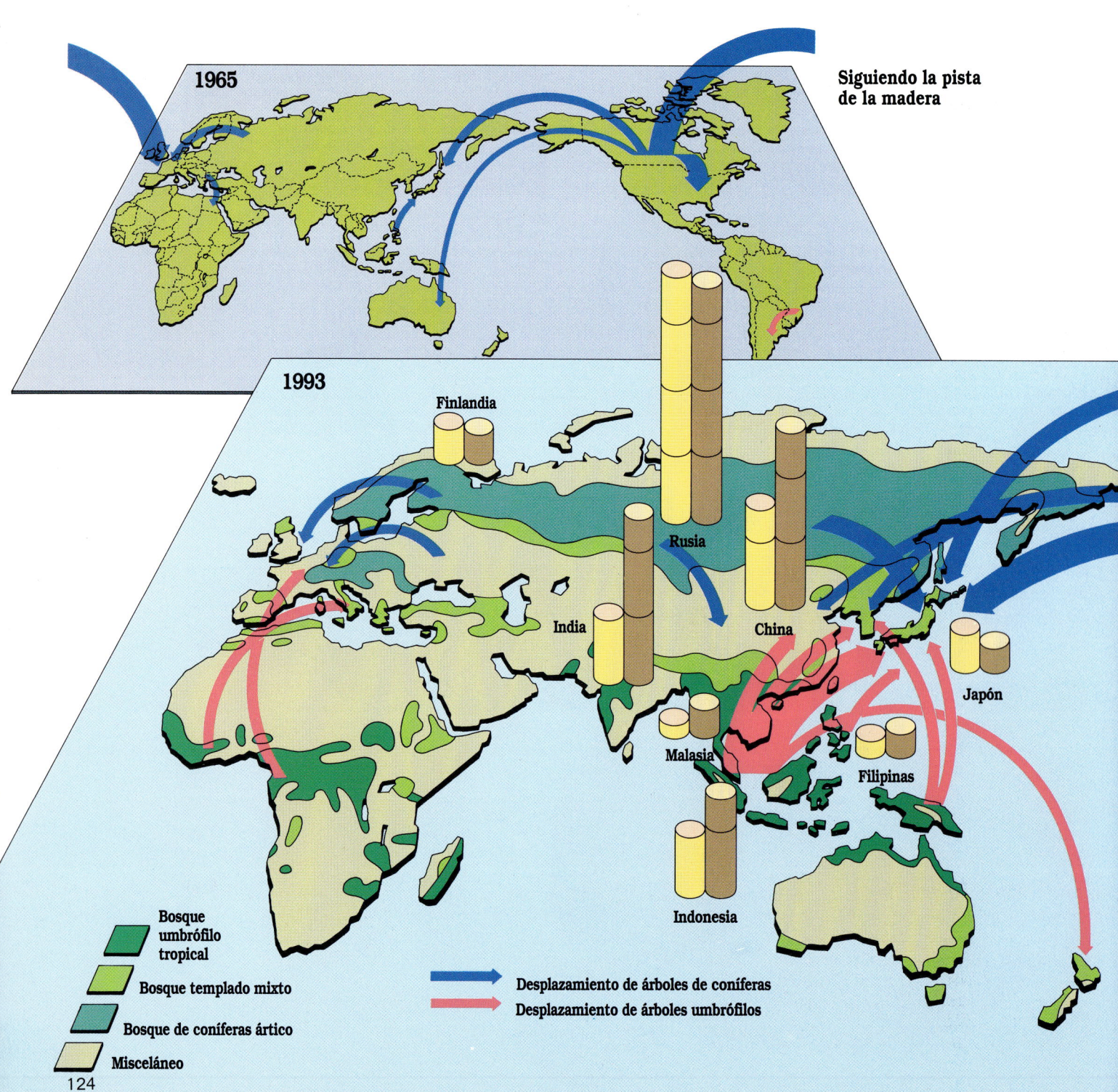

Siguiendo la pista de la madera

cales de todo el mundo estaban siendo talados a un promedio de 17 millones de hectáreas anuales, los científicos advierten que la pérdida del oxígeno que producen los árboles daña gravemente el medio ambiente.

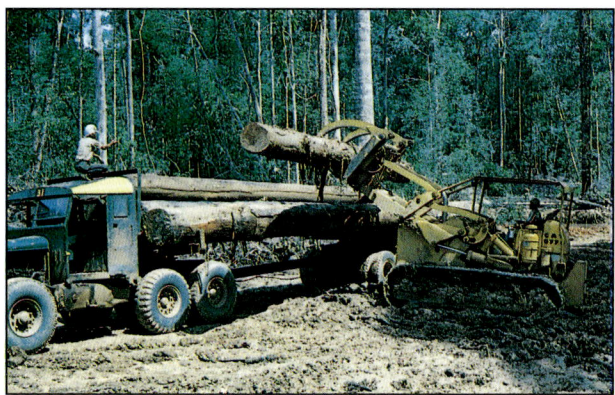

Unos leñadores cargan troncos en un camión en una de las pluviselvas tropicales de Borneo. La tala indiscriminada como forma de explotación forestal resulta extremadamente destructiva.

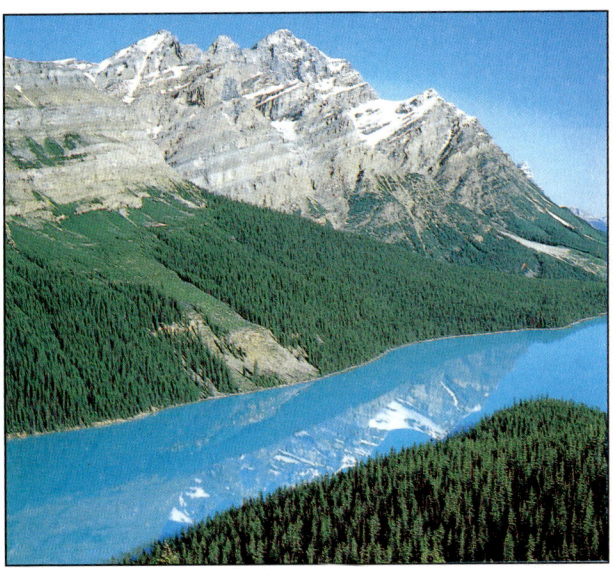

Canadá, cubierto de bosques de coníferas como los que se muestran arriba, produce más de una quinta parte de la madera que se exporta en todo el mundo.

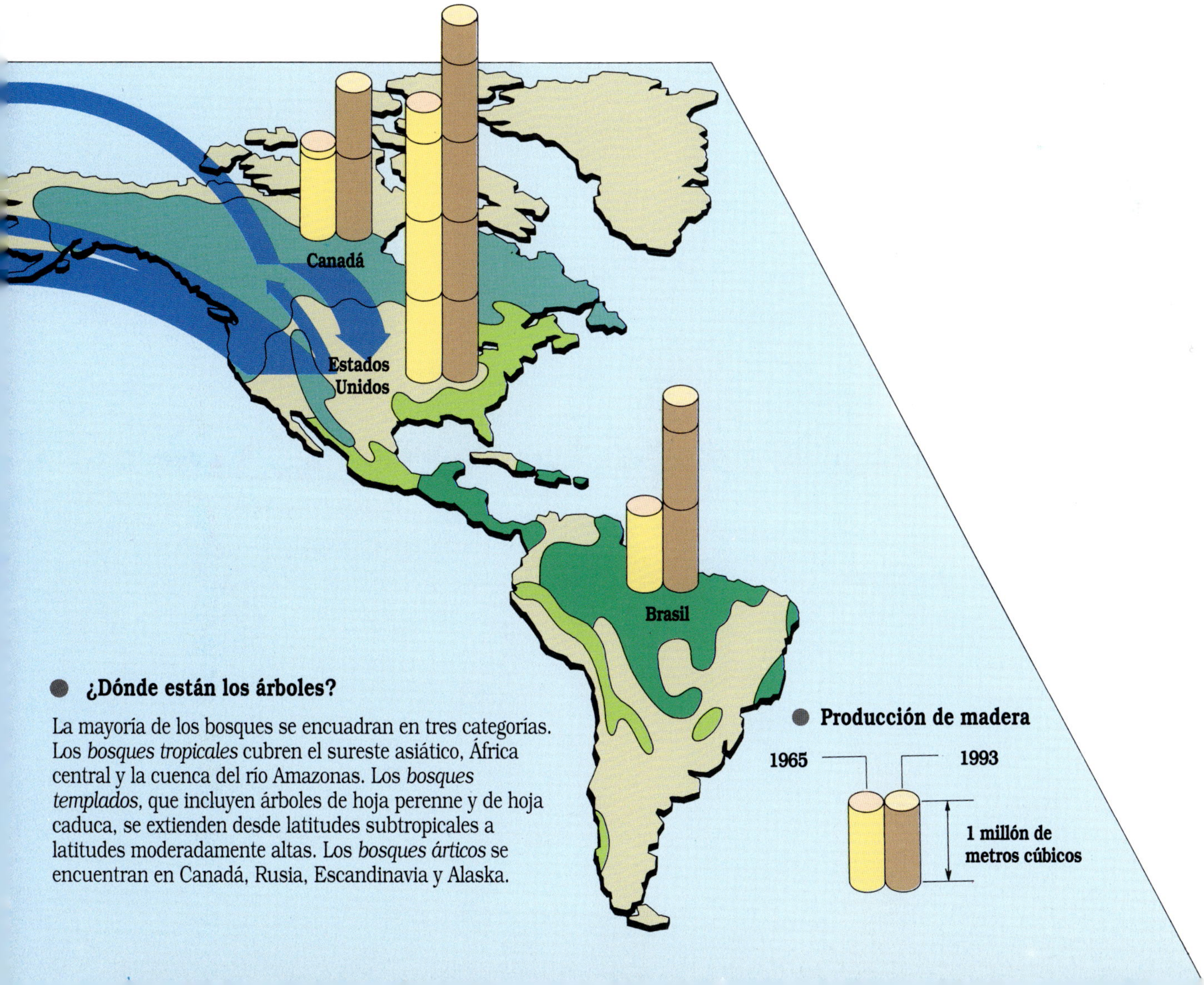

Canadá
Estados Unidos
Brasil
Producción de madera
1965
1993
1 millón de metros cúbicos

¿Dónde están los árboles?

La mayoría de los bosques se encuadran en tres categorías. Los *bosques tropicales* cubren el sureste asiático, África central y la cuenca del río Amazonas. Los *bosques templados*, que incluyen árboles de hoja perenne y de hoja caduca, se extienden desde latitudes subtropicales a latitudes moderadamente altas. Los *bosques árticos* se encuentran en Canadá, Rusia, Escandinavia y Alaska.

¿Dónde se realizan las mayores capturas pesqueras?

Los peces surcan todos los océanos, pero solamente en unas zonas reducidas se reúnen en número suficiente para hacer rentable la pesca comercial. Para que una región marina atraiga estos abundantes bancos de peces, se deben dar ciertas condiciones. Si el agua es demasiado caliente, alejará el plancton del que muchos peces se alimentan. Sin embargo, el agua muy fría es también inhóspita. Las aguas más agradables son aquellas en las que se encuentran las corrientes cálidas y las corrientes frías.

El fondo del mar también determina dónde se forman los bancos de peces. Por lo general, el desove se produce encima de las placas continentales, en zonas poco profundas. Tales lugares, por lo tanto, constituyen los principales centros de pesca.

Estos dos elementos —la unión de corrientes y las amplias placas continentales— coinciden en cuatro zonas principales: el noroeste, el sureste y el medio oeste del océano Pacífico, y el nordeste del Atlántico. Para las naciones cercanas a estas áreas, la pesca tiende a ser su industria principal, y el pescado, su alimento más importante.

El abundante Atlántico

Las aguas del norte de Europa, donde una derivación de la cálida corriente del Golfo fluye sobre una ancha placa continental, abundan en peces comestibles, como el bacalao, el arenque y la caballa, que se pescan y consumen en países como Gran Bretaña, Noruega y Dinamarca.

El Pacífico medio-occidental

El Pacífico medio-occidental, cerca del sureste asiático y Australia, es el hábitat de la gamba, el atún y el bonito. La mayor parte de las gambas pescadas se congelan y se envían a Japón.

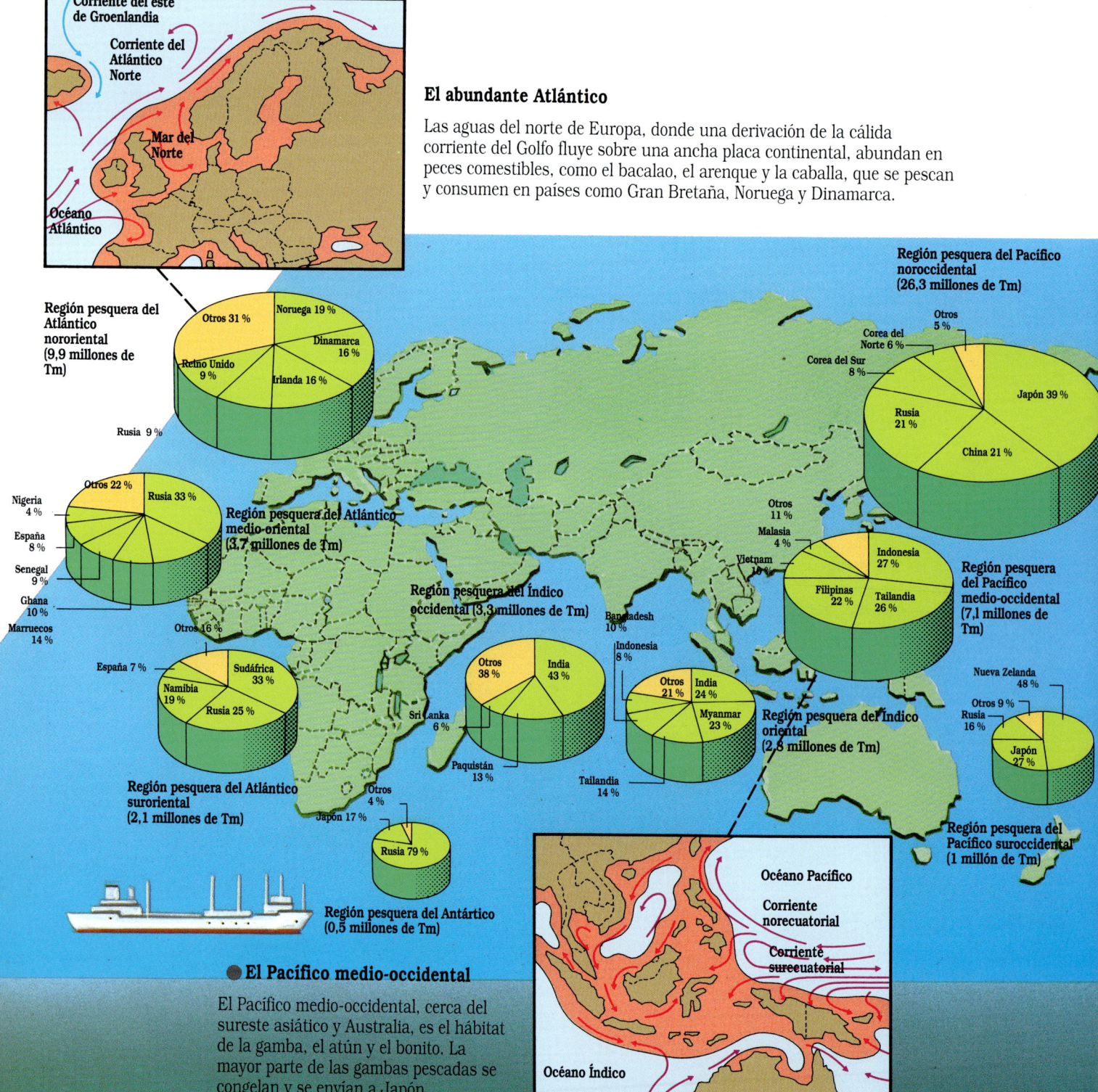

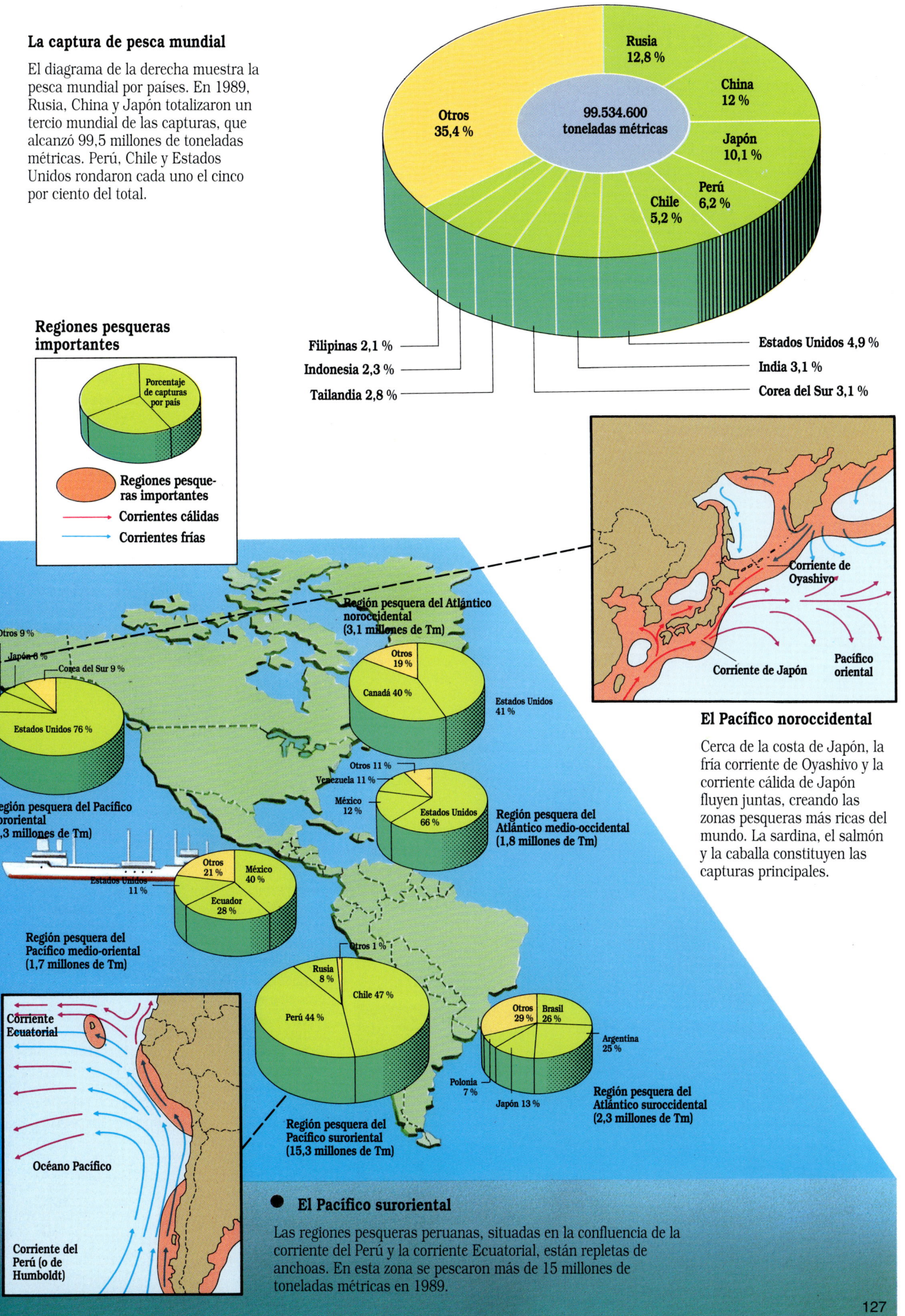

¿Qué es una ciudad planificada?

La mayoría de las ciudades del mundo se desarrollan lentamente durante décadas o siglos, sin un plan maestro urbanístico que regule su crecimiento. Unas cuantas, sin embargo, han ido cobrando forma de acuerdo con unos esquemas cuidadosos. En estas comunidades, conocidas como ciudades planificadas, cada aspecto de la vida urbana se prevé en un plano general antes de que el primer edificio se levante.

En contraste con la disposición en forma de cuadrícula de muchas ciudades sin planificar, una ciudad planificada presenta una disposición radial de las calles característica, en la que anchas avenidas conducen hacia fuera a través de parques espaciosos. La capital de Australia, Canberra, diseñada en 1911, es un buen ejemplo del éxito de esta concepción.

Las lecciones aprendidas al planificar una ciudad futura pueden beneficiar a una ciudad ya existente. Londres, por ejemplo, adoptó un plan para controlar su expansión durante los años 1930 y 1940 que conservó un "cinturón verde" de 16 kilómetros de ancho de parques alrededor de la metrópoli. Aunque la capital británica tenía 9,1 millones de habitantes en 1991, su densidad de población era solamente de 4.027 por kilómetro cuadrado, casi 25 veces menos densa que Hong Kong.

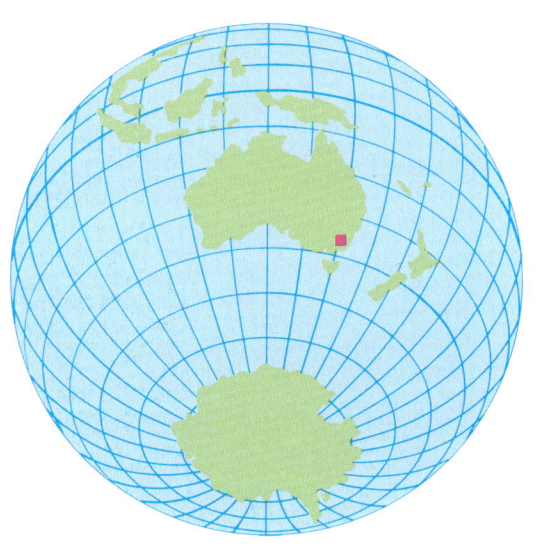

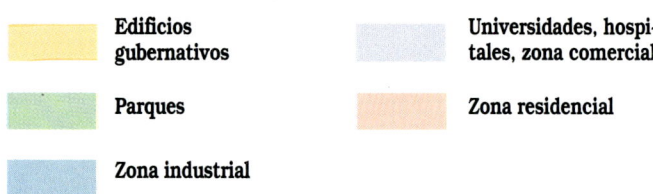

Edificios gubernativos

Universidades, hospitales, zona comercial

Parques

Zona residencial

Zona industrial

El gran diseño de Canberra

El lago Burley Griffin —llamado así por el diseñador de Canberra, el arquitecto y urbanista de Chicago, Walter Burley Griffin— divide la capital de Australia *(página siguiente)* en dos zonas. La mayor parte de los edificios gubernativos se agrupan en el triángulo formado por Commonwealth Avenue y Kings Avenue. Los distritos residencial, estudiantil, cultural y comercial se hallan diseminados por toda la ciudad. La mayor parte de las industrias de Canberra están confinadas en una zona alrededor de la estación de ferrocarril, al sur de East Basin.

Las ventajas de planificar por adelantado

Desde la cima del monte Ainslie, de 842 metros, los visitantes contemplan la ciudad planificada de Canberra, en el suroeste de Australia. Justo debajo se encuentra la cúpula verde del monumento conmemorativo a los Caídos por Australia; más allá, una amplia avenida, Anzac Parade, conduce al lago artificial Burley Griffin. En la misma dirección que Anzac Parade, pero en la otra orilla, está el antiguo Parlamento; detrás, en la cumbre de Capital Hill, se alza el nuevo Parlamento. Aunque Canberra tiene una población de unos 300.000 habitantes, un observador señaló cómo "todavía hay suficiente espacio entre los edificios para hacer que la ciudad parezca más un gigantesco recinto universitario que una metrópoli abarrotada".

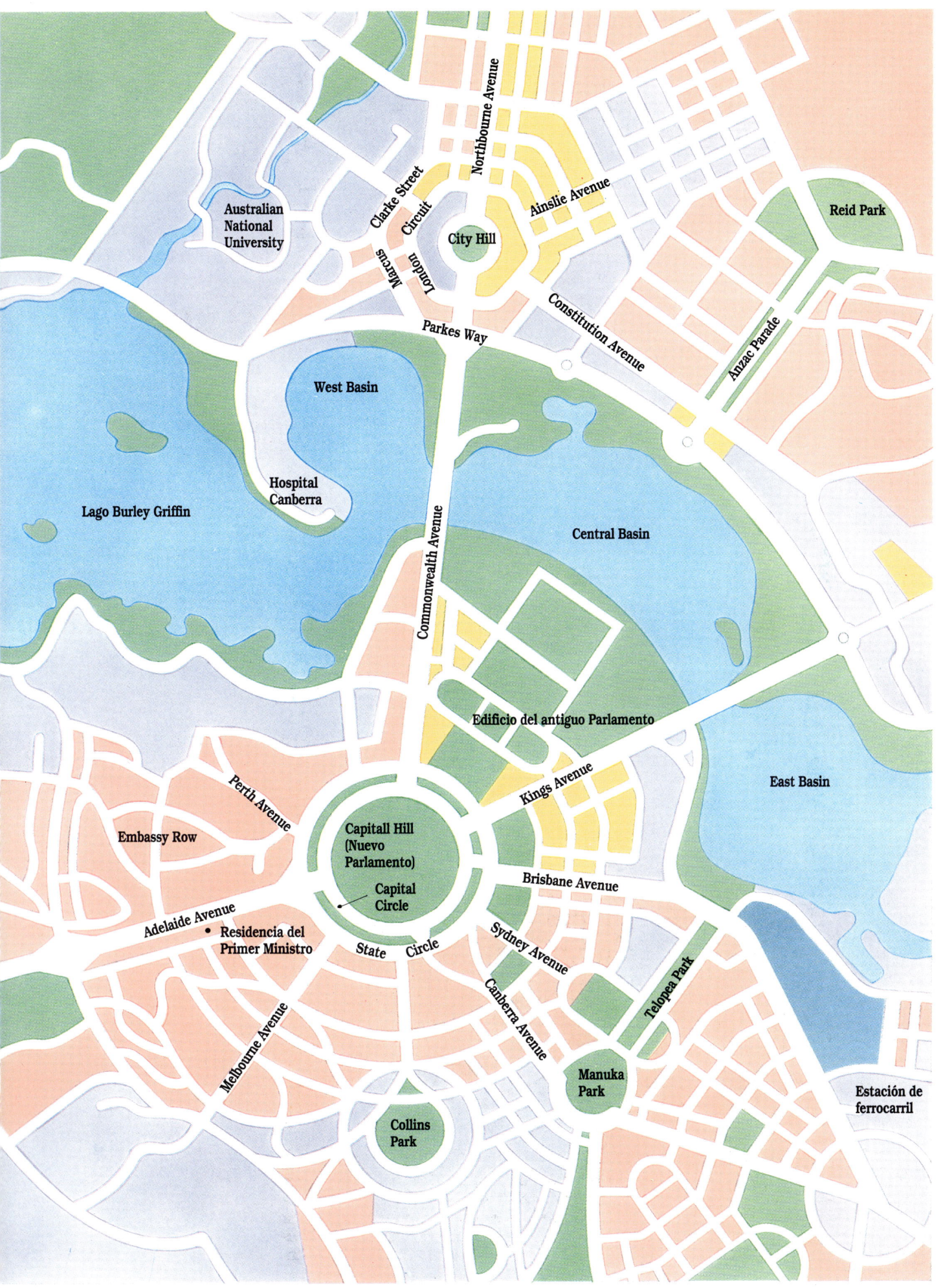

¿Cómo se cultiva la tierra?

La agricultura de una región depende principalmente de su clima. Los cultivos que necesitan una gran cantidad de agua —el arroz y frutas como el mango y el plátano— crecen bien en los lluviosos trópicos. Los cultivos como el trigo, la cebada, el centeno y la avena, que necesitan menos agua, florecen en zonas más secas y templadas. Y las plantas de raíz, como la patata y la mandioca, pueden sobrevivir a la sequía una vez que su cultivo se ha establecido. Otros factores que determinan el éxito de un cultivo son la temperatura de la región, la calidad del suelo, la duración del día y el tipo de terreno.

Millones de hectáreas que hoy son tierras de labranza antaño fueron consideradas imposibles de cultivar. Tal vez eran demasiado secas, demasiado accidentadas o demasiado pobres en nutrientes para permitir un cultivo fácil. Sin embargo, al usar técnicas como el riego, la construcción de bancales y la fertilización, los granjeros han transformado estas extensiones estériles en campos productivos.

En 1936, un profesor de geografía de Harvard llamado Derwent Whittlesey concibió un sistema para clasificar la tierra de acuerdo a su potencial agrícola. Las trece zonas de Whittlesey, que aparecen en el mapa de la derecha, dan una buena idea de los tipos de utilización del terreno en todo el mundo.

Las zonas agrícolas del mundo

El mapa de la derecha clasifica las tierras agrícolas del planeta según el sistema Whittlesey. Las técnicas innovadoras han aumentado la cantidad de suelo adecuado para algún tipo de cultivo.

- Pastos
- Cría comercial de ganado
- Cultivo nómada
- Agricultura de asentamiento extensiva
- Agricultura de arroz autosuficiente
- Agricultura autosuficiente sin arroz

El ganado espera para ser transportado desde un corral en el Medio Oeste de Estados Unidos. Más de 1.300 millones de cabezas de ganado se crían en todo el mundo. Los principales países ganaderos son Brasil, Estados Unidos, Rusia, China, India y Argentina.

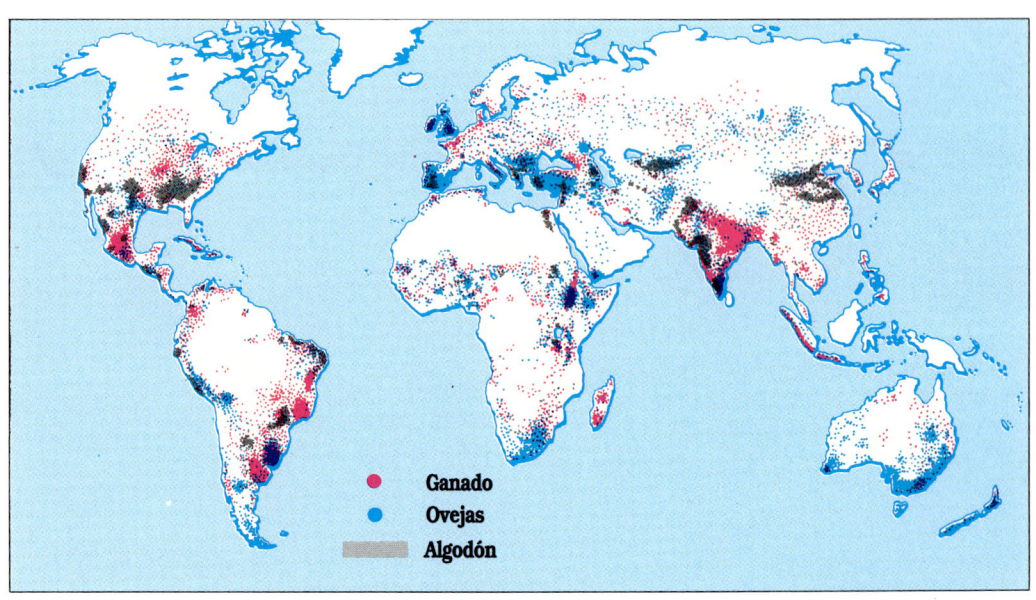

- Ganado
- Ovejas
- Algodón

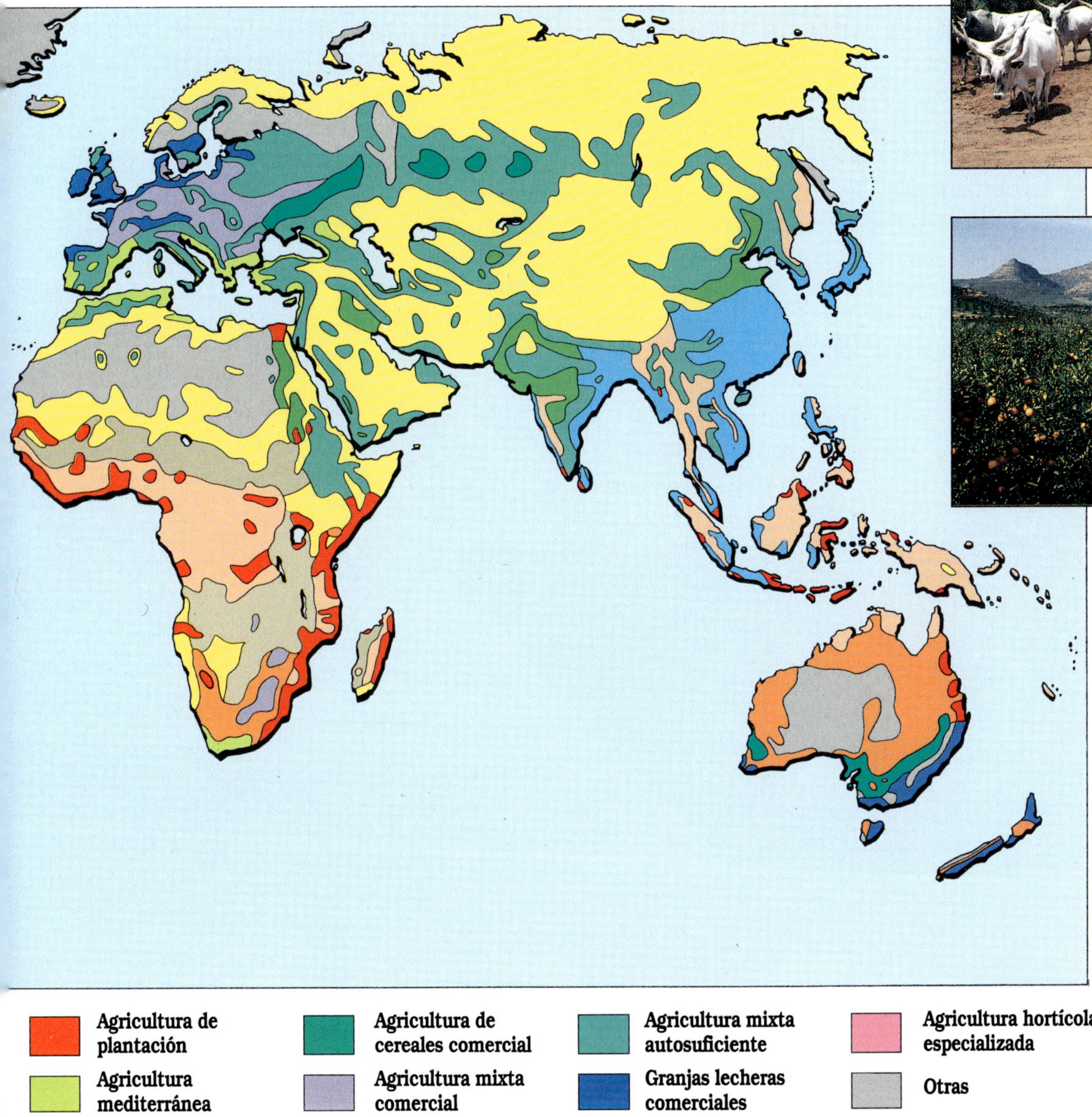

■ Agricultura de plantación	■ Agricultura de cereales comercial	■ Agricultura mixta autosuficiente	■ Agricultura hortícola especializada
■ Agricultura mediterránea	■ Agricultura mixta comercial	■ Granjas lecheras comerciales	■ Otras

Un nativo peul *(fotografía superior)* conduce ganado a través de un campo en Senegal, en el África occidental. Arriba, las naranjas llenan las ramas de los árboles que crecen en la ladera de una montaña en Málaga, España. El Levante español es la principal zona productora de naranjas de este país.

Una máquina recolectora de algodón se desplaza a través de un campo de Missouri, en el centro de Estados Unidos. En orden decreciente de producción, China, Estados Unidos, Rusia, India y Pakistán son los principales cultivadores de algodón del mundo.

Un perro pastor conduce un rebaño de ovejas en Australia, hábitat del 20 % de la cabaña mundial. Rusia, China, Nueva Zelanda, India y Turquía también poseen una considerable cabaña ovina, criada tanto por su lana como por su carne.

Filas ordenadas de olivos absorben la luz solar en la isla de Sicilia, en el mar Mediterráneo.

¿Se puede "ganar" terreno al mar?

La falta de espacio es un hecho en la vida de los Países Bajos, cuyos 15 millones de habitantes lo convierten en la región de mayor densidad de población de Europa. Sin embargo, siglos de ingeniosa técnica, le han permitido a este país ganar más de 770.000 hectáreas de terreno que antaño estuvieron cubiertas por el mar.

Hacia el año 450 a.C., los primitivos pobladores de la zona empezaron a construir pequeñas colinas, llamadas *terpen*, que mantenían sus granjas por encima de las mareas altas e inundaciones que periódicamente anegaban el terreno. En el siglo XII, los granjeros empezaron a unir los *terpen* con muros que contenían las aguas, llamados diques. Luego, la zona rodeada por un dique podía ser drenada por canales o bombas movidas por molinos de viento. Con el retroceso del agua del mar, quedaba al descubierto tierra adecuada para el cultivo. La construcción de diques alcanzó su apogeo en 1932, cuando el gobierno neerlandés construyó una presa de 30 kilómetros a lo largo de la desembocadura del Zuider Zee, aumentando la superficie del país en 1.621 kilómetros cuadrados, es decir, prácticamente el cinco por ciento.

La batalla de los Países Bajos contra el mar

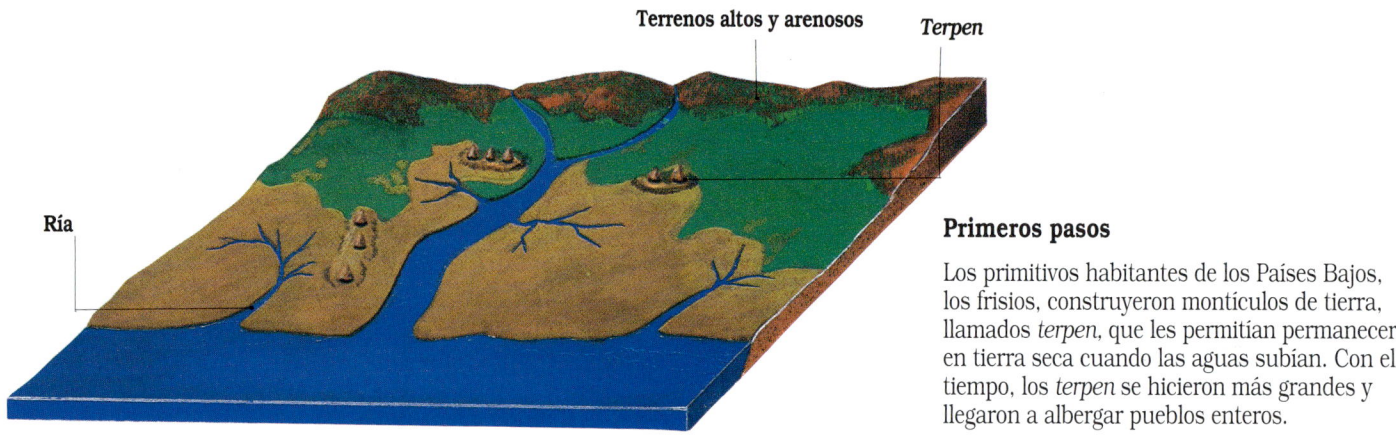

Primeros pasos

Los primitivos habitantes de los Países Bajos, los frisios, construyeron montículos de tierra, llamados *terpen*, que les permitían permanecer en tierra seca cuando las aguas subían. Con el tiempo, los *terpen* se hicieron más grandes y llegaron a albergar pueblos enteros.

Construcción de diques

Para unir los *terpen* se construyeron los terraplenes, creando diques. Después, los granjeros drenaron el terreno encuadrado en los diques. Con la marea baja, se abrían los agujeros de drenaje (y más tarde las esclusas) para liberar el agua que había entrado en las brechas de los diques durante la marea alta.

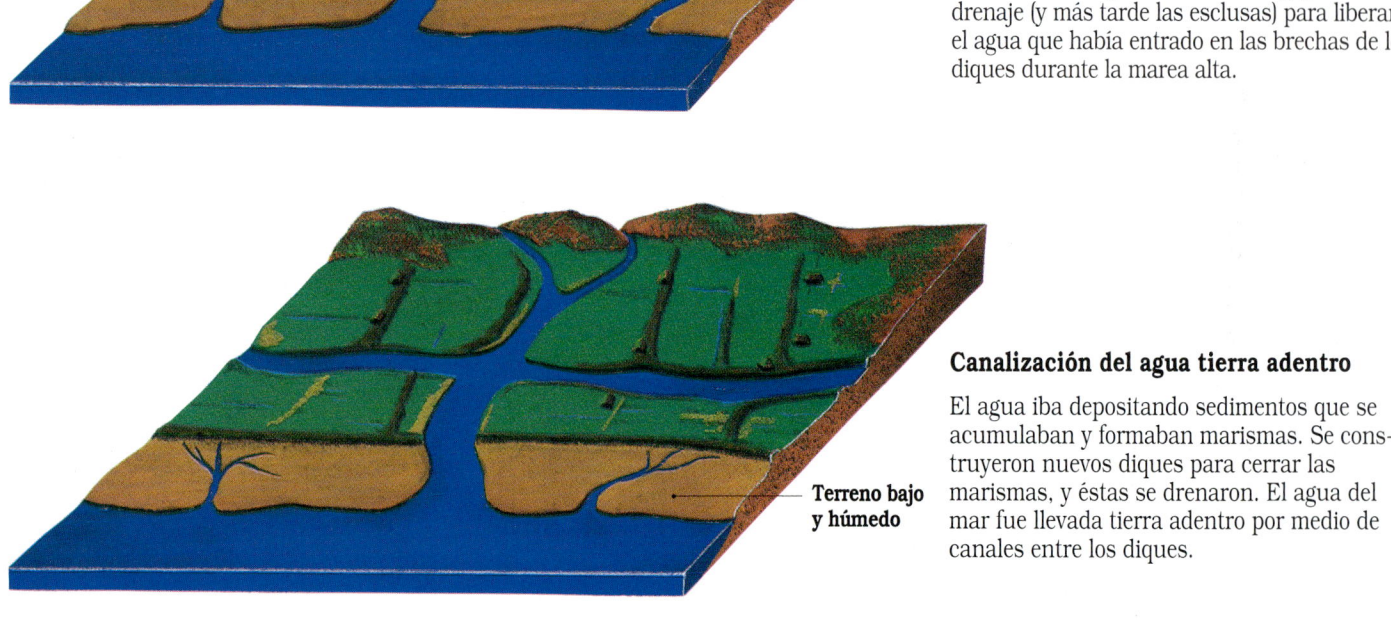

Canalización del agua tierra adentro

El agua iba depositando sedimentos que se acumulaban y formaban marismas. Se construyeron nuevos diques para cerrar las marismas, y éstas se drenaron. El agua del mar fue llevada tierra adentro por medio de canales entre los diques.

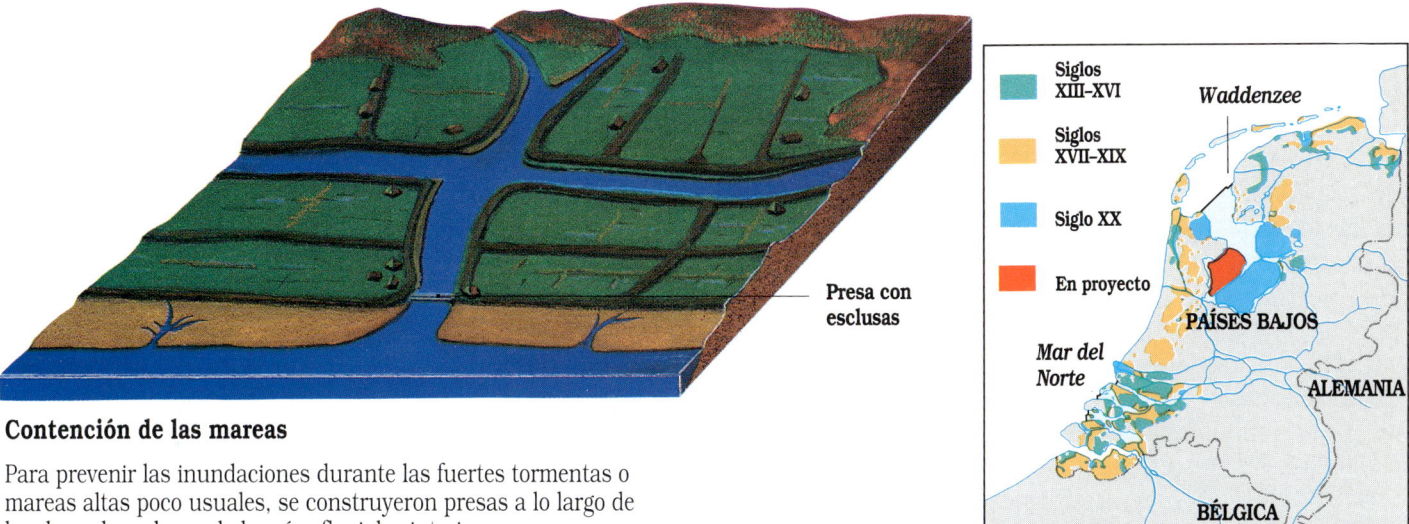

Contención de las mareas

Para prevenir las inundaciones durante las fuertes tormentas o mareas altas poco usuales, se construyeron presas a lo largo de las desembocaduras de las vías fluviales interiores.

Alrededor del 19 % de los Países Bajos está constituido por terreno que ha sido ganado al mar.

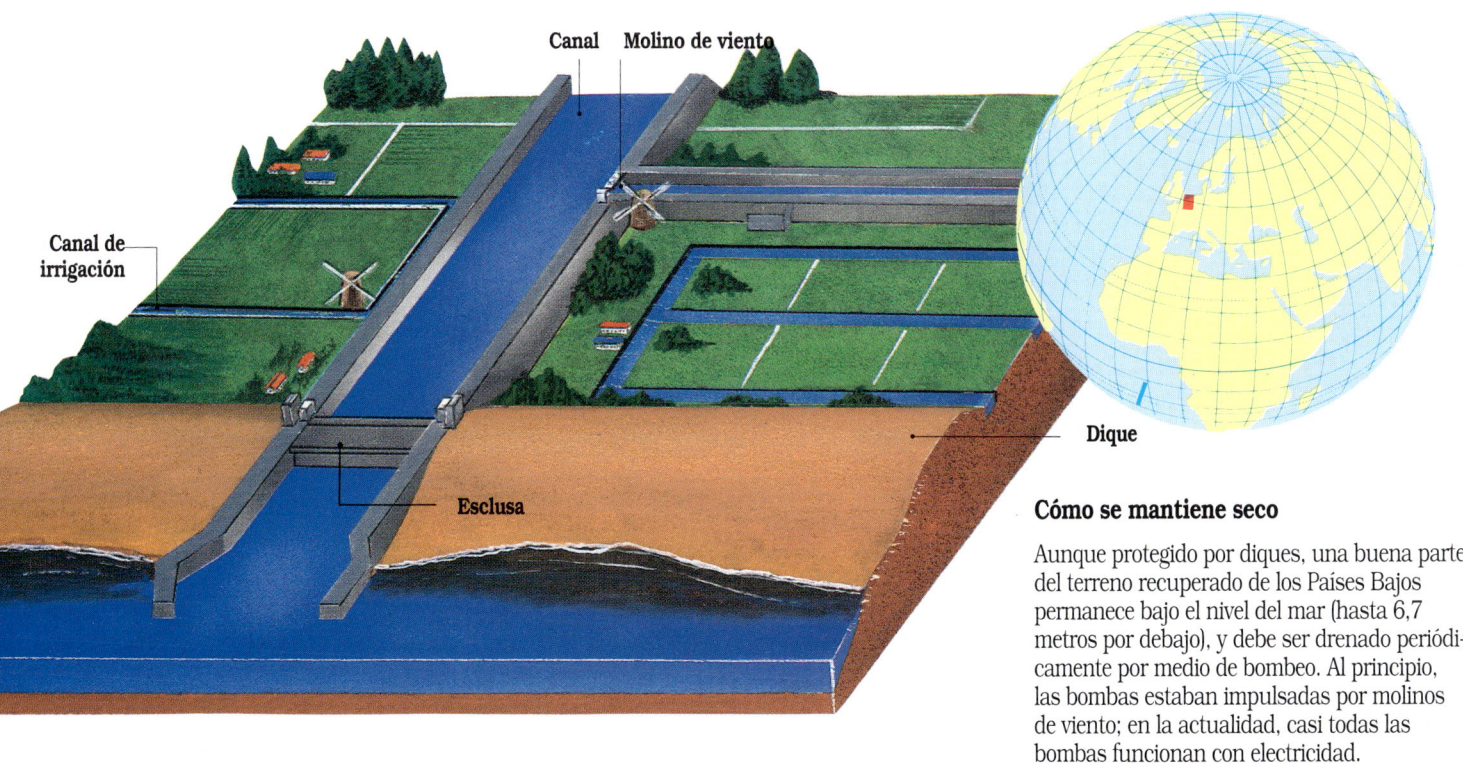

Cómo se mantiene seco

Aunque protegido por diques, una buena parte del terreno recuperado de los Países Bajos permanece bajo el nivel del mar (hasta 6,7 metros por debajo), y debe ser drenado periódicamente por medio de bombeo. Al principio, las bombas estaban impulsadas por molinos de viento; en la actualidad, casi todas las bombas funcionan con electricidad.

Un perfil de los pólders de los Países Bajos

Una vista de corte transversal del norte de los Países Bajos *(abajo)* muestra los diferentes tipos de terreno recuperado del país, llamado pólder. Los pólders más primitivos tienen un mal drenaje y ahora se utilizan para granjas lecheras; los nuevos pólders se usan principalmente para el cultivo. El lago Ijssel es una masa de agua de 1.243 kilómetros cuadrados que se formó al construir una presa a partir de una antigua ensenada: Zuider Zee. Al norte de Afsluitdijk, o gran barrera, se encuentra una masa de agua marina conocida como Waddenzee.

Las carreteras discurren por encima de muchos diques. El que aparece arriba cruza la presa que formó el lago Ijssel.

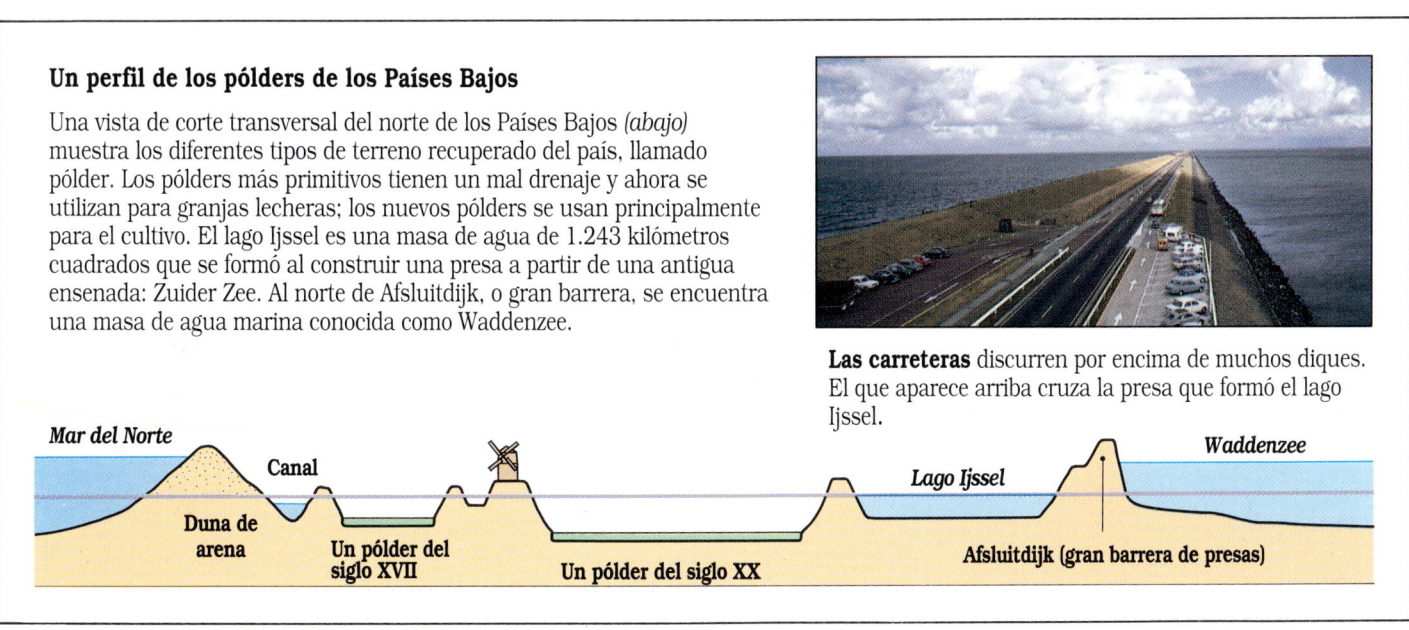

¿Qué es la Tennessee Valley Authority?

En 1933, el Congreso de Estados Unidos creó la Tennessee Valley Authority (TVA) y le encargó el desarrollo de los recursos naturales del valle del río Tennessee, en el centro-oeste de Estados Unidos. Desde entonces, la TVA ha construido o adquirido 39 presas, dos centrales nucleares y 11 centrales térmicas alimentadas por carbón, a lo largo del río Tennessee y sus afluentes. Como resultado, las empresas de la TVA reparten más de 100.000 millones de kilowatios/hora de electricidad cada año a una zona que abarca 210.000 kilómetros cuadrados y atraviesa siete estados: Tennessee, Kentucky, Virginia, Carolina del Norte, Georgia, Alabama y Mississippi.

Desde Paducah, en Kentucky, a Knoxville, en Tennessee, las presas de la TVA han convertido el río Tennessee en una cadena de lagos de 1.049 kilómetros. El más grande, el lago Kentucky, tiene 298 kilómetros de largo. Los lagos están conectados por un sistema de esclusas y toda la red fluvial es navegable en gabarras con un calado de hasta 2,7 metros.

El éxito de la TVA al proveer electricidad a bajo precio a una gran zona se ha repetido en otros muchos lugares, especialmente en los valles fluviales del Columbia y Colorado. Otros importantes planes de desarrollo fluvial se llevan a cabo en el río Mekong, en el sureste asiático; el Damodar, en la India; y en el Nilo, en Egipto.

La presa de Norris, la primera presa hidroeléctrica de la TVA, se eleva 81 metros por encima del río Clinch, en Tennessee.

La central eléctrica de la presa de Fontana, que aparece arriba, se asienta al lado del río Little Tennessee, en Carolina del Norte.

Área de la Tennessee Valley Authority

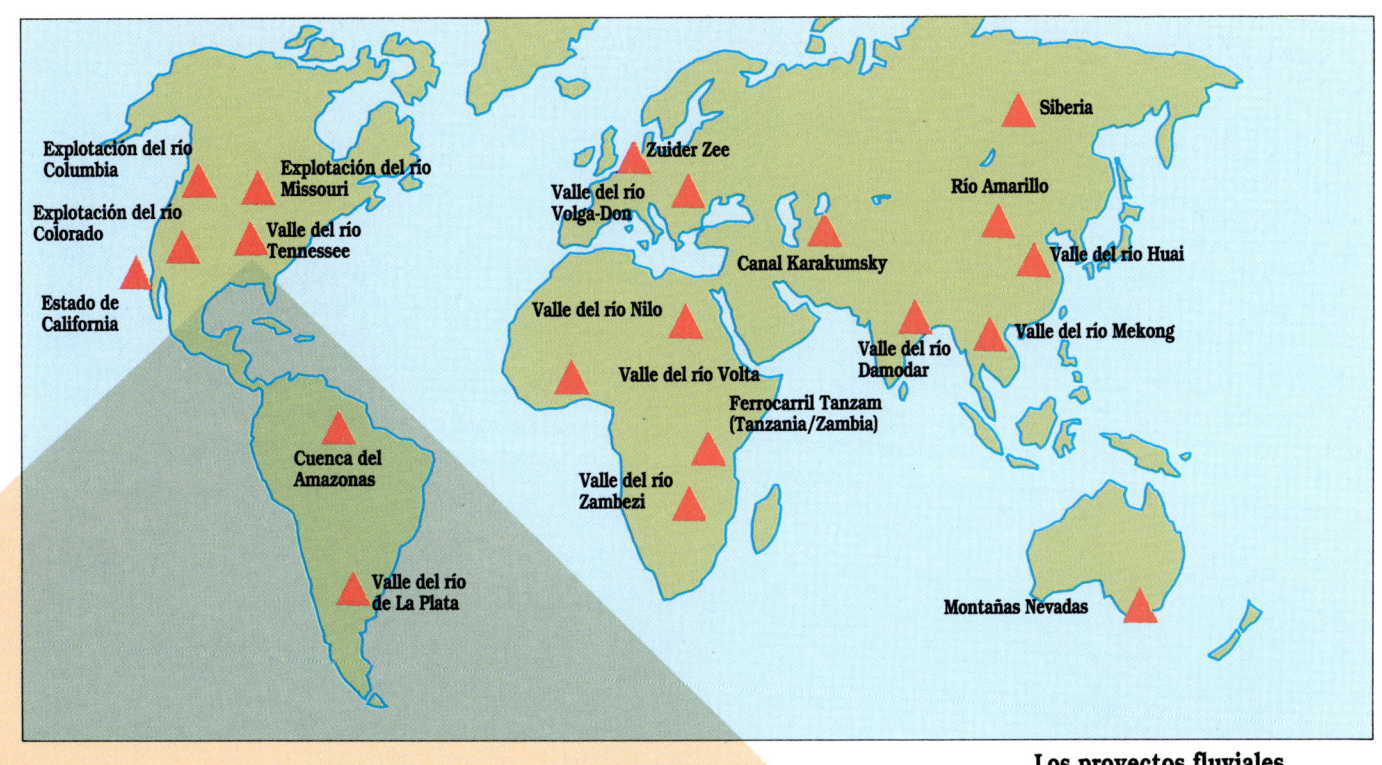

Los proyectos fluviales alrededor del mundo

Muchos países han cambiado el cauce natural de sus ríos principales. Estos proyectos pretenden controlar las inundaciones, abastecer de agua para el regadío, extender los canales navegables o producir energía hidroeléctrica.

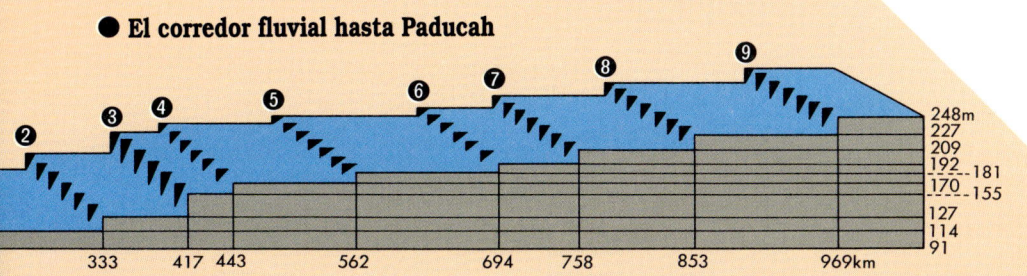

● El corredor fluvial hasta Paducah

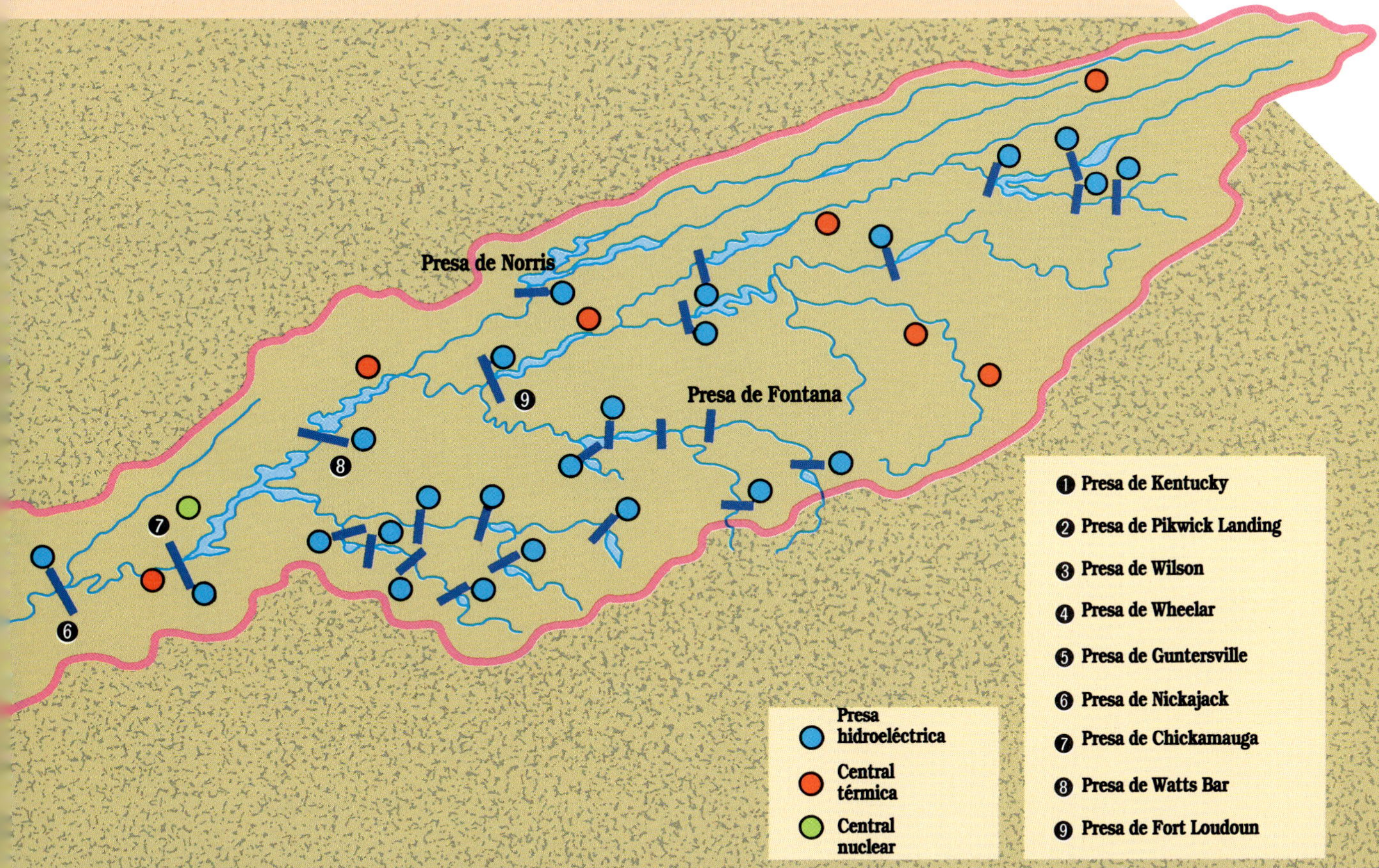

❶ Presa de Kentucky
❷ Presa de Pikwick Landing
❸ Presa de Wilson
❹ Presa de Wheelar
❺ Presa de Guntersville
❻ Presa de Nickajack
❼ Presa de Chickamauga
❽ Presa de Watts Bar
❾ Presa de Fort Loudoun

- Presa hidroeléctrica
- Central térmica
- Central nuclear

¿Dónde se cultivan la uva y la aceituna?

La aceituna y la uva se cultivan en abundancia en todos los países que bordean el Mediterráneo. Los olivos y las viñas han sido cultivados en esta zona por lo menos desde el año 3000 a.C., porque se acomodan perfectamente al clima mediterráneo.

Aunque la cuenca mediterránea disfruta de inviernos suaves y húmedos, es también famosa por sus veranos calurosos y secos. Para que una planta crezca en este medio ambiente, debe ser capaz de resistir las temporadas de sequía hasta que vuelva la estación lluviosa. Esto no es un problema para los olivos, que en realidad prefieren las condiciones secas.

Las vides, también, pueden sobrevivir fácilmente a la falta de precipitación; para alcanzar las capas de suelo húmedo que se encuentran por debajo de la superficie, sus raíces pueden alargarse hasta 30 metros.

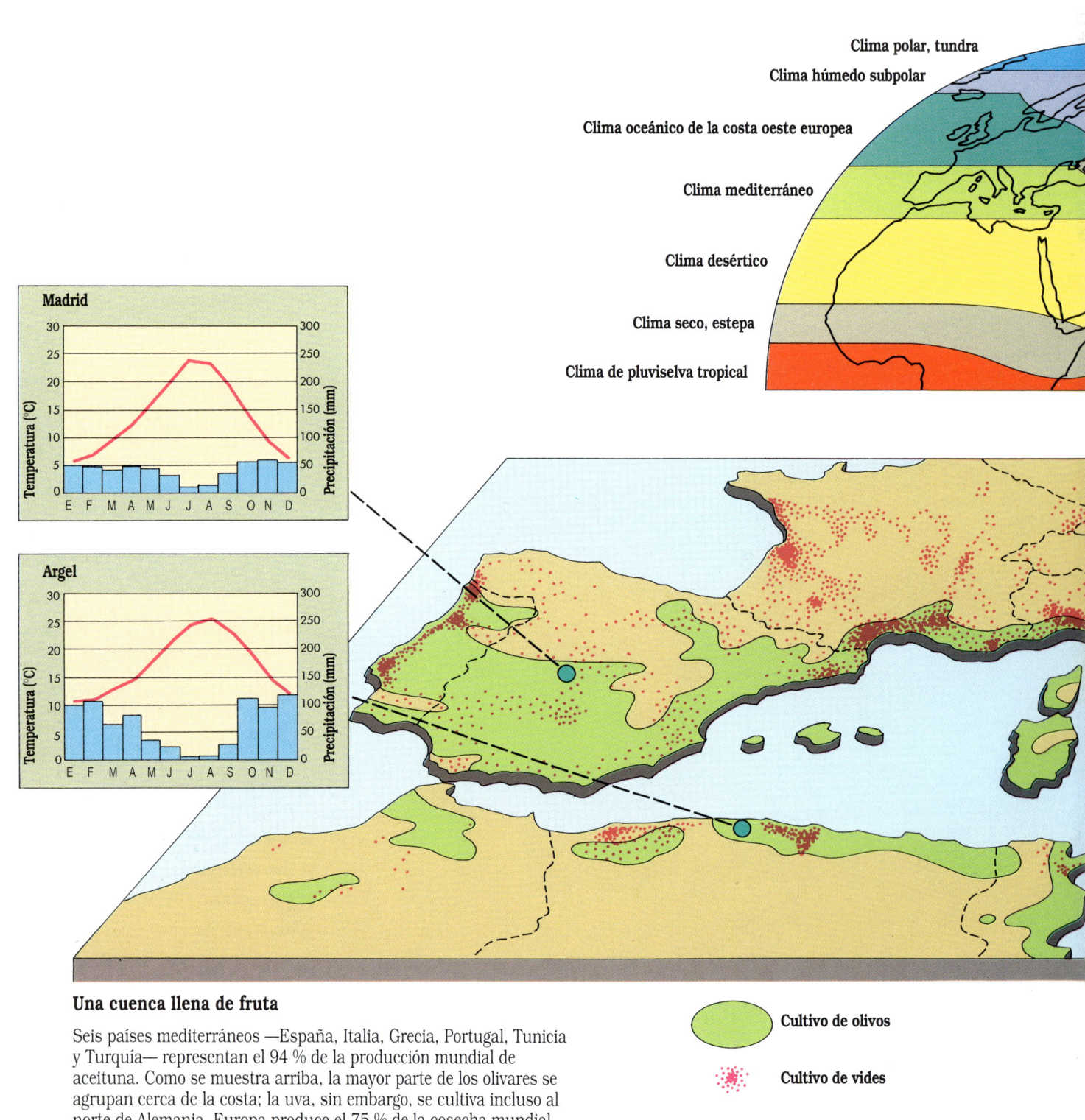

Una cuenca llena de fruta

Seis países mediterráneos —España, Italia, Grecia, Portugal, Tunicia y Turquía— representan el 94 % de la producción mundial de aceituna. Como se muestra arriba, la mayor parte de los olivares se agrupan cerca de la costa; la uva, sin embargo, se cultiva incluso al norte de Alemania. Europa produce el 75 % de la cosecha mundial de uva.

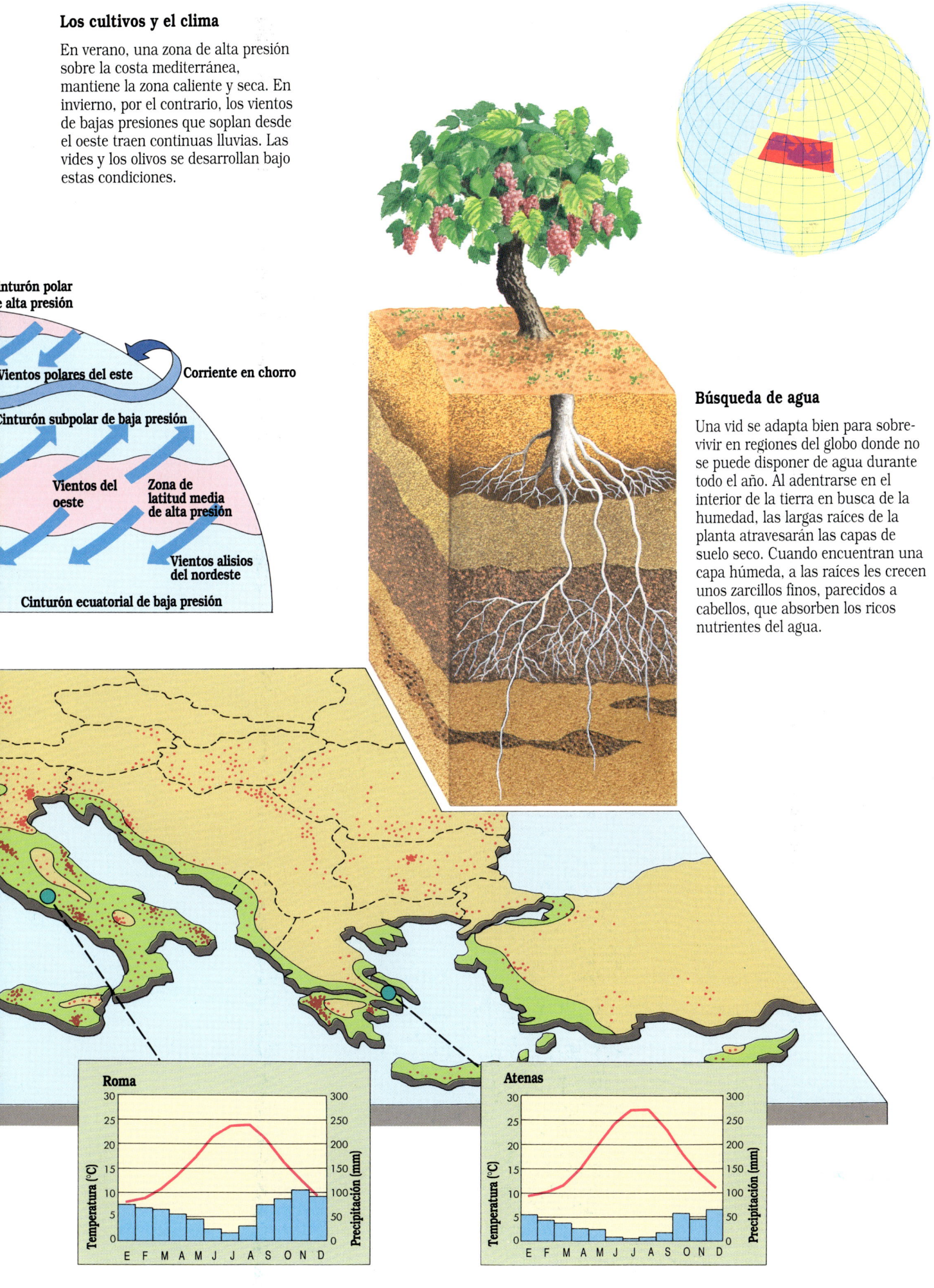

Los cultivos y el clima

En verano, una zona de alta presión sobre la costa mediterránea, mantiene la zona caliente y seca. En invierno, por el contrario, los vientos de bajas presiones que soplan desde el oeste traen continuas lluvias. Las vides y los olivos se desarrollan bajo estas condiciones.

Búsqueda de agua

Una vid se adapta bien para sobrevivir en regiones del globo donde no se puede disponer de agua durante todo el año. Al adentrarse en el interior de la tierra en busca de la humedad, las largas raíces de la planta atravesarán las capas de suelo seco. Cuando encuentran una capa húmeda, a las raíces les crecen unos zarcillos finos, parecidos a cabellos, que absorben los ricos nutrientes del agua.

¿Pueden cultivarse las tierras áridas?

Los agricultores han concebido dos estrategias para hacer crecer los cultivos en terrenos con poca agua. En la primera, llamada cultivo de secano, se siembra sólo en la mitad del terreno; la otra mitad es arada profundamente, y luego dejada en barbecho para que la lluvia que caiga sea retenida en el suelo. Después de absorber la humedad durante un año, la tierra en barbecho se utiliza para sembrar, mientras que las hectáreas que se han cultivado pasan a ser tierra de barbecho.

La segunda técnica es el riego o canalización del agua desde lugares donde es abundante a campos donde es escasa. El riego ha transformado zonas antaño estériles —como el Valle Imperial, en California, y la región desértica del Negev, en Israel— en rico terreno de cultivo. El agua puede ser conducida por tuberías desde lagos lejanos, por ejemplo, o se pueden construir embalses en los cauces de los ríos para crear reservas de agua.

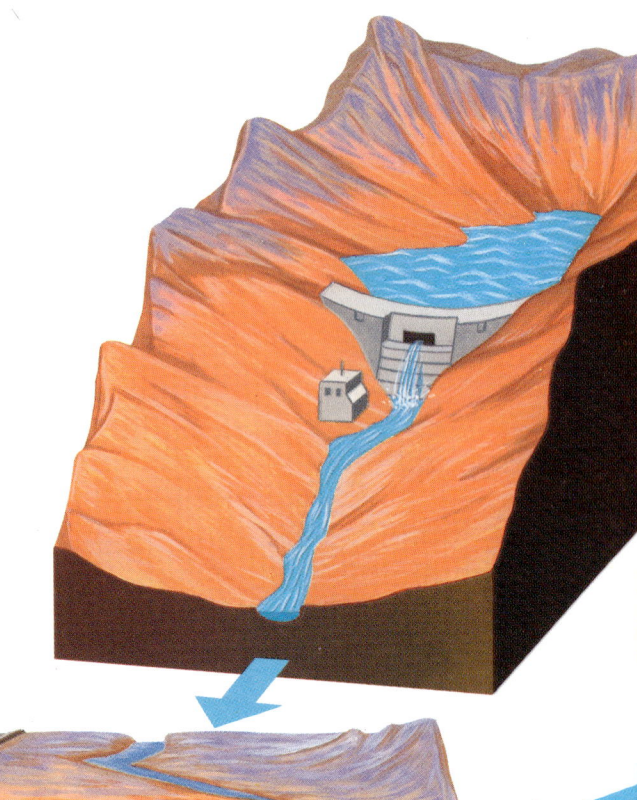

Floración en el desierto

Zonas áridas alrededor del mundo

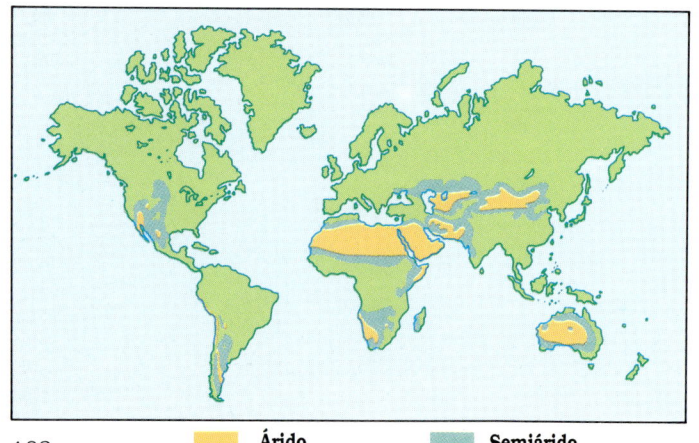

Árido | Semiárido

Campos circulares, cada uno regado por una tubería de riego de centro giratorio (por aspersión), en Utah, en el oeste de Estados Unidos.

Un lago artificial

El embalse de una corriente de montaña o un río proporciona el abastecimiento de agua para el riego durante un año entero. Sin embargo, la presa puede alterar el medio ambiente de las regiones que se encuentran río abajo.

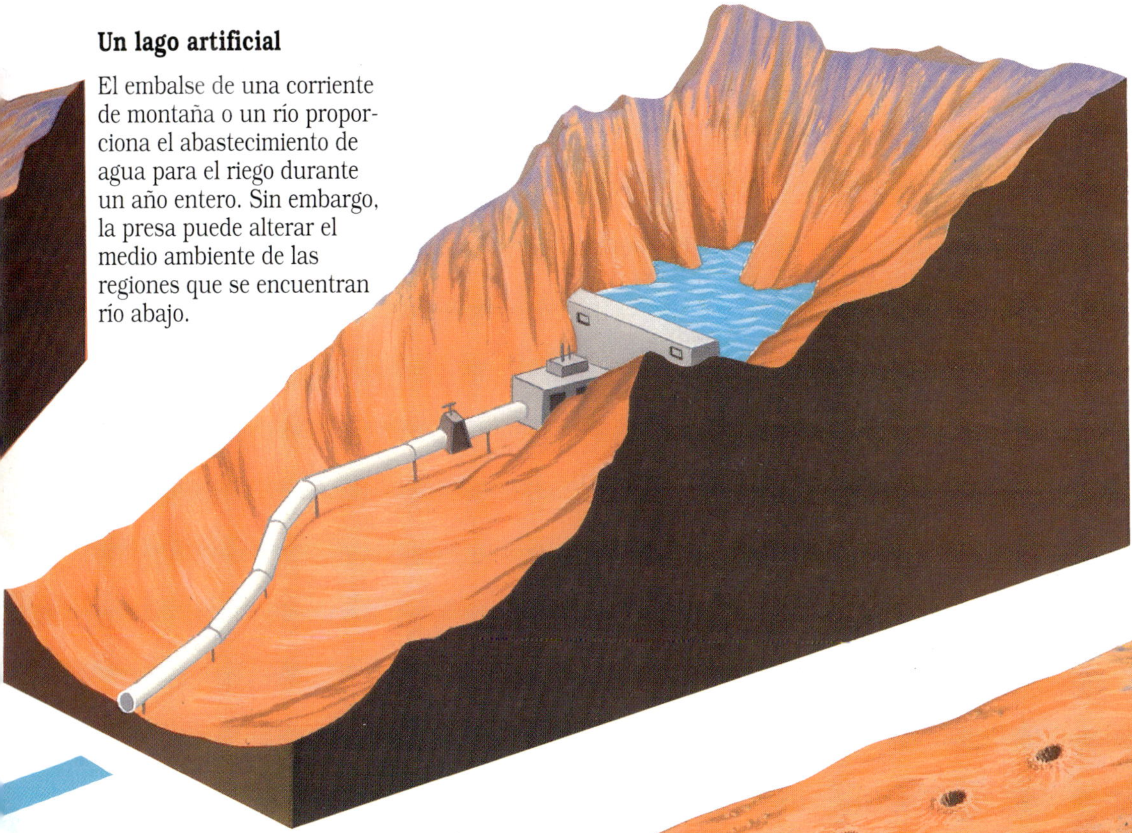

Una tubería que origina vida

Cuando el agua se encuentra con un terreno infranqueable entre la tierra de cultivo árida y la fuente de riego más cercana, puede ser transportada a su destino por medio de una estación de bombeo y una tubería *(izquierda)*.

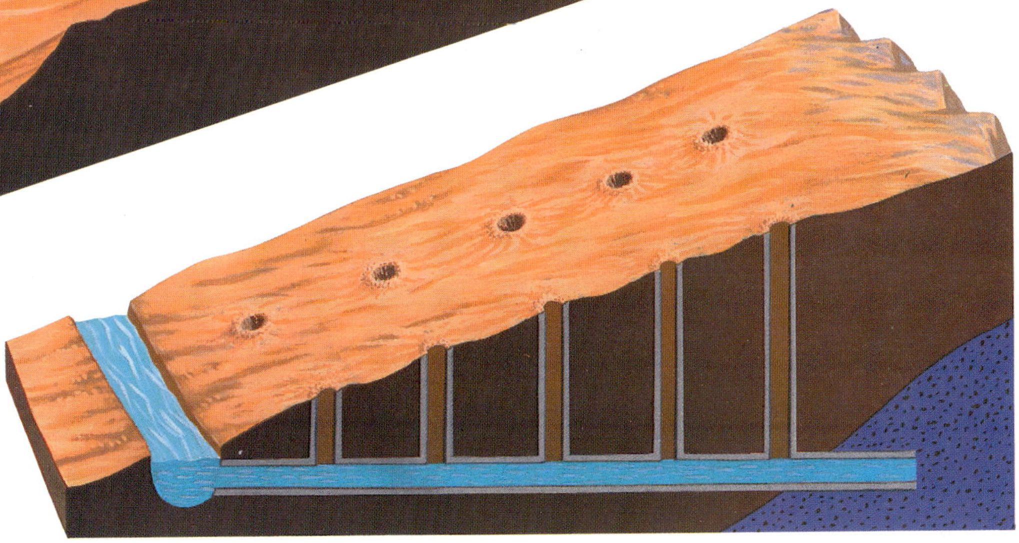

Extracción de agua de una fuente subterránea

En las regiones áridas de China, Pakistán, Irán y el norte de África, los agricultores riegan sus campos utilizando *kanats*, canales que extraen el agua del subsuelo, cerca de la base de una montaña. Los pozos verticales perforados en la ladera de la colina proporcionan ventilación y acceso para las reparaciones.

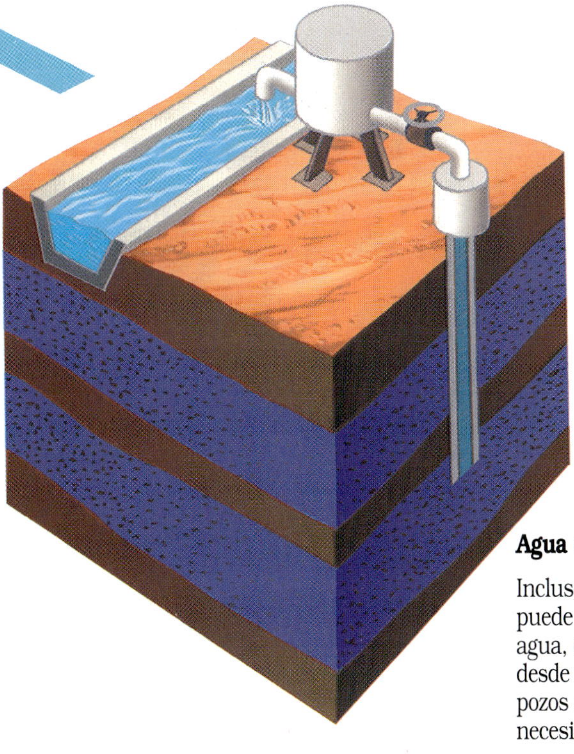

Agua de pozo

Incluso la tierra más seca puede esconder una fuente de agua, que puede ser bombeada desde un pozo *(izquierda)*. Los pozos artesianos fluyen sin necesidad de bombeo.

Los agujeros de acceso delimitan un *kanat* en Pakistán.

¿Qué es el Altiplano?

La cordillera montañosa de los Andes constituye la espina dorsal de Sudamérica. A lo largo de más de 7.250 kilómetros, desde Colombia al cabo de Hornos, configura la geografía y el clima de todo el continente. Un ejemplo espectacular de su influencia se puede encontrar en Argentina y Bolivia, en el interior, donde los Andes alcanzan su máxima anchura, unos 645 kilómetros, y donde una extensa y alta llanura, llamada Altiplano, se encuentra suspendida entre dos cadenas de montañas paralelas. Gracias a la moderadora influencia del cercano lago Titicaca —con sus 8.135 kilómetros cuadrados es el lago más grande de Sudamérica—, el Altiplano disfruta de un clima suave, inusual para una zona de tanta altura, de unos 3.900 metros de promedio. La región sur del Altiplano boliviano tiene una precipitación tan escasa que filones de sal salpican este terreno árido y rocoso. La región norte, sin embargo, tiene un clima más moderado, convirtiéndose en el centro de la agricultura de la zona; el Altiplano incluso pudo ser el hábitat primitivo de la patata. A unos 5.000 metros por encima del nivel del mar se encuentran las altas llanuras de una tercera región, la puna. Debido a su gran altitud, en la puna hace demasiado frío para cultivar la tierra; sin embargo, está cubierta de una hierba áspera y erizada llamada *ichu*, que sirve de alimento para los grandes rebaños de llamas, alpacas y vicuñas. La lana de estos animales puede ser canjeada por productos de la costa del Pacífico —sal marina, chile y fruta—, además se utiliza a estos animales como bestias de carga.

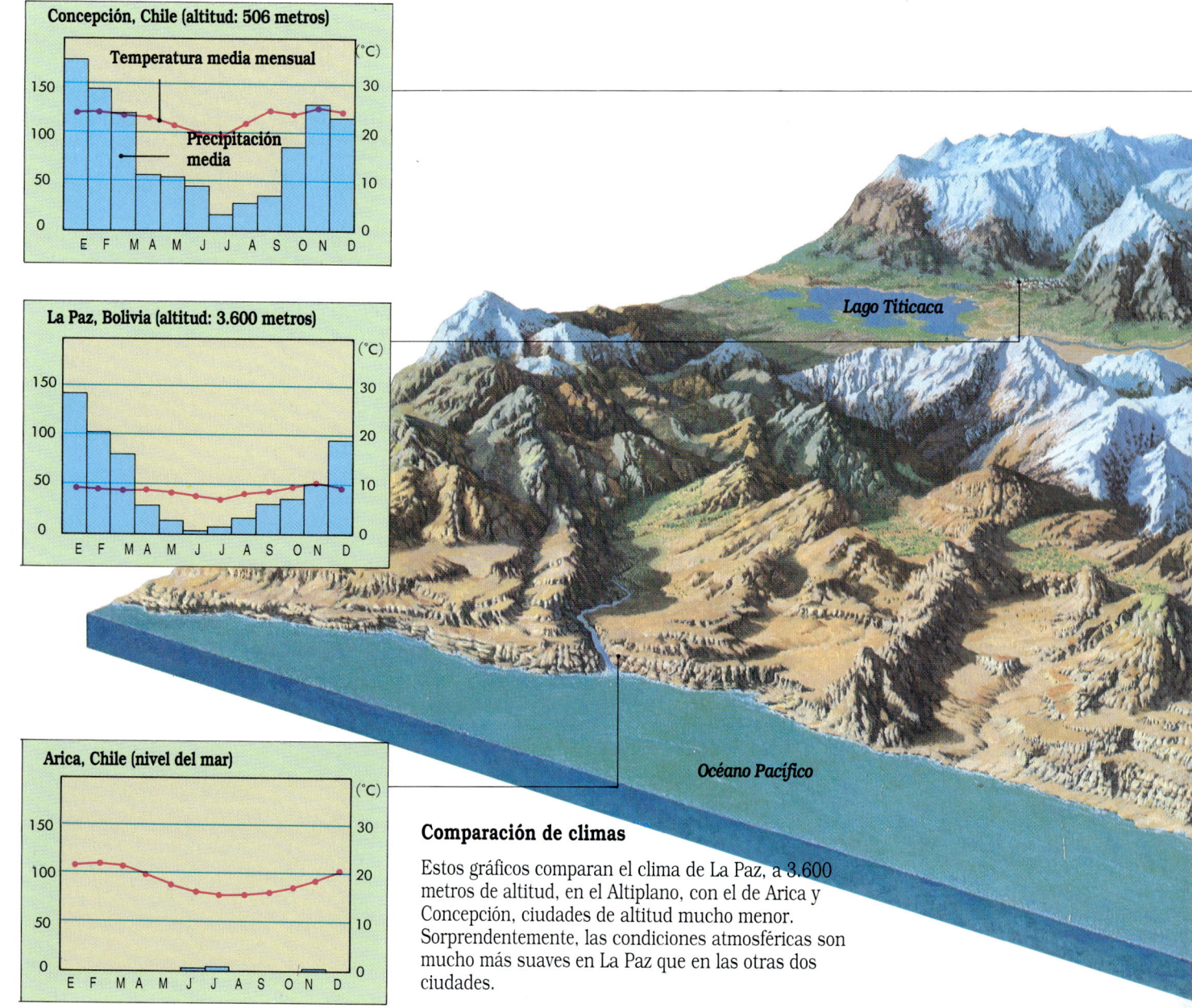

Una tierra encima de las nubes

Comparación de climas

Estos gráficos comparan el clima de La Paz, a 3.600 metros de altitud, en el Altiplano, con el de Arica y Concepción, ciudades de altitud mucho menor. Sorprendentemente, las condiciones atmosféricas son mucho más suaves en La Paz que en las otras dos ciudades.

Vista de La Paz, la capital de Bolivia.

Bancales cultivados cerca del lago Titicaca.

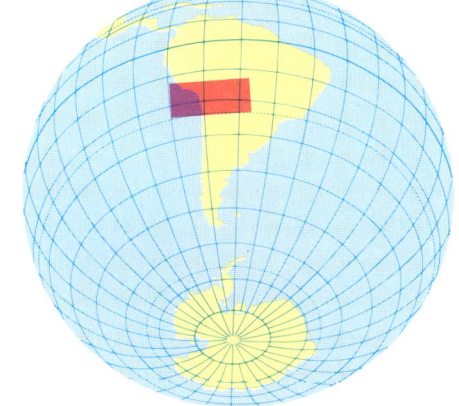
Llamas paciendo *ichu* en el Altiplano boliviano.

Un indio aimará recoge juncos del lago Titicaca.

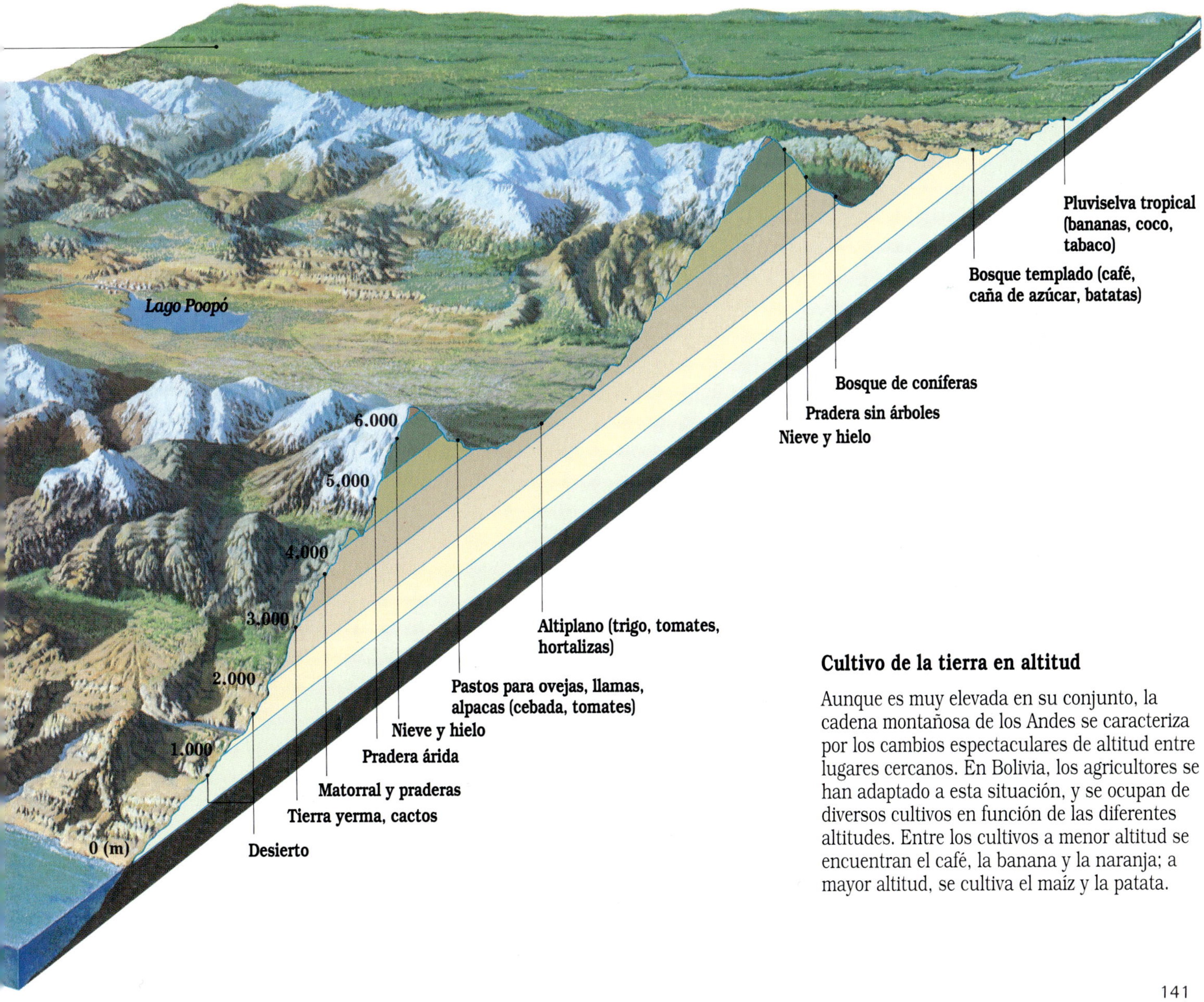

Cultivo de la tierra en altitud

Aunque es muy elevada en su conjunto, la cadena montañosa de los Andes se caracteriza por los cambios espectaculares de altitud entre lugares cercanos. En Bolivia, los agricultores se han adaptado a esta situación, y se ocupan de diversos cultivos en función de las diferentes altitudes. Entre los cultivos a menor altitud se encuentran el café, la banana y la naranja; a mayor altitud, se cultiva el maíz y la patata.

¿Puede una región tener varios climas?

Con cinco picos de más de 4.250 metros de altura, los Alpes son la cadena montañosa más alta de Europa. Es tan grande la variación de altitud entre los valles y las cimas de las montañas, que la región tiene cuatro climas diferentes. El clima más frío es el que impera en las zonas más altas; conocidas colectivamente como neveros, están cubiertas por una capa de nieve permanente que se ha comprimido y ha formado hielo glacial. Debajo de los neveros se halla la zona alpina, cuyos prados sirven de terreno de pasto. La zona subalpina, más cercana al nivel del mar, está cubierta de bosques de coníferas cuidadosamente conservados. La zona de cultivo, la más baja de las cuatro, está salpicada de pueblos y árboles de hoja caduca.

Muchos residentes de estos pueblos crían ganado usando una técnica llamada transhumancia para adaptarse a los cambiantes climas de la región. En invierno, las ovejas y el ganado se guardan en establos y son alimentados con el heno almacenado. En primavera, los rebaños son conducidos a pastorear a las zonas climáticas más altas, donde pacen durante el verano antes de ser llevados de vuelta abajo en otoño.

La vegetación de los Alpes

La vegetación de los Alpes varía con la altitud. Existen muy pocas plantas en los neveros, por encima de los 3.000 metros. Las flores silvestres y la hierba crecen en la zona alpina, entre 2.000 y 3.000 metros. La zona subalpina, de 1.500 a 2.000 metros de altitud, es el hábitat de bosques de abetos y piceas. Por debajo de 1.500 metros se encuentran los bosques de robles y hayas.

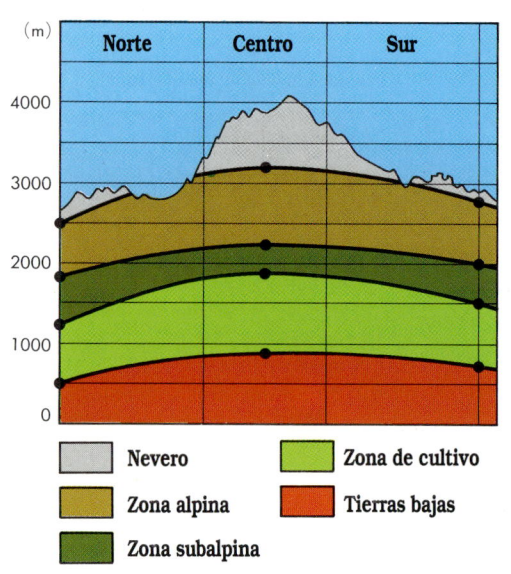

Las flores alfombran un prado alpino cerca de la base del monte Cervino (Matterhorn), en Suiza, de 4.477 metros de altitud.

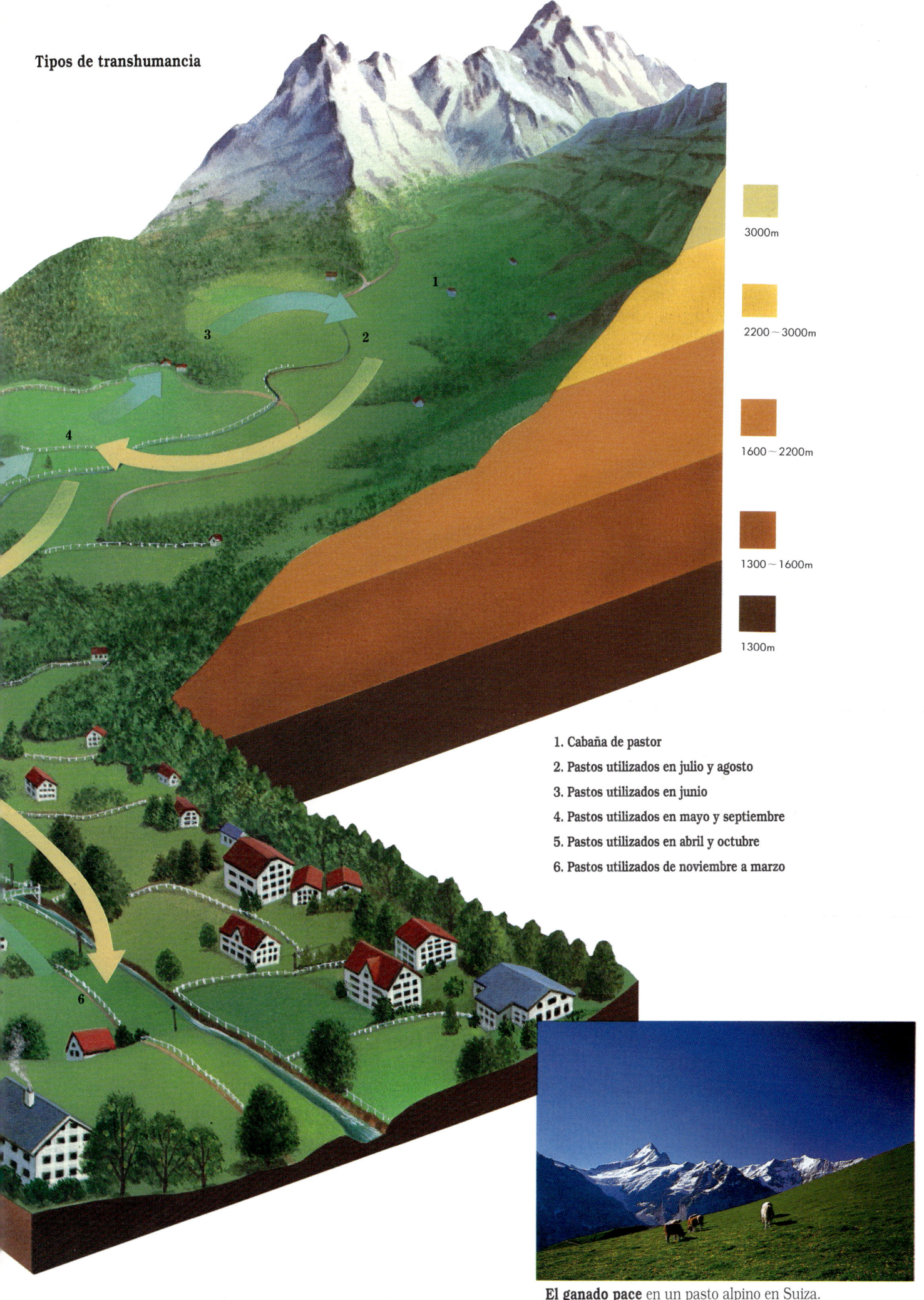

Tipos de transhumancia

- 3000m
- 2200~3000m
- 1600~2200m
- 1300~1600m
- 1300m

1. Cabaña de pastor
2. Pastos utilizados en julio y agosto
3. Pastos utilizados en junio
4. Pastos utilizados en mayo y septiembre
5. Pastos utilizados en abril y octubre
6. Pastos utilizados de noviembre a marzo

El ganado pace en un pasto alpino en Suiza.

¿Qué ocurre cuando hay poco terreno para edificar?

Enfrentados a la necesidad de construir un aeropuerto nuevo en una zona donde el terreno es escaso, los urbanistas japoneses han propuesto una solución original: el Aeropuerto Internacional de Kansai se está construyendo sobre un terreno rellenado en la bahía de Osaka, a 5 kilómetros mar adentro de la costa de la segunda ciudad más grande de Japón.

La construcción del aeropuerto supuso un reto de ingeniería sin precedentes. Primero, los trabajadores echaron los cimientos en el fondo del mar, clavando pilotes de arena endurecida en la arcilla blanda que se encuentra a 18 metros de profundidad. Luego, se levantó un dique alrededor de los cimientos, lo cual dio lugar a una superficie de 511 hectáreas que fue rellenada con tierra y rocas hasta elevarla por encima del nivel del mar. Después, empezó la construcción del aeropuerto en sí, el cual se unirá a tierra firme, por medio de un puente de dos pisos, por carretera y ferrocarril.

Construcción de unos cimientos fuertes

Para colocar los cimientos submarinos del aeropuerto debajo del agua, ingenieros náuticos clavaron pilotes en la arcilla blanda de la bahía de Osaka.

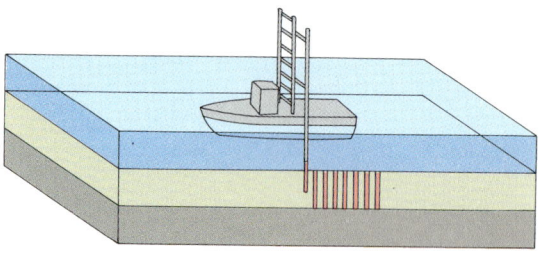

Rellenado

Después de construir los cimientos y el dique, las gabarras descargaron 170 millones de metros cúbicos de roca y tierra dentro del muro.

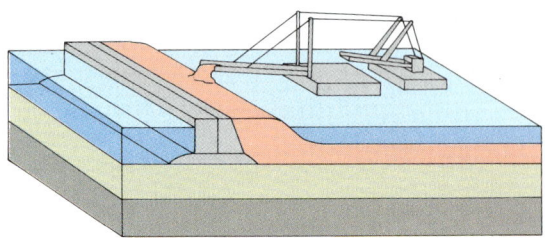

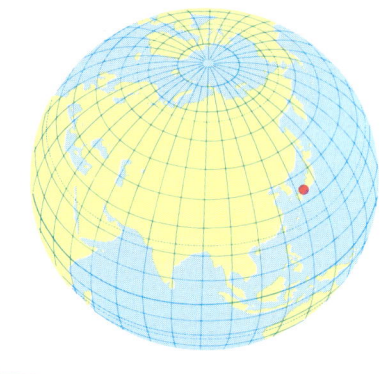

Una foto de satélite de la bahía de Osaka *(arriba)* muestra el emplazamiento del Aeropuerto Internacional de Kansai, mar adentro.

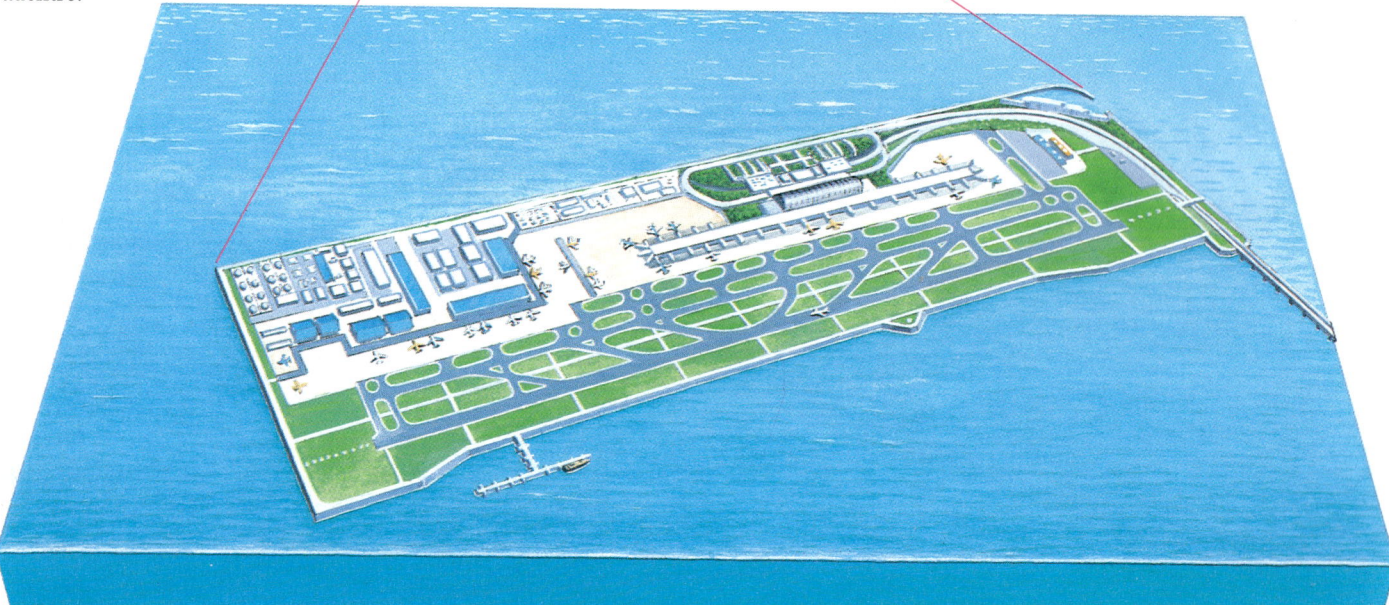

Glosario

Abisal: Relativo a las zonas de mayor profundidad de la Tierra, lacustres u oceánicas.

Acuífero: Estrato rocoso por debajo de la superficie terrestre que almacena agua y también permite que fluya.

Alisios: Vientos que soplan casi constantemente desde el este a 30° de latitud norte y 30° de latitud sur del ecuador.

Alpino: Relativo a las montañas más altas, generalmente por encima del límite del bosque, donde no pueden crecer los árboles.

Aluvión: Sedimento no consolidado (como limo, arcilla, arena o grava), transportado y depositado por ríos y corrientes.

Árbol caducifolio: Cualquier árbol que pierde sus hojas en otoño y produce hojas nuevas en primavera después de un invierno letárgico.

Árbol de hoja perenne: Árbol o planta que tiene hojas o agujas durante todo el año.

Arcilla: Sedimento formado por partículas muy finas, con una consistencia parecida a la masilla o el plástico blando.

Arrecife: Masa rocosa o de coral cuya superficie se halla al mismo nivel, o ligeramente por encima, del agua. Un *atolón* es un arrecife coralino de forma circular que encierra una masa de agua. Un *arrecife de barrera* es un arrecife de coral separado de la costa por una laguna de considerable profundidad. Un *arrecife costero* es un arrecife coralino unido a una isla.

Artesiano: Palabra usada para describir el agua subterránea que, bajo una gran presión, brota por encima del acuífero que la almacena. Una *fuente artesiana* es un manantial de agua que fluye naturalmente y que brota de la roca que cubre un acuífero. Un *pozo artesiano* es aquel excavado por el hombre en el que no se precisa bombear el agua por medio de un motor, porque la presión es suficiente para que el agua ascienda por sí misma.

Bajío: Elevación del fondo en un mar, río o lago, en especial cuando es de arena o barro.

Banco de arena (barra de arena): Dique de arena y otros materiales sumergido o que apenas emerge, construido en el fondo del océano por las olas y las corrientes. Un banco de arena puede tener la forma de una *cresta de arena*, una barrera sumergida o emergente que a menudo encierra una laguna, o de una *flecha litoral*, una alargada península de arena que se proyecta desde la costa.

Barbecho: Tierra de cultivo que se deja sin sembrar durante una estación de cultivo.

Caliza: Roca sedimentaria compuesta principalmente por carbonato cálcico en forma de calcita.

Cañón: Profundo corte en la superficie terrestre producido por la acción de un río, con precipicios a ambos lados.

Carta marina: Mapa usado para guiar a los marinos a través de los puertos, océanos u otras masas de agua.

Cartografía: El arte y la ciencia de trazar mapas.

Ciclo hidrológico: La circulación de ida y vuelta del agua de la Tierra a través de los océanos, el aire y la tierra.

Circo: Cuenca de forma semicircular, con las paredes abruptas y escarpadas, en la ladera de una montaña, causada por la erosión glaciar.

Clima: Conjunto de condiciones meteorológicas que se dan en una determinada región.

Combustible fósil: Carbón, petróleo o gas natural. El nombre procede del hecho que estos combustibles son restos fósiles de lo que una vez fue materia viva.

Conífera: Planta lechosa que se caracteriza por sus frutos agrupados en conos (piñas), como el pino, de hojas perennes aciculares o escamosas.

Cono de deyección (abanico aluvial): Acumulación, en forma de abanico, de barro, limo y arena depositados por un río en una llanura. Por lo general, se forma cuando un torrente sale de un valle relativamente angosto o cuando la velocidad del agua en movimiento se reduce abruptamente.

Cordillera oceánica: Cadena montañosa sumergida donde de manera constante se forma y expulsa hacia fuera la nueva corteza oceánica mediante el proceso de extensión del suelo marino.

Corriente: Flujo continuo, en una dirección constante, de agua u otros líquidos, o de gases, como el aire.

Corriente freática afluyente: Corriente cuyo canal está por encima del nivel freático. Las corrientes afluyentes contribuyen al sistema de agua subterránea.

Costa de ría: Entrante costero que se forma cuando el agua inunda la tierra que está cortada por numerosos, largos y estrechos valles fluviales que discurren perpendiculares a la costa.

Cota o punto de referencia: Punto de altitud conocida que permite al topógrafo medir alturas desconocidas; una cota de referencia habitualmente tiene la forma de una señal permanente incrustada en el suelo.

Cuesta: Afloramiento rocoso causado por la erosión. Está formado por un frente escarpado en un lado y una pendiente más suave en el otro.

Chimenea rocosa: Pilar resistente que permanece después de que el resto de una masa de tierra haya sido desgastada por la erosión marina.

Delta: Terreno bajo triangular, casi llano, en la desembocadura de los ríos, en el que se deposita el material de aluvión que éstos llevan en suspensión.

Deriva continental: Teoría según la cual las masas continentales se asientan sobre gigantescas placas que se deslizan y se mueven muy despacio a lo largo de la superficie terrestre.

Desertización: Proceso por el cual la tierra fértil se convierte en terreno estéril o desierto.

Desierto: Área en la que la precipitación anual no supera los 250 mm, con poca vegetación y escasa ocupación humana y animal.

Dique: Muro de contención construido para prevenir las inundaciones o contener el empuje del mar.

Drumlin: Suave montículo alargado formado por materiales depositados en un glaciar. Los *drumlins* indican la trayectoria seguida por un glaciar que ya se ha fundido.

Duna: Colina o montículo de arena depositada por el viento. Una *duna transversal* es aquella que forma una cresta asimétrica transversal a la dirección del viento; una *duna longitudinal* es una duna alargada y recta en forma de cordillera paralela a la dirección del viento; una *duna en forma de estrella* es una colina de arena aislada que tiene base parecida a una estrella; una *duna barján* es aquella con forma de media luna cuyos cuernos apuntan colina abajo.

Ecosonda o sondeador por eco: Aparato electrónico usado para medir la profundidad del fondo oceánico.

Ecuador: Línea imaginaria que rodea la Tierra por su parte más ancha, justo a medio camino entre el polo Sur y el polo Norte. El Ecuador está en la latitud 0°.

Efecto Coriolis: Una fuerza aparente, producida por la rotación de la Tierra, que provoca la desviación de la trayectoria en línea recta de los objetos en movimiento. El efecto Coriolis explica por qué los vientos y las corrientes oceánicas se desvían hacia la derecha (según el sentido de las agujas del reloj) en el hemisferio Norte, y hacia la izquierda (en sentido contrario a las agujas del reloj) en el hemisferio Sur.

Efecto invernadero: La presencia en la atmósfera del dióxido de carbono junto con la quema de combustibles fósiles retiene el calor que el Sol irradia, lo cual aumenta la temperatura de la superficie de la Tierra.

Erosión: Proceso por el cual el suelo o la roca son desgastados y transportados a otro lugar por el agua, el viento o el hielo.

Escala: Proyección entre una distancia en un mapa y su correspondiente sobre el terreno.

Escarpe: Línea de acantilados formados por fallas o por la erosión.

Esker: Larga y sinuosa cresta de arena o grava depositada por una corriente de agua fundida que fluye por debajo o a través de un glaciar.

Estalactita: Depósito de carbonato cálcico en forma de carámbano que cuelga del techo de una cueva.

Estalagmita: Depósito de carbonato cálcico en forma de cono que crece en el suelo de una cueva.

Estepa: Vasta llanura cubierta de hierba pero sin árboles; el término se aplica generalmente a las áridas regiones del sureste europeo y asiático.

Estereoscopio: Instrumento óptico binocular que proporciona una visión tridimensional de fotografías y diagramas; se utiliza para hacer mapas topográficos.

Estuario: Desembocadura de un río cuyo cauce se ensancha en forma de "V" y donde el agua dulce del río se mezcla con el agua salada del mar.

Evaporación: Proceso por el que un líquido se convierte en vapor.

Extensión del fondo marino: Es el proceso por el que el fondo marino, que se ha originado por procesos ígneos en una cordillera o elevación, se mueve lateralmente alejándose del centro de extensión.

Fiordo: Largo y estrecho brazo de mar entre altos y escarpados acantilados cuyos valles se formaron generalmente por la acción glaciar.

Fisura: Grieta larga, estrecha y profunda en la roca o el hielo.

Fosa oceánica: Profunda y alargada depresión en el fondo del océano donde tiene lugar la subducción.

Gelisuelo: Suelo permanentemente helado que a menudo alcanza grandes profundidades.

Geografía: Estudio de las características de la superficie terrestre, entre las que se cuentan la distribución y las interrelaciones de elementos tales como la vida de las plantas y animales, el suelo, la altitud, la población industrial y las divisiones políticas.

Geología: Estudio de la historia de la Tierra, su estructura interna y sus características externas, con especial atención a las rocas y minerales que componen el planeta y a los procesos que los han formado.

Giro: Movimiento circular de las corrientes oceánicas, que giran en el sentido de las agujas del reloj en el hemisferio Norte, y el sentido contrario a las agujas del reloj en el hemisferio Sur.

Glaciar: Masa de hielo, producida por la acumulación de nieve compacta, que se desplaza hacia abajo o hacia afuera desde su centro. Un *glaciar alpino* es largo y estrecho y se mueve bajando por un barranco desde un circo; un *casquete glaciar continental* es un glaciar de considerable grosor con una superficie total de por lo menos 50.000 kilómetros cuadrados, capaz de cubrir la mayor parte de un continente y sepultar sus irregularidades orográficas, como los casquetes de hielo que cubren los polos de la Tierra y Groenlandia; y un *glaciar ventisquero* es una lámina de hielo inclinada que ocupa una amplia zona baja y que limita con un glaciar de altiplanicie.

Guyot: Tipo de montaña de cumbre plana sumergida en el océano.

Horn: Alto y afilado pico de laderas escarpadas en la intersección de tres o más circos.

Kanat: Sistema de agua existente en algunas regiones áridas, en el que unos túneles canalizan el agua desde una fuente en una colina hasta un pueblo en el valle inferior. Una serie de huecos verticales permiten la ventilación de los túneles y su mantenimiento.

Karren: Surco o arruga que se produce cuando el agua de lluvia disuelve la caliza infiltrándose en las fracturas y a lo largo de las grietas rocosas.

Karst: Tipo de paisaje formado por calizas o yeso que presentan una erosión caracterizada por la presencia de cavernas y cursos de aguas subterráneas, así como unas hondas depresiones llamadas sumideros.

Lago de brazo muerto: Lago en forma de media luna formado cuando un meandro o recodo de un río, queda separado del curso principal.

Laguna: Masa de agua poco profunda. La entrada a la laguna se estrecha por un arrecife o por un banco de arena.

Latitud: Distancia angular de un punto dado de la superficie terrestre desde el ecuador, expresado en grados norte o sur. Los grados de latitud empiezan en el ecuador (cuya latitud es 0°) y se miden en dirección norte hasta el polo Norte (90° de latitud norte) y en dirección sur hasta el polo Sur (90° de latitud sur).

Lecho de roca: Roca sólida que yace bajo una cubierta de tierra o que está descubierta en la superficie.

Levantamiento hidrográfico: Levantamiento topográfico de una extensión de agua.

Línea Internacional de Cambio de Fecha: Línea longitudinal que sigue el meridiano 180°. Es el punto donde empieza el día del nuevo calendario.

Litoral de tipo dálmata: Línea de costa formada cuando el agua del mar inunda los valles de las cadenas montañosas que discurren paralelas al mar.

Litosfera: Capa rígida exterior de la Tierra, que tiene un grosor aproximado de 65 a 85 kilómetros. La litosfera incluye la corteza y la parte superior sólida del manto.

Loess: Grueso depósito de un polvo amarillento de finas partículas de arcilla y arena resultante de la erosión del viento.

Longitud: Distancia angular desde un punto de la superficie terrestre a una línea de referencia norte-sur llamada primer meridiano. La longitud se mide en grados Este u Oeste.

Llanura: Vasta extensión de terreno en su mayor parte llano. Una llanura puede ser desgastada por la erosión y formar una *llanura de erosión*, o ser construida por aluvión y formar una *llanura aluvial*.

Llanura abisal: Una superficie o expansión uniforme de fondo oceánico, que normalmente se encuentra a profundidades de 3.700 a 5.500 metros bajo el nivel del mar.

Manto: Capa de la Tierra entre la corteza y el núcleo terrestre; el manto alcanza una profundidad de 2.900 kilómetros aproximadamente.

Mapa: Representación de las características de la superficie tridimensional de la Tierra sobre una superficie plana y de dos dimensiones. Existen dos categorías principales de mapas: *mapa topográfico*, el cual muestra las características físicas y culturales de un área; y *mapa temático*, que usa un mapa topográfico como base para presentar la información sobre un tema único, como, por ejemplo, la densidad de población.

Mapa batimétrico: Mapa topográfico del fondo del mar.

Margen continental: Zona que separa un continente del profundo fondo oceánico. Incluye la *plataforma continental*, área poco profunda con pendiente relativamente suave que se extiende alrededor de 65 kilómetros desde el litoral; el *talud continental*, un marcado declive que desciende desde el borde de la plataforma continental a las profundidades del fondo marino; y la *elevación continental*, una suave pendiente en la base del talud continental.

Meandro: Curva o sinuosidad pronunciada en el curso de un río.

Medio ambiente: Suma de condiciones externas circundantes (como clima, suelo, objetos vivientes) dentro de las cuales un organismo, una comunidad o un objeto existen.

Meridiano: Círculo imaginario sobre la superficie de la Tierra que atraviesa ambos polos. Los meridianos discurren perpendiculares al ecuador y a todas las otras líneas de latitud.

Meridiano principal o primer meridiano: Línea imaginaria de 0° de longitud que une el polo Norte con el polo Sur pasando por el Observatorio Real de Greenwich, en Gran Bretaña. Todos los demás meridianos se miden hacia el oeste o el este desde el meridiano principal.

Mesa: Montaña aislada de superficie plana con escarpadas pendientes.

Montaña: Cualquier parte de la corteza terrestre que se eleva sensiblemente —por ejemplo, más de 300 metros— por encima del terreno que la rodea. Un *cinturón de montañas de plegamiento* es una región donde las rocas sedimentarias y de otro tipo se pliegan y producen fallas, formando, generalmente, estructuras sinuosas y paralelas; estas estructuras aparecen cuando colisionan dos continentes. Las *montañas de bloque y de fallas* se forman dondequiera que se produzca una falla en el desarrollo de un considerable relieve topográfico.

Morrena: Cerro o montículo de derrubios transportados y depositados por un glaciar. Una *morrena lateral* está constituida por derrubios de roca depositados en las laderas de un glaciar; una *morrena mediana* se forma a lo largo de la línea donde dos glaciares se encuentran y unen; una *morrena de retroceso* se configura donde un glaciar que se deshiela hace una pausa en su retroceso; una *morrena terminal* señala el avance cuesta abajo más lejano del glaciar; y la *morrena de fondo* se deposita en el terreno sobre el que se desplaza el glaciar.

Navegación celeste: Navegación por medio de la observación de la posición de las estrellas. Este método utiliza la *esfera celeste*, una esfera imaginaria que engloba el universo de tal manera que todos los cuerpos celestes parecen proyectados sobre su superficie.

Nivel freático: Superficie de la parte saturada de agua del suelo.

Océano: Cada una de las grandes masas de agua salada que juntas cubren dos tercios de la superficie de la Tierra.

Orogenia: Recibe este nombre la formación de cadenas montañosas debido a un intenso desplazamiento vertical y horizontal de la corteza de la Tierra.

Permafrost: *Véase* gelisuelo.

Placas tectónicas: Teoría según la cual la corteza terrestre está formada por rígidas placas en constante movimiento. Los movimientos resultantes del choque, opresión y separación producen una intensa actividad geológica en los bordes de las plataformas.

Pluviselva: Bosque que recibe por lo menos 200 centímetros de lluvia anualmente.

Pólder: Franja de terreno ganado al mar o a un lago, especialmente en los Países Bajos.

Pradera: Zona extensa y llana de pastizales que se encuentra en determinadas latitudes templadas. El término se usa generalmente para referirse a las llanuras de los Estados Unidos.

Proyección cartográfica: Representación de la superficie curva de la Tierra sobre una superficie plana, como, por ejemplo, la de un mapa. Hay tres tipos principales de proyección: la *proyección cónica*, en la que un globo se proyecta sobre un cono; la *proyección azimutal*, en la que se proyecta sobre un plano; y la *proyección cilíndrica*, en la que que proyecta sobre un cilindro. Una *proyección de Mercator* es una conocida forma de proyección cilíndrica.

Riachuelo: Pequeña corriente de agua que a menudo forma parte de la cabeza de un río.

Río: Corriente de agua dulce superficial de considerable volumen que fluye desde tierras más altas hasta tierras más bajas para desembocar en el mar, en un lago o en otro río.

Roca ígnea: Roca que se ha formado por solidificación de una masa de roca fundida o magma. La roca ígnea es uno de los tres tipos principales de rocas; los otros dos los forman las rocas sedimentarias y las rocas metamórficas.

Roca metamórfica: Roca cuya composición, estructura o textura ha sido transformada, sin llegar a fundirse, por calor, presión o acción química. La roca metamórfica es uno de los tres tipos de rocas principales; las otras son las ígneas y las sedimentarias.

Roca sedimentaria: Roca formada por capas de sedimentos que han sido compactados y cementados. Junto con las rocas ígneas y las metamórficas, constituye las tres principales clases de rocas.

Sabana: Herbazal abierto con árboles u arbustos resistentes a la sequía.

Sedimento: Acumulación de diminutos trozos de roca, minerales o materia orgánica, depositados por el agua, el viento o los glaciares.

Subducción (hundimiento): Proceso por el que una de las placas de la corteza terrestre se desliza debajo de otra.

Subsidencia: Hundimiento o depresión de una parte de la superficie terrestre.

Suelo: Parte superior de la corteza terrestre, sobre la cual han actuado agentes físicos, químicos y biológicos, y que, por lo tanto, puede mantener plantas con raíces.

Taiga: Zona pantanosa de coníferas, que se encuentra en gran parte de la Norteamérica subártica, Europa y Asia. Está limitada por la tundra, en el norte, y las estepas, en el sur.

Telémetro: Instrumento que utiliza un rayo láser, ondas sonoras o luz para medir la distancia entre un objeto y el observador.

Terraza: Zona llana con una parte delantera o lateral vertical o inclinada que permite el cultivo en sus colinas. También, zonas llanas por naturaleza, o ligeramente inclinadas, a lo largo de la orilla de un río o de la costa, que representan un antiguo nivel de un valle o un fondo marino.

Topografía: Rama de las matemáticas que determina el área de cualquier parte de la superficie terrestre, así como la longitud y las direcciones de las líneas limítrofes y el contorno de dicha superficie. Hay dos tipos principales de topografía: la aérea y la de campo. Otra acepción del mismo término hace alusión al conjunto de características físicas de una parcela de terreno, de manera especial a sus elevaciones y depresiones.

Torbellino: Pequeño movimiento de las corrientes de aire o de agua.

Transpiración: Pérdida de agua en forma de vapor por parte de las plantas, normalmente a través de los estomas de las hojas.

Tributario: Corriente de agua que desemboca en otra mayor, en un río o en un lago.

Trópico: Región comprendida entre el Trópico de Cáncer (aproximadamente a 23° latitud norte) y el Trópico de Capricornio (aproximadamente a 23° de latitud sur).

Tundra: Llanura sin árboles, frecuente en las regiones árticas y subárticas de América del Norte, Europa y Asia, con un mantillo negro y un subsuelo permanente congelado.

Uadi (Wadi): Lecho de un río que normalmente está seco, excepto durante la estación lluviosa, en la cual se desborda o da lugar a un oasis. Generalmente, el término se refiere a los ríos del suroeste de Asia y norte de África.

Vapor: Estado gaseoso de una sustancia, generalmente del agua.

Yardang: Sobresaliente y alargada formación rocosa que se forma cuando vientos cargados de arena excavan largos surcos en una roca débil.

Zona templada: En el hemisferio Norte, el área de clima suave entre el trópico de Cáncer (aproximadamente a 23° de latitud norte) y el Círculo Ártico; en el hemisferio Sur, el área de clima suave entre el Trópico de Capricornio (aproximadamente a 23° de latitud sur) y el Círculo Antártico.

Publicado por:
TIME LIFE, LATINOAMÉRICA

Vicepresidente Time Life Inc.: Trevor E. Lunn
Vicepresidente de marketing y operaciones: Fernando A. Pargas

Time-Life Warner España, S.A.
Directora general: Angela Reynolds
Adjunta a dirección: Jeanine Beck

Versión en español:
Dirección editorial: Joaquín Gasca
Producción: GSC Gestión, servicios y comunicación
  Barcelona (España)
Equipo editorial: Antón Gasca Gil, Jesús Villanueva Oria,
  Alejandro Recasens, Dolores Hernández
Traducción: Josep-Lluís Melero i Nogués, Joaquín Lacueva,
  Maite Melero Nogués, Misericòrdia Ramon Joanpere, Joana
  Maria Seguí Aznar, Teresa Riera Madurell, Mercè Rafols
  Seagues
Asesoramiento científico: Doctora Teresa Riera Madurell,
  licenciada en Matemáticas, doctora en Informática,
  vicerrectora asociada de la Universidad de las Islas Baleares
Doctor Santiago Alcoba Rueda, catedrático de Filología
  Española, Universidad Autónoma de Barcelona
Doctor Ángel Remacha, doctor en Medicina, Hospital de la
  Santa Cruz y San Pablo
Doctora Misericòrdia Ramon Joanpere, doctora en Biología,
  profesora de la Universidad de las Islas Baleares, decana de la
  Facultad de Ciencias
Josep-Lluís Melero i Nogués, biólogo, Zoológico de Barcelona
Joaquín Lacueva, biólogo, Zoológico de Barcelona

Time Life Inc. es una filial propiedad de THE TIME INC. BOOK COMPANY

TIME-LIFE es una marca registrada de Time Warner Inc. U.S.A.

Asesor científico: Doctor George Stephens, director del Departamento de Geología de la Universidad George Washington, Washington, D.C. Especialista en el proceso de formación de las montañas y en la evolución de los paisajes glaciares

© 1994 Time Life, Latinoamérica

Título original: *Geography*
ISBN: 0-8094-9691-7 (Edición en inglés)
ISBN: 0-7835-3387-X (Edición en español)

Ninguna parte de este libro puede ser reproducida de ninguna forma o por ningún medio electrónico, incluidos los dispositivos o sistemas de almacenamiento o recuperación de información, sin previa autorización escrita del editor, con la excepción de que se permiten citar breves pasajes para revistas.

Impreso en Chile por Cochrane S. A.